百年献礼，光辉永续

——外交人的忠诚、使命与奉献

外交部老干部笔会◎编

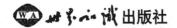
世界知识出版社

图书在版编目（CIP）数据

百年献礼　光辉永续：外交人的忠诚、使命与奉献 / 外交部
老干部笔会编.—北京：世界知识出版社，2023.10
ISBN 978-7-5012-6583-1

Ⅰ.①百… Ⅱ.①外… Ⅲ.①外交—中国—文集 Ⅳ.
①D82-53

中国国家版本馆CIP数据核字（2023）第013112号

书　　名	**百年献礼　光辉永续** ——外交人的忠诚、使命与奉献 Bainian Xianli　Guanghui Yongxu —Waijiaoren De Zhongcheng, Shiming Yu Fengxian
编　　著	外交部老干部笔会
责任编辑	张怿丹
责任出版	赵　玥
责任校对	张　琨
出版发行	世界知识出版社
地址邮编	北京市东城区干面胡同51号（100010）
网　　址	www.ishizhi.cn
电　　话	010-65233645（市场部）
经　　销	新华书店
印　　刷	北京虎彩文化传播有限公司
开本印张	710毫米×1000毫米　1/16　20¼印张
字　　数	340千字
版次印次	2023年10月第一版　2023年10月第一次印刷
标准书号	ISBN 978-7-5012-6583-1
定　　价	65.00元

编委会

前　言

　　这是一本庆祝中国共产党成立一百周年的书，却又非同一般，因为所有文章的作者都是当年曾驰骋外交疆场的老外交官。党把他们培养成为"站稳立场、掌握政策、熟悉业务、严守纪律"的外交战士，他们也都为党的外交事业不畏艰难危险、鞠躬尽瘁、孜孜不倦地奋斗了一生。他们经历过我国外交在党的领导下蓬勃发展的光辉征程，亲身感受到党的英明伟大，对党由衷地怀有崇敬、忠贞和深切的热爱之情。在建党百年这一具有深远历史意义的日子里，他们无不心潮澎湃、情绪激扬，纷纷用充满深情的笔写下他们跟随党在外交征程中的亲身经历和感受，借以抒发他们对党的真切情怀与良好祝愿。选编成集，就是这本书。

　　新中国的外交事业是党一手创建的，一直在党的直接领导下乘风破浪、奋勇前进。从初登国际舞台到走近世界舞台中心，每一程进展，都充分展示出党领导外交的正确性，也完全体现出中国外交人踏实努力的精神。我国外交的发展，是国内外形势发展的必然，与我国"站起来""富起来""强起来"的发展阶段密切相关，彰显出中国外交的特点、优势、效率和强大生命力。中国特色大国外交成功服务于中国利益，也为维护世界和平稳定、推动国际发展合作、加强全球治理作出重大积极贡献。中国智慧、中国理念、中国方案正日益被国际社会欢迎、接纳、支持和拥护。

　　习近平总书记指出："当前，我国处于近代以来最好的发展时期，世界处于百年未有之大变局，两者同步交织、相互激荡。"这是大好的机遇，也是严峻的挑战。在这样事关中华民族前途命运的世纪大变革和大博弈中，作为一名外交战士，我们应该遵循习近平外交思想的教导，清醒认识和把握新时代中国和世界发展大势，紧跟党中央，以实际行动庆祝建党一百周年。

这本书每篇文章，都是老外交官们满怀热情写成的，是他们亲身的体会和感受，有血有肉，不仅有助于了解外交以往的真实历程，对当今外交也有一定有益启迪，很值得一读。

外交部对本书的编辑出版给予大力指导和多方支持，尤其是部离退休干部局做了许多具体工作，我们谨在此深切感谢。世界知识出版社花费很大精力参与本书的编辑与出版，我们也致以诚挚谢意。

外交部老干部笔会会长

马振岗

2020 年 10 月 1 日　北京

目　录

忠　诚　篇

党培养我做外交..................................马振岗　3

党的百年华诞感怀..............................吴思科　7

忠诚党的事业　献身祖国外交..................鲁培新　14

牢记使命　报答党恩............................罗兴武　22

五星红旗永远在心中飘扬......................孙海潮　29

祖国人民是我们的强大后盾....................高　锋　36

母爱常伴游子行

　　——汤加撤侨纪实..........................胡业顺　42

乘党航船前行路　无怨无悔外交情............刘一斌　49

时刻听从党召唤..................................杨淑英　54

保健路上初心未改..............................胡　诚　60

使　命　篇

亲历邓小平访问法国............................蔡方柏　67

我亲历的申奥、申博难忘故事................周晓沛　73

揭开中国与东盟关系新篇章

　　——亲历中国与印尼复交的不平凡历程..................刘新生　78

追忆毛泽东关于拉丁美洲的几次重要谈话..................朱祥忠　85

坦赞铁路——中非友谊不朽的丰碑..................冯志军　91

外交礼宾楷模周总理的教诲..................吴德广　98

周恩来心系非洲..................陆苗耕　105

"乒乓外交"轶事..................江承宗　112

中巴关系是中国外交理念、政策和实践的光辉范例..................陆树林　116

得道多助　失道寡助

　　——回顾中国应对金边政变的重大战略举措..................穆　文　123

挫败"台独"势力打入世界卫生组织企图的第一仗..................佟宪国　129

中国助力朝韩入联纪实..................万经章　135

原则性与灵活性的完美结合..................王新连　142

中国为和平解决海湾危机作出积极努力

　　——随钱其琛外长赴伊拉克等国斡旋..................杨洪林　148

在外交熔炉中锤炼成长..................曾文彬　155

老一代领导人精心培育中尼友好

　　——我的亲历和见闻..................曾序勇　163

时光如水　岁月难忘

　　——亲历香港回归..................张国斌　169

改革开放将我淬炼成光荣的中国领事官..................张宏喜　173

从我的几个"第一次"看我国多边外交的发展..................张卫东　178

中马友谊坞..................赵桥梁　183

亲历逆境外交风雨　见证中加关系冷暖..................赵振宇　189

奉 献 篇

难忘的使德近九年..................梅兆荣　197

中非风雨同舟兄弟情

    ——记中国为多哥重建被洪水冲垮的三座桥.................杨　民　204

亲历利比里亚流血军事政变...陈来元　211

险情面前...郭天禄　216

血泪洒外交...胡中乐　223

捷克十一月事变目击记...黄英尚　229

难忘天涯比邻情

    ——我的驻非岁月...黄桂芳　235

兄弟情深　守望相助...江勤政　242

常驻非洲的往事...关宗山　250

难忘的苏丹岁月...刘宝莱　255

我的外交信使生涯...刘治琳　262

考　验...刘明辉　267

高原古国的"破冰荣誉"和"异国受勋"的殊荣.................汤铭新　270

我亲历的海地撤侨...王书平　276

当好中非友谊的使者...王四法　283

奉命在东京采访联合国大会...王泰平　289

抹不去的记忆

    ——记驻赞比亚使馆"邮件爆炸"事件.........................王稳定　292

阿根廷称誉我为"使团一号"...徐贻聪　297

七十年的不解之缘...杨冠群　301

我在朱巴建馆...张清洋　306

忠诚篇

党培养我做外交

马振岗

（前驻英国大使）

我是旧社会一个穷工人的儿子，解放后翻了身。我有机会受到良好的教育，成长为中华人民共和国的一名光荣的外交战士，能够在国际战线上为祖国和人民的利益奉献力量。是党和人民抚育培养了我，党和人民赋予了我一切。在伟大的中国共产党诞辰一百周年之际，我思潮联翩，感慨万千，不禁向敬爱的党再表初心：誓把自己的终生奉献给党的事业！

在我们那个年代，政治进步的愿望很强烈，把"少年时加入少先队、青年时加入共青团、长大加入共产党"看作一生追求的三大宏愿。经过不懈努力，我小学时入队，中学时入团，终于在24岁那年我被批准成为一名共产党员，如愿实现了三个目标。那时大家思想纯正，入党是为了崇高的事业，而不是为了个人的名利。我深刻意识到，从入党那时起，生命已不再属于我自己，而是属于党和人民。

党员这个称号确实是光荣的，但绝不是粉饰自己的油彩，也不是挂在脖颈上的花环，而是标志着对党的事业的忠诚承担，是规范毕生道德行为的准绳，也是工作的精神支柱和力量源泉。岁月荏苒，入党近60年的时间里，正因为我始终忠于党的外交事业，始终牢记自己党员的身份，虽没能创造出什么轰轰烈烈的业绩，却能踏踏实实地做事，规规矩矩地做人，在自己的岗位上为祖国和人民尽了心力，并且在人生的道路上，没有走斜走歪。

外交事业是党的诸多重要事业之一，尤其被视为正规外交的国家间外交，是党在新中国成立后一手创建的，从事这项工作的人员，基本也全是党培养起来的。我大学毕业后进入外交部，立即被派往英国学习。经历过"再教育"后，1970年5月被派到我国驻南斯拉夫大使馆，在办公室工作。

上了不少学，读了许多书，但一到外交实践中，我却是一无所知，一窍不通，一切从头学起，是使馆老同志们一样样手把手地教给了我外交上的最基本知识。曾涛大使到任之后，我担任他的英文翻译并负责全馆礼宾工作，同他接触频繁，他也悉心培养我，对我的工作、学习、生活和言行处处关心，认真教导。曾大使是一个老革命，又是一位享有盛名的老外交官，更是一名老党员。他外交上能力很强，富有经验，曾经得到过周总理的称赞。他的每点指教，每次外事活动，对我都是一堂宝贵的外交课。在曾大使的辛勤教育和使馆同志的热心帮助下，我终于由一个外交上无知的新手逐步转变为较熟悉工作的外交人员。曾大使对我的影响是非常深刻的，他的言行都成为我一生外交生涯中学习和效仿的典范。继任的张海峰大使又是一位老练而另有特色的老外交官，他又给了我同样宝贵的不同影响。我很庆幸在我最初从事外事工作起，就遇到这么两位对我谆谆教诲的好领导，使我受益终身。

第一次出国工作，却也遭遇在国外最怕的三大不幸：生病、丧母、失子。

我一向自夸从没因病进过医院，没料到南斯拉夫不到三个月就患了盲肠炎，住进外国医院挨了一刀，幸好有使馆同志如同亲人般的关照。我到南斯拉夫工作，最牵挂的是家里年迈的二老，特别是身体欠佳的母亲。那时和家里联系，全靠一月一班的信使传递信件。10月没有收到父亲的来信，等读到家信时，却是母亲已去世一个多月的噩耗。我躲在房间里号啕痛哭，曾大使前来安慰我，并说晚上宴请外国大使的活动我如不能上就赶紧退掉。我是使馆唯一的英语翻译，尽管内心里十分痛苦，但自己是党员，绝不能因个人不幸遭遇而耽误工作。于是我擦干眼泪，强作笑容完成了任务。送走客人，一回到房间，眼泪立刻像涌泉般流下来。

我结婚晚，就在妻子怀孕8个月时，干部司同志突然从国内给我来电话，说妻子大出血正在抢救，问我保大人还是保孩子。我简直吓蒙了，放下电话才想到有许多事要说，但那时再打电话是完全不可能的事。我像热锅上的蚂蚁日夜不安，恨不能马上回国陪伴遭遇不幸的妻子。后来接到妻子来信，信中告知好大一个男孩子失掉了。后来是党的教育使我坚持圆满完成了任期内的工作。

1990年，我去中国驻美国大使馆工作。当时国际局势正在经历深刻复杂变化，东欧各国纷纷变色，我国国际处境相当严峻。我参加过几次美国机构举办的研讨会，经常是处于"光荣的孤立"境地。有一次我被邀参加在纽约举办的关于亚洲与国际形势的研讨会，因是只身与会，原来的精神是"多听少说"。但听到一片攻击中国的发言时，维护国家的荣誉地位的使命令我难以沉默，在即席的长篇发言中，我有针对性地阐明我国原则立场，严厉驳斥了种种污蔑和攻击，取得较好反响。尽管是"孤军作战"，我也能够勇敢面对，因为党员的责任给了我勇气和力量。特别是我在国内有机会参加过邓小平会见美国人的活动，他的坚定立场、无畏气概、智慧和胆略，一直极大程度地激励着我。

我在外交部长期从事对美工作。这是项非常艰巨而复杂的工作，既要坚持原则立场，又要严格讲究政策和策略。要坚持顾全大局，权衡利弊，打交道中经常被美方的无理蛮横气得发抖，但为顾全中美关系全局，只得忍住个人感情继续做工作。1993年，为了及时掌握克林顿政府关于对华"最惠国待遇"的决策情况，我与美大司几位同事彻夜守着电视机看美国新闻，困乏得眼睛都睁不开，还要准备第二天一早的报告。1995年围绕李登辉访美的事，我们一连几天加班加点，熬夜是"家常便饭"。和美国人打交道，真可谓尝遍苦辣酸甜，不过更多的是苦辣酸楚，没有多少甜。对美工作，确实很苦、很累、很烦人，是对党的责任感强有力地支撑着我坚持了十几年。

1997年3月，我赴英担任大使，离香港回归只有几个月时间。我从未参与过有关香港的工作，缺乏这方面的知识和经验，压力很大。为了不辜负党和国家的信任和托付，我抓紧一切时间研读关于香港的情况和政策，同使馆同事一道加紧做英方工作。香港交接仪式那天，从电视上看到英国国旗降落，祖国国旗昂然升起，我热泪盈眶，心情特别激动。随着国家的蓬勃发展，我国驻外使节地位也不断提升。我曾被英国建筑师协会邀请出席年会，被邀的还有美国大使。协会主席致辞中说：今年首次邀请驻伦敦使团参加年会，虽然只邀请了美国大使和中国大使，但他们也足以代表整个世界。1999年，我还被享有盛名的伦敦亨顿警察学院邀请担任结业典礼的检阅官，担负那一届结业典礼上检阅结业警察列队演示、颁发结业证书、向结业警察及家长发表训言等事项，传统上都是邀请一位英国政要担任，这次却破例请了我这位中国大使。我在英国日益受到各方重视和称赞，不是因为我有多大能耐，而是因为我是一个伟大国家的大使，身后有十几亿英雄的人民。

从事外交工作，特别在驻外工作时期，生活中经常接触各种各样的事情，灯红酒绿，形形色色，这需要坚定的意志和高尚的情操，出淤泥而不染。随着自己职位的变化，身处环境有所变化，我也结识了一些高层人物，找我办私事的人也多了。党员的身份和意识一直规约着我，从未尝试为自己或朋友亲人办过私事。这样生活，心境很坦然，精神很轻松。

2010年我正式退休了，共产党员职位上可退休，但为党的事业贡献一切是永远没有终止的。我只不过是一个普通党员，是党培养我做了外交官，是许许多多党的领导和老党员教导、带领我走好外交的道路。60年来在党的培养教育下，我做了一些普普通通的事，自己感到挺宽慰，因为我没有愧对一个共产党员的称号。

今年是建党一百周年，漫长的历程雄辩地证明我们党是伟大的，我们党的事业是战无不胜的。外交是党的事业，一直在党的坚强而英明的领导下，赢得一个接一个的胜利和成功。我热烈欢呼我国外交进入以习近平外交思想为指引的新时代，坚信其必将取得更加灿烂的辉煌！

党的百年华诞感怀

吴思科

（前驻沙特、埃及大使兼驻阿拉伯国家联盟全权代表）

一、对党的认识从感恩开始

斗转星移，岁月如流，中国共产党迎来百年华诞。一百年在人类历史长河中也许只是短暂的瞬间，但一百年来在中国大地上发生了翻天覆地的变化。

我们这一代人在谈到自己的成长经历时总爱说的是，生在旧社会，长在红旗下。我们沐浴党的阳光，感恩人民的抚养，伴随共和国历史脚步成长，经历过艰难困苦，更多的是感受党领导我们阔步前进的豪迈情怀。确实，如果不是共产党领导全中国人民翻身解放，像我这样世代普通农民的后代一步一步走入高等学府，那是做梦也不敢想的事，对共产党的感恩之情从小就深深植根于心中。随着个人的成长，对党的认识也逐步由感性向理性升华，立志把自己的理想追求融入党和国家的发展大业。我在大学学习期间就加入了中国共产党，立志要把党和人民的需要作为自己努力奋斗的目标。1971年进入外交部，在外交战线走过四十多个春秋，注重学习外交前辈们忠诚爱国、团结拼搏、敢于担当、无私奉献的高贵品质，努力以"忠诚、使命、奉献"的外交人价值观激励自己。

二、改革开放为我国外交开辟新天地

领导全国人民成功走出一条适合中国国情、符合人民意愿的中国特色社会主义道路，是中国共产党在艰难曲折中砥砺前行、不断探索改革创新的成果。外交是内政的外延，中国特色大国外交是中国特色社会主义道路的重要组成部分。中国外交坚持独立自主，坚定维护国家核心利益，同时胸怀全球，信守人类命运与共的理念，坚持奉行和平发展、合作共赢的方针政策。我们在这条道路上披荆斩棘、开拓进取，在国际上的地位和影响力不断提升。进入新时代，"一带一路"宏伟倡议的提出和稳步实施，既为中国人民谋幸福，为中华民族谋复兴，同时也是为增进世界人民福祉、构建人类命运共同体作出贡献。

我很幸运，在开始外交生涯不久就赶上改革开放的大潮。中国外交更加活跃，为我国实施以经济建设为中心的战略方针创造了较好的国际环境，我国对中东的外交也迎来了崭新的局面。欣逢大变革的时代，有机会见证这期间中东的风云变幻，参与中国与中东国家关系全面发展的进程并做一点具体工作，回想起来深感欣慰。

中东以其独特的地缘位置，历来是世界大国纵横博弈的重要舞台，不同文化在这里激烈碰撞，各种矛盾盘根错节，形势错综复杂，热点问题集中。在中国的外交全局中，中东地区具有举足轻重的地位，不论是新中国成立初期打破西方的封锁遏制，还是实行改革开放之后为经济社会发展创造和平有利的国际环境，中东都是中国整体外交的重要战略依托。

我开始外交工作之初在我国驻埃及大使馆工作六年多，这期间正赶上1973年"十月战争"之后的中东大变局，有机会近观基辛格穿梭外交从促成交战双方停火，到撮合埃及与以色列签署《戴维营协议》实现关系正常化，在旋涡中感受中东的风云激荡。初出茅庐就能在经历过戎马生涯又有丰富外交经验的外交前辈们身边工作，感悟他们对党和国家的赤诚情怀，领会他们在分析形势时的全局视野,学习他们执行外交政策方面的坚定准确,真是如沐春风,受益匪浅,为我此后的外交工作奠定了很好的基础。

随着国际形势和中东地区形势的发展变化,我国对这一地区的外交政策也与时俱进地进行调整,不失时机地与中东问题的重要一方以色列建立外交关系,从而实现与中东地区所有国家关系正常化,使我国对中东外交处于更加主动有利的地位。我还有幸参与了调整和逐步打开与以色列关系的进程,并作为赴以色列进行建交谈判代表团的成员完成历史性的"破冰之旅",在外交生涯中留下深刻记忆。此后,我国更加主动从容地在中东各方之间斡旋,为促进中东和平进程贡献中国智慧,彰显负责任大国的担当。有很多机会作为中方代表参加了多种类型的中东和平会议,传播中国声音,广泛结交朋友,我个人也深感幸运。

出任驻沙特和埃及两个中东重要国家的特命全权大使,是我外交生涯中莫大的荣誉,同时也是大考。如履薄冰,不辱使命,是当时的心理状态和努力目标。沙特是阿拉伯国家中最后一个与我国建交的国家,但作为伊斯兰教发祥地和石油大国,地位重要,合作潜力巨大。埃及是在中东和非洲有重要影响的国家,又在该地区第一个与我国建交,一直是我国中东外交中的重要战略伙伴,维护好发展好中埃关系意义重大。作为第14任驻埃及大使,既觉得使命光荣,更感觉责任重大。在担任驻埃及大使期间欣逢中国—阿拉伯国家合作论坛成立,我有幸参与论坛筹建的部分工作并兼任驻阿拉伯国家联盟(以下简称"阿盟")的首任全权代表,与阿盟秘书处建立起密切关系,有机会参加阿盟外长理事会和阿拉伯国家首脑会议,为提升我国与阿拉伯世界整体合作关系尽了绵薄之力。

回望四十多年在党的指引下满怀激情的奋斗历程,留在记忆里的,不仅是一段段镌刻着时代印痕的故事,也是满怀梦想、追求与使命的人生,同时也更深切地感受到,我们每一个人的命运都跟自己国家的命运相连得那么紧密。

三、特使生涯加深对党领导地位的认识

从驻埃及大使职位卸任之后，我荣幸地成为第十一届全国政协委员，并在2009年4月被任命为第三任中国中东问题特使，开始了一段新的外交征程。在五年多的特使生涯中，我坚持用"慎终如始""止于至善"要求自己，认真对待每一场活动，马不停蹄地穿梭于中东问题当事各方之间进行斡旋，与联合国以及安理会常任理事国的中东事务官员保持联系，积极劝和促谈，促进中东热点问题走向政治解决。这些外交奔波的宗旨是展示中国伸张正义、热爱和平的大国形象，增进与争端各方的相互了解，从政治上夯实中国与各国的关系。

2010年底始于突尼斯的政治风暴席卷中东，多个国家的强人政权像多米诺骨牌一样转瞬倒台，一些国家陷入社会动乱乃至兵戎相见的地步，中东再次成为举世关注的焦点。美欧不少政客为这场风暴煽风点火，进而用"保护的责任""人权高于主权"等旗号为他们的政治和军事干预开道，似乎看到用西方价值观和社会制度重塑世界的机遇。突如其来的中东乱局确实让很多人感到困惑：中东怎么了？它的发展前景如何？它对中国与地区国家的关系会产生怎样的影响？这也是我们当时最关心的问题。

2011年3月我刚参加完两会，旋即启程赴中东进行考察访问。除了访问巴以，还特别安排访问刚"变了天"的埃及，风云乍起的叙利亚和黎巴嫩等国。访问期间，除会见官方负责人外，这次特别注重与社会各界的接触，与他们探究"阿拉伯之春"的内外肇因和可能的发展趋势。通过实地考察和交流，我们对关切的问题有了较清晰的认识。针对当时一些西方政客借中东动荡向其他地区国家煽动"颜色革命"的狂妄言论，我在与各方交流中也不失时机地介绍中国改革开放的成果。我特别强调20世纪70年代后期开启的改革开放，中心是发展经济，改善民生，从经济改革开始，逐步深入开展政治体制改革，包括改革退休制度，激发了每个人的积极性，使人们的聪明才智得以充分发挥，这样才使中国在短短三十多年时间里发生了翻天覆地的变化，实践证明中国找到了一条得到人民拥护的正确发展道路，那就是中国特色社会主义道路。

我介绍中国改革开放历程和成就的目的很明确，就是要告诉那些希望在中国发生"颜色革命"的人不要痴心妄想，同时也希望在动乱困惑中摸索的人们看到希望。此后又多次对中东各国访问，近距离看到多年战乱给一些国家带来的创伤乃至严重的人道主义灾难。我曾经工作过4年多的叙利亚，以前给我的记忆一直是安宁祥和民风淳朴，但出现动荡后各种外部势力趁机插手，导致战乱不已，好端端的国家变得山河破碎。2000多万人口的国家中，一半以上的人流离失所，其中四分之一逃往邻国沦为难民，凄惨情景令人心痛。那些打着人权高于主权旗号争夺势力范围和石油利益的外部势力至今仍不放手，使得叙利亚继续在苦难中挣扎。我曾经学习工作过的伊拉克，自2003年美国以莫须有的罪名纠集一些国家对其发动军事入侵后，长期陷入战乱，民族和教派矛盾相交织，导致社会严重撕裂，为恐怖主义活动滋长提供了温床，爆炸袭击成了家常便饭，几十万人死于战争和恐怖爆炸。伊拉克的邻国叙利亚等在"阿拉伯之春"冲击下陷入动乱后，又使伊拉克雪上加霜，于是极端恐怖组织势力在伊拉克不断发展，攻城略地，并于2014年6月29日宣布成立"伊斯兰国"，还气势汹汹地扬言要向首都巴格达进军，一时间伊拉克局势十分紧张。为表达对伊拉克反恐的支持，我作为中国政府中东特使于7月7日飞抵巴格达访问。在巴格达机场我刚走出飞机舱门，就被伊拉克警卫人员包围着走到机场大厅，此后又有几位在中国大使馆执勤的武警战士全副武装加入警卫圈，我被簇拥着送上防弹车。在警卫车和荷枪实弹武装人员的护送下我们从机场前往位于巴格达市中心的"绿区"。绿区入口处有武装人员严格把守，绿区内每个部门的院门口又有装甲车守护，到这里感觉好像是到了前沿阵地。"绿区"是伊拉克政府主要部门和美英等国使馆所在地，应是伊最安全的地方，到这里让人感到如临大敌，其他地方的安全状况就更可想而知了。

　　这次访问中我们会见了马利基总理以及一位副总理和外交部长，主要表达中国政府在此关键时期对伊拉克反恐的坚定支持。鉴于伊拉克当年4月议会选举后各派争执不休，一直未能组成新一届政府，我们有针对性地介绍中国的统一战线经验，作为朋友呼吁伊各派政治力量以反恐大局为重，求同存异，尽快组成包容性政府，以利于凝聚全民共同反恐。这次访问的重要任务之一还有要求伊方加大对在伊中国公司和人员的保护力度。伊方领导人一致表达对中国政府的感谢，认为中方此时派特使到访是雪中送炭，对伊拉克反恐斗争是极大支持；同时强调与中方合作的项目关乎伊国计民生，十分重要，表示会加大对中国公司和人员的保护力度，确保特殊时期双方合作的顺利进行。时值伊斯兰斋月，连续几场会见难免口干舌燥，但双方推心置腹的交谈体现了患难与共的真情，那情景至今历历在目。

　　完成在伊拉克的任务之后，我按计划访问了土耳其和伊朗，在共同打击恐怖活动方面取得了广泛共识。就在访问伊朗期间，以色列与哈马斯爆发军事冲突，以色列对加沙地带发动代号为"护刃行动"的军事打击。我临时受命从德黑兰转赴以色列和巴勒斯坦斡旋停火，在那里还体验了进防空洞穿防弹衣的感受。访问以巴之后，我又访问了与军事冲突有密切关联的约旦、埃及和卡塔尔，与他们协调行动共同为促进停火做了工作。根据国内指示，我们在工作中晓之以理，动之以情，体现的是大国担当和情怀。这次出访两项任务叠加，是我作为特使出访时间最长的一次，也为我的特使使命画上了圆满句号。

　　我们常说以史为鉴可以知兴替，其实现实也是一面镜子。作为中东特使，与中东热点近距离打交道5年多，对"我们不是生活在一个和平时代，而是生活在一个和平的国家"这句话有了更深的领悟。近代以降，西方列强凭借强力在中东推行"分而治之"，把碎片化的中东变成他们的原料生产国和产品推销地，又不断在这些国家间挑起争端，为政治和军事干预制造借口，中东无宁日正是西方那些政客、军火商、金融寡头所乐见，也是他们的杰作。回顾近代以来西方列强对中国奉行的又何尝不是同样的政策，中国也曾饱受欺辱和痛苦。正是中国共产党在成立后，领导中国人民取得了抗御外敌入侵的胜利，把殖民主义势力赶出国门，"打扫干净屋子再请客"，他们在中国耀武扬威、颐指气使的时代一去不复返了，新中国坚如磐石地屹立在世界的东方。西方那些抱着冷战思维不放的反华政客为何把攻击的矛头指向中国共产党？用什么"侵犯人权""中国威胁"等进行抹黑？用全球视野观察世界面临的百年未有之大变局，对此我们就能看得更清楚了。他们气急败坏地反对，只会更坚定我们坚持中国共产党的领导，走中国特色社会主义道路的决心。

中国共产党成立百年之际我国实现了全面建成小康社会的宏伟目标，党在新的起点上领导全国人民向着实现第二个百年目标奋进。作为一名共产党员，我为这样的成就感到由衷自豪，但我也深知不能有丝毫骄傲，实现中华民族伟大复兴中国梦的前进道路仍艰辛漫长，面临的国际环境更加复杂艰险，我们在外交方面还会面临很多严峻的挑战。芳林新叶催陈叶，流水前波让后波。古稀之年仍怀感时忧世的忧患之情，更欣喜看到我们的外交战线新人辈出，他们在继承我国外交优良传统的同时锐意创新，砥砺前行，相信他们在实现中华民族伟大复兴的征程中会不断开创外交新局面，做无愧于党和国家外交事业荣光的新一代！

忠诚党的事业 献身祖国外交

鲁培新

（前驻斯洛文尼亚共和国首任大使）

在隆重庆祝伟大的中国共产党建党一百周年之际，我心潮澎湃，思绪万千。我生于1937年，1965年入党，已是56年党龄的老党员了。我1955年考入外交学院，1960年进外交部工作，1997年退休，在外交部工作近40年，退休已23年，也可算是个老外交官了。几十年来，我对党忠诚，为祖国的外交事业献身，这一思想深深烙印在我的心中。我衷心感谢党的教诲，感谢共和国培养我成为一名新中国的外交官。

此文主要讲述我自少年时起怎样认识共产党，怎样走上外交之路，以及为外交事业奋斗一生的感受。

一、认识共产党，产生敬仰之心

（一）观解放军进城入神，忘记了买酱油和醋

1949年1月北京和平解放，解放军开始进城接管。我当时12岁，家住在东单附近苏州胡同，出了胡同就能看到解放军入城队伍。一天，我母亲要我到胡同口买酱油和醋。我看到解放军队伍行军非常整齐，使我惊讶的是，战士的棉衣有的已破旧露出了棉花，棉鞋露出了脚趾。我看得入了神，竟然忘记了买酱油和醋，这是我第一次看到解放军，它是一支纪律严明、艰苦朴素、十分尊重百姓的队伍。

（二）参加开国大典，决心努力学习，报效祖国

1949年10月1日，中华人民共和国开国大典在天安门广场举行。那年我读初一，学校组织学生在广场当群众队伍，我们站在现在人民英雄纪念碑的位置。下午3时，庆典开始，新的国歌奏响，礼炮齐鸣，鲜艳的五星红旗冉冉升起。我们听到毛主席洪亮的讲话声音："中华人民共和国中央人民政府今天成立了！中国人民从此站起来了。"这次参加开国庆典，给我这个刚刚步入少年的孩子留下了深刻的印象，我开始懂得要爱祖国，要努力学习，报效国家。

（三）少年认真读"党史"一书，对共产党产生敬仰之情

1951年我读初二，暑假前，语文老师留作业，要求每个学生假期读一本书，写出心得。那年恰好中国共产党成立三十周年，胡乔木撰写的《中国共产党三十年》刚出版，我便选择了这本书。我认真阅读，用红铅笔画出重点，并做了注。我写了作文《读党的三十年有感》，知道中国共产党为了解救劳苦大众，进行了艰苦卓绝的斗争。我十分敬佩，明白"只有共产党才能拯救中国"。老师很满意，在全班表扬了我。

（四）苏联小说对我的影响

苏联小说《钢铁是怎样炼成的》主人公保尔·柯察金的名句，至今我仍熟记："人最宝贵的是生命。生命对于我们只有一次。一个人的生命应当这样度过：当他回首往事的时候，他不因虚度年华而悔恨，也不因碌碌无为而羞愧。这样，在临死的时候，他就能够说：我的整个生命和全部精力，都已献给了世界上最壮丽的事业——为人类的解放而斗争。"我认识到，人的一生应该这样度过。

以上几件事使我从少年到青年，对党一步步加深了认识，从敬仰、崇拜到决心为共产主义事业奋斗终生。

二、外交官的天职就是忠诚党，
把一生奉献给共和国波澜壮阔的外交事业

（一）幸运考取外交学院，决心做一名外交官

1955年外交学院在周总理的提议和关怀下成立，并题写了校名。该校正式列入全国高校统一招生。那年我高中毕业，在学校领导和老师的支持下，我报考了外交学院，被顺利录取，成为外交学院——中国外交官的摇篮——的第一批学生。

1960年8月大学毕业，我被分配到外交部，顺利走进外交大门，实现了我成为外交干部的梦想。

干部司随即通知我到驻苏联使馆工作。2个月后，23岁的我踏上了奔赴莫斯科的国际列车，开始了我的外交生涯。我当时高兴的心情是难以用言语表达的。我暗下决心，一定努力工作，成为一名合格的外交官。

综述以上情况，我是新中国两个第一批：

第一个第一批：新中国开国大典的亲历者。

第二个第一批：新中国培养的第一批外交官。

（二）周总理亲切接见，表扬我们是最受欢迎的人，并安排我到礼宾司工作

20世纪60年代初，中苏两党产生了意识形态分歧。1963年6月，中共中央给苏共中央复信"关于国际共产主义运动总路线的建议"，使馆加印后要我等5人分送给熟悉的苏联中层人士。我们一连送了几天，不料，这一举动被苏联克格勃的特务跟踪。1963年6月27日，苏联外交部副部长召见中国驻苏联大使潘自力送交照会，指责我们做了"不符合外交官身份的事"，宣布我们为"不受欢迎的人"，要求"立刻召回"，实际上，就是驱逐出境。国内决定立即将我们调回。

回国后我们受到热烈欢迎。7月3日，周总理亲切接见，对我们积极负责的态度和不屈不挠的精神进行了表扬，称"你们是祖国最受欢迎的人"。总理关心我本人今后的工作安排，说我原来在使馆搞迎送、接待工作，就到礼宾司吧。7月7日，外交部等单位共数千人在人民大会堂开大会欢迎，陈毅副总理兼外长出席并讲话。这样，我就到了外交部礼宾司工作。

六年后乔冠华副部长在一次苏联驻华使馆举行宴请活动时，同苏联外交部副部长伊利切夫谈起这件事，伊说："那都是过去的事了，那件事是瞎胡闹，是赫鲁晓夫干的，是我们的过错，鲁任何时候去苏联都欢迎。"苏联大使托尔斯季科夫幽默地说："鲁培新，你的护照带来了吗？我3分钟就给你签证。"大家听了以后，一阵哈哈大笑。

（三）涉外礼仪的政治性和政策性

在复杂的外交关系中，外交礼宾在一国的外交中占有重要地位。它服务于国家的总体外交。在近40年的外交生涯中，我先后在礼宾司工作20多年。礼仪是外事工作的窗口，外事活动中，礼仪先行。

1. 涉外礼仪具有高度的政治性和政策性

涉外礼仪是直接体现一国对外政策的重要方面。礼仪是维系国与国之间正常关系所必不可少的。礼仪的尺度，可用来有意识地反映一国对另一国的政策，或严格按礼仪行事，不冷不热，或有意识地冷，或有意识地热，冷或热又有程度的不同，这一切都由两国关系决定，并以此来反映这种关系。周总理还形象地强调涉外礼仪是国与国之间关系的寒暑表。

1989年5月，戈尔巴乔夫以苏联最高苏维埃主席团主席、苏共中央总书记的身份正式访问中国。邓小平同志同他会晤，称作"高级会晤"。中苏高级会晤是轰动世界的大事，根据中苏关系当时的状况，在礼仪热度等方面如何把握分寸，是一个极为敏感的政治问题。邓小平同志对此考虑很细，他指示外交部，"全世界都关注着中苏高级会晤，在接待戈尔巴乔夫的礼仪安排上不要太热，要适度，见面时'只握手，不拥抱'"。小平同志还叮嘱说："此点在同苏方谈具体礼宾安排时向他们打个招呼。"时任外交部长钱其琛特别指示，要我们把这件事一定办理妥当。

我深知这事的分量。我们反复商量，决定在同先期来华打前站的苏外交部礼宾司司长谈到两位领导人会见厅的布置、座位安排时，恰当而自然地向对方提出，中国的礼节习惯与俄罗斯不同，中方正式建议，两位领导人见面时"只握手，不拥抱"，按照中国习惯做，希望司长向戈本人转告。

5月16日，两位领导人见面时只热烈握手，而没有拥抱，不过握手的时间很长，有35秒。邓小平对戈尔巴乔夫说："我等了你3年，这一天终于等到了。"谈话中，戈主要听邓小平谈，之后，戈约我陪他在国宾馆散步，戈主动谈及这次会见印象很深，受益匪浅。

"只握手，不拥抱"——这简单朴素但含义深刻的6个字，不只是礼仪问题，实际上蕴含深刻的政治含义和长远的战略考虑，它准确地概括了当时中苏关系的性质，既为这种关系做了准确定位，又为两国关系的长远发展确立了方向，充分体现了小平同志高瞻远瞩、举重若轻的战略家风范。我深刻领悟到，即便是握手这一简单的礼仪形式，也有高度的政治性。

2. 礼仪是外交大事，也是外交小事

外交上的礼仪安排关系着国家对外礼仪事项，涉及国家领导人出访和国宾访华以及170多个驻华使馆礼仪活动和管理工作。外交礼宾工作中也有些琐碎小事，如住房、乘车、宴会、桌次安排等。看起来是小事，但绝不应看为技术性或事务性的工作而掉以轻心。"小事"中又蕴含着"大事"，这就是礼宾工作的特殊性。小事没办好，会酿成大事，甚至会造成不可挽回的损失。相反，小事若办好了，会产生意想不到的好结果。所以，礼宾工作中的小事，也是大事。

多年的礼宾工作实践，使我总结出礼宾工作的十大要素，即"认真、严谨、细致、准确、及时、踏实、落实、果断、应变、补救"。"细节决定成败"，外交礼宾工作是一种综合的外交艺术。我作为一个老礼宾官就是这样磨炼成的。

三、坚决实践外交人员的核心价值观

周总理在建部初期就指示外交干部要"站稳立场，掌握政策，熟悉业务，严守纪律"。前几年部党委提出，外交人员的核心价值观：忠诚，使命，奉献。回首我的外交历程，我正是努力这样做的。

（一）忠诚：对党忠诚，时刻维护党和国家的尊严和利益——搞清了西藏问题的真相

我在斯洛文尼亚担任大使期间，发生过一次涉藏问题的交涉。1995年3月，使馆馆员偶然在报纸上获悉，斯国家电视台将播放英国出品的反华纪录片"西藏大逃亡"，该片污蔑我国对西藏的政策并吹捧达赖。我向斯外交部有关部门交涉，但他们称，斯执行新闻自由政策，官方不便出面，要我找电视台。

我向斯电视台台长提出能否撤掉这个节目，台长很为难，因预告已发出，如突然撤掉，无法向观众解释。我进一步提出，中斯关系很好，但斯媒体宣传中国还不够。由我提供几部中国拍摄的关于西藏现状的纪录片，能否在电视台播放。同时提出，作为中国大使希望在斯电视台发表一篇关于西藏的简短讲话，或接受采访，斯电视台台长是我的老朋友，这两点要求他都欣然同意。

接着，我抓紧时间做两项工作，一是向国内索要关于西藏的短纪录片；二是着手找材料拟写讲话稿。讲话内容包括：西藏自古以来就是中国领土的一部分；中央政府对西藏的支援；达赖是披着宗教外衣的政治流亡分子。

国内很快寄来10部关于西藏的纪录片，我亲自交给了斯电视台台长并提出至少选3部放映，其中1部安排我在电视台讲话后随即播放。为扩大影响，我还向斯外交部有关领导、外国驻斯大使、在斯的朋友、学者、华

人发信，预告我讲话的内容、日期和时间。

一切工作进行顺利，我的讲话按时在黄金时间播出，随后播放了一部纪录片，另两部也在一个月内陆续放映。讲话和影片播放后，收到了较好的反响。斯外交部主管副部长说，外国大使在斯电视台亮相，我是第一个，西藏问题讲得很清楚。在斯朋友说，听了我的讲话，看了影片，搞清了西藏问题的真相。

（二）使命：努力完成党、国家和外交部交给的任务是外交官的天职——中斯共同画出一幅美丽的图画

在1993年3月我向斯洛文尼亚总统递交国书时，斯总统问我对两国关系的发展有何构想？我表示，当前我们两国刚刚建交，好像一张白纸，需要画一张美丽的图画。画这张图画，既容易也难。容易的是，这是一张白纸，我们可以任意画；难的是，中国有句成语：万事开头难，但我不怕，我一定同贵国很好地合作，一起努力，克服困难，携手画出一幅最美丽的图画。总统很欣赏我这个比喻。

在我任期4年期间，两国关系有了较快的发展，打下了较好的基础。1993年5月，时任外交部长钱其琛访斯，次年斯外长访华。1995年斯总理访华，1996年斯总统访华，两国关系达到了第一个高潮。

（三）奉献：外交工作不分大小，不挑肥拣瘦——从使馆传达室值班员到大使

在近40年的外交生涯中，我做过多种类型的工作。我当过使馆传达室值班员，大使官邸工程监工，管理过外籍雇员，做过机场、车站接送过境人员的工作，行李管理员，副部长秘书，使馆办公室主任，副处长，副司长，代司长，最后担任过一任大使。一路走来，无论做什么工作，我没有怨言，也没有过挑肥拣瘦，认真完成每项工作，经受住了各种工作的锻炼和考验。

四、结束语

我退休已20余年，算起来，在外交部60年，也算得上是个外交战线上的老兵吧！退休后，我继续发挥余热，利用曾长期搞礼宾工作积累的经验，讲授国际礼仪、礼宾接待，接受电视台采访；为奥运会培训志愿者，培训非洲国家外交官员（中非合作论坛合作项目），为香港和澳门特区政府公务员讲授外交礼宾课等。最近几年，我特别关注中国特色大国外交中礼宾活动的创新，并做了梳理。

我的40年外交之路，特别是20多年的礼宾工作经历，使我在政治、思想和组织能力上都得到了提高，将我磨炼成一个较为成熟的外交官。回首我的外交生涯，我可以自豪地说："我对党的事业是忠诚的，我把我的一生奉献给了共和国波澜壮阔的外交事业！"

牢记使命　报答党恩

罗兴武

（前驻利比亚、约旦大使）

每当我想起《唱支山歌给党听》这首歌曲时，就心潮澎湃，感慨万千。我是红军烈士的后代、贫苦农民家的孩子，能到北京上大学，进入外交部并出国学习、工作，成为驻外大使，这完全是党教育、培养的结果。党的恩情，我时刻牢记在心。"滴水之恩当涌泉相报。"我认为，报答党的恩情的最好途径就是不忘初心，牢记使命，无私奉献，开拓创新，永远忠于党的外交事业，并为之奋斗终生。

一、以苦为乐　无怨无悔

1973年底，我在伊拉克留学、工作两年多后，自觉服从组织分配，直接抵达中国驻苏丹使馆工作。苏丹首都喀土穆素有"世界火炉"之称，最热季节气温高达50摄氏度，骄阳似火，酷暑难耐。使馆工作居住条件很差，房屋简陋破旧，食堂是用活动木板搭建的，"哈布布"（沙尘暴）一来，遮天蔽日，大家赶快端起饭菜四处躲避。那时苏丹十分贫穷，能源短缺，加油要排长队，有时一天只有2小时供电，甚至无电，大伙儿热得浑身是汗，冰箱里的食物发出异味。蚊蝇肆虐，疾病流行，特别是疟疾十分猖獗。我刚到苏丹时，环境陌生，情况不熟，就虚心向在馆工作多年的阿拉伯语老前辈刘宝莱、潘祥康等外交官学习请教。他们熟悉情况，阿语流利，给我耐心指点帮助，我很快便进入角色。开初，我在办公室、文化处工作，事情多而繁杂，领导叫我干啥就干啥，我从不讲"价钱"，认真完成各项任务。每天都十分紧张忙碌，但我从不叫苦，任劳任怨。后来，我又被调到研究室工作，每天坚持收听广播，阅读、翻译报纸。苏丹总统尼迈里经常发表长篇演说，有时长达数小时。无论他讲多久，我都为领导翻译。当时使馆唯一的娱乐活动就是周末晚上放电影，好不容易等到电影放映时，中间又正好是苏丹新闻播放时间，不管电影多么精彩，我都准时收看新闻，并记下要点，及时向领导汇报。数年来，我从未看过一场完整电影。我牢记党的教诲，顾全大局，不计较个人得失，从不向组织提任何个人要求。那时，我正好赶上参加工作以来第一次调级增资，但使馆名额有限，我便主动放弃，把机会让给别人，直到临走前半年，我被提为随员，但我已知足了。我在苏丹持续工作近9年，经历了两次未遂政变，患过20多次疟疾，但一直坚持工作，始终保持乐观向上的心态，以苦为乐，以苦为荣，无怨无悔。

从苏丹回国后，我在外交部亚非司工作，其间曾向组织提出，"若下次出国，仍请把我派到艰苦战乱国家工作"。1986年3月，我被派到世界上最特殊的国家之一利比亚工作。当时，利比亚局势十分紧张，美国第六舰队在地中海集结，两军对峙，剑拔弩张；4月5日，西柏林夜总会发生爆炸事件，导致包括美国士兵在内的100多人伤亡，美指控此事为利所为，10天后，便对利大动干戈，长途奔袭，目标直指卡扎菲。随后，利美关系更加紧张。美不断对利进行军事威胁，还借"洛克比"炸机事件，推动联合国安理会通过第748号决议，对利进行航空、军事和外交制裁，利的日子更加难过。在那紧张艰苦的环境中，我作为研究室主任，积极主动配合大使、参赞工作，尽职尽责。本应到期轮换，由于工作需要和大使挽留，结果一干就是六年半。其间，母亲去世，也无法为其送终。父亲病危，国内急电告知，方才回国，但不久他也离开了人世。我内心深感愧疚，但忠孝不能两全，只能"一片丹心为报国，两行清泪为思亲"。

二、三次遇险　经受考验

外交人员在国外特殊的环境中，不但是西装革履，觥筹交错，而且经常会遇到苦与乐、得与失、生与死的考验。我在外交生涯中，经历过三次重大险情，经受了生与死的考验。我在苏丹工作期间，经历了两次未遂政变，特别是1976年7月2日的政变最为惊险。当日清晨，街头枪声四起，电台、电视台已被切断，外界情况不明，急需上街了解。当时，使馆外文干部很少，我便主动请缨外出查看，途经总统府、国防部时，交火十分激烈，子弹从我的头上飞过；恩图曼大桥已被封锁，机场已被占领，街上寥无行人，商店关闭，到处是被丢弃的汽车，每隔10米就有荷枪实弹的士兵站岗，我便上前打听，可谁知士兵二话没说便把枪口直接对准了我。原来这些士兵来自乍得、尼日尔等国，是反对派的雇佣军，只会讲法语而听不懂阿拉伯语。冒着枪林弹雨，我摸清了基本情况，并及时向使馆领导报告。这是我第一次经历的严峻的生死考验。但这次突发事件也锻炼了我的胆量和应变能力。第二次是美国轰炸利比亚。我抵达驻利使馆还不到一个月，1986年4月15日当地时间凌晨2点，美国出动170架军用飞机对利首都的黎波里和第二大城市班加西进行狂轰滥炸，目的是炸死卡扎菲。我馆驻地离卡扎菲住所不远，轰炸声震耳欲聋，门窗几乎被震裂，房屋似乎要倒塌。使馆事前已预料到美国要对利动武，所以一听到轰炸声，我立即从床上跳起，跑到院子里，又爬到房顶上观察战况。只见连串爆炸将天空映得通红，带着导弹的轰炸机从天上呼啸而过，利军导弹和高射炮还击声与美军轰炸声连成一片。使馆同事在下面急切地喊我："快下来，上面太危险！"但我仍然坚持要看个明白，以便掌握第一手情况。随后，我陪同杨虎山大使、孙必干参赞赶到使馆，紧急向国内报告这里发生的情况。这是我再次经历战火的考验。第三次是约旦首都发生特大恐怖爆炸事件。2005年11月9日晚，约旦首都安曼接连发生三起特大恐怖袭击事件，造成至少

57人死亡，300多人受伤。中国国防大学学员代表团下榻的使馆附近的天天饭店是这次恐怖袭击的目标之一，致使我代表团中3人不幸遇难，1人受重伤。爆炸事件发生后，我立即带领使馆全体党委成员和有关同志第一时间赶赴出事现场，只见伤者和死者均被炸得遍体鳞伤，倒在血泊中，周围燃烧着的物体冒着刺鼻的浓烟，其场景惨不忍睹。我们马上全力投入抢救代表团伤员和处理遇难者遗体的工作，并看望代表团其他成员。考虑到代表团下榻的饭店已不安全，中方向约军方提出尽快搬到安全地方。约方对此高度重视，迅速将代表团转移到约旦空军俱乐部安置。当晚，我在被炸饭店停留了一个多小时，最后离开返回使馆。同志们说："大使在爆炸现场停留那么长时间，万一再次发生袭击，那该多危险！"当时，我没考虑个人安危，一心想的只是救人，认为这是自己应尽的职责，使命重于生命。

三、求真务实　服务发展

服务发展是中国外交的使命。"发展是硬道理。"我在利比亚、约旦任大使期间，始终把促进双边关系发展，特别是经贸合作当作头等大事来抓。

利比亚是北非重要产油国，石油资源丰富，但一直被西方石油公司所垄断，中国进入利石油领域困难重重。多年来，我石油公司在利无法注册，无法开展活动。我上任后，高度重视这一问题。从递交国书到各种不同场合的会晤，18次就注册问题做利上层人士的工作，并在我到任半年多时间里，解决了4家中资公司的注册问题，特别是3家石油公司在利注册，开张营业，填补了我国同利在石油领域合作的空白，实现了零的突破。经国内外艰苦不懈的努力，中国和利比亚在经济技术合作中一些长期未决的问题得到了解决，利方向中方支付了过去10多年间为"中利铁路管理委员会"前期工作所垫付的费用；结束了因利方原因拖延了16年之久的塞卜哈工程学院项目合同。同时，我牢牢抓住江泽民主席于2002年4月访利的大好时机，克服重重困难，亲自出面联络、交涉，推动双方签署了石油合作协定、铁路项目重新启动协议和投资合作意向书。在利油气管道项目投标中，6家大型国际石油公司参与投标，竞争异常激烈，在中国石油公司夺标无望的情况下，我指导和帮助中石油管道局总结经验，调整部署，排除西方石油公司的种种干扰，加大做利方工作力度，最终中标，签署了利西部全长528公里的双向输油气管道项目合同。这是中利建交24年来，中国在利承揽的最大工程项目。搁浅2年多的全长191公里的利西线铁路项目也开始动工，中利经济技术合作取得了实质性进展。

针对约旦"小中有大、短中有长、动中有静、弱中有强"的特点和约旦在政治、地缘、人文、安全、政策上的5种优势，不失时机，多做工作，两国经贸合作创历史新高。2005年，两国贸易额从两年前的5.25亿美元增加到9.3亿美元，增长约80%，使中国成为约旦的第三大贸易伙伴。我国产的奇瑞、吉利轿车和金龙客车首次进入约旦市场。我国援建的马安工业城第一期工程按时竣工，这是自1990年以来我国援约的最大项目。2006年4月4日，约旦阿卜杜拉二世国王责成首相巴希特率8位大臣出席该项目的竣工典礼，称其为"约中友谊的丰碑"。中约合资的中东海尔电器厂已于2005年3月正式投产，成为中东地区最大的生产基地。我国同约旦在通信领域里的合作取得了突破，华为公司与约旦乌尼亚公司合作，中兴公司参与了亚喀巴通信网络项目建设。大陆和港、台在约投资开办的制衣厂增加到22家，中国劳务人员增加到1.1万人，约旦成为我国对外劳务输出最多的15国之一。2006年8月，我离任约旦时，阿卜杜拉二世国王授予我一级独立勋章。这不仅是对我个人的褒奖和荣誉，更是对中约两国不断发展的友好合作关系和深厚友谊的充分肯定。

四、以人为本　外交为民

外交为民是中国外交的宗旨。维护中国公民在海外的合法权益是我们外交人员应尽的责任。我在利比亚、约旦任大使期间，亲身经历了两起救人事件。2002年3月初，我听经商参赞汇报：利比亚人工河营地两位工人被外国公司人员诬告酿造和出售米酒，被利方警察逮捕，关押6个月后，法院于日前宣判二人5年徒刑。两人不服，提出上诉。我当即决定一定要设法救出这两人。随后，约见了利外交部副部长，请其帮忙。正当我还准备约见利方司法机构负责人时，突接国内通知：江泽民主席拟于2002年4月中旬访利。我马上约见了利外交部领事司司长，向其介绍了这两位中国工人的案情，请利方认真调查，公正处理。同时，通报江主席将于下月访利，指出这是中利建交24年来中国国家元首第一次访利，充分说明中方对发展同利关系的高度重视。为给此次访问创造更加友好、和谐的气氛，希望利方在江主席访利前夕，将被关在利监狱中的两位中国工人释放。对方表示立即报告最高领导。一周后，即3月25日，利方告知这两位中国工人已被释放。二人出狱回到营地后，工人们欣喜若狂。第二天上午，两人拿着一纸袋钱到使馆见我，含着热泪说："这是工人们凑的，一点心意，请大使收下。"我当即表示："救你们是我应该做的事情，工人们的心意我领了，但钱绝不能收，请退还给他们。"又说："你们要感谢，就感谢我们伟大的祖国。回国后好好工作，用实际行动报效祖国。"第二天，这两人平安离利回到了祖国。此事在驻利中资机构中引起了强烈反响，员工们说："弱国无外交。祖国的强大就是海外儿女的坚强后盾。""大使馆就是我们的家。"

第二次是我在约旦亲自参与处理了一起重大交通事故。2004年2月4日上午，20名在约旦台资制衣厂工作的中国女工乘班车途中，因约旦司机违规超车造成严重翻车事故，导致中国女工3人死亡、17人受伤，其中10人受重伤。事发后，使馆党委高度重视，随即派两位参赞前往现场，了解死伤情况和事故原因，并组织厂方和医院积极救助。当晚，所有重伤员被送到首都安曼专科医院后，我和夫人急忙赶往医院看望，并要求院方竭尽全力抢救。此后，又多次到医院了解救治进展情况，逐一安慰伤员，连续接受约旦和国内媒体采访。同时，使馆与厂方连夜从1700多人名单中查清死伤者姓名、籍贯及其派出劳务公司，迅速报告国内，开通24小时热线电话，发布权威信息，昼夜忙碌办妥有关死亡女工遗体的各种法律手续，细心安排和热情接待5位来约家属。我亲自到驻地看望他们，悉心劝慰，消除了他们心中的各种疑虑。外交部、商务部和有关省市对此事极为关注，有关劳务公司也及时派人来约处理善后事宜。经前后方密切配合，约旦方面大力支持，在短短20几天内各方就伤员救治、遗体处理、善后赔付等达成一致，最终取得满意结果。台商钦佩大使馆执行以人为本的亲民政策，由衷地说："患难见真情，海外感亲情，两岸手足情。"感慨台湾当局做不到这样，万分感谢大陆对台资企业的帮助与支持。受伤女工热泪盈眶，拉着大使夫妇的手说："没想到在远离故乡的生死关头，仍能受到亲人一样的关怀和照顾。"

在我们热烈庆祝中国共产党诞辰一百周年之际，我内心充满着对党的无比热爱和感激。同时，也充满着获得感、幸福感和自豪感。我要牢记"忠诚、使命、奉献"的外交人员核心价值观，不忘初心，砥砺前行，为中国特色大国外交谱写新篇章，增加正能量。

五星红旗永远在心中飘扬

孙海潮

（前驻中非大使）

在我近40年的外交生涯中，不论是在外交部工作，还是穿过长安街经天安门广场和新华门到中央外办上班，或是先后24年在我国驻法国、摩洛哥、瑞士和中非使馆常驻，五星红旗始终相陪相伴。看到暴徒在香港撕扯五星红旗的镜头或报道时，我同时想起2008年在欧美各地同时发生的暴徒撕扯中国国旗的情况，不禁从心底发出呼喊："中国的辉煌象岂容玷污！国家的尊严岂容践踏！"

一、第一次出国的感受

我1977年秋到外交部西欧司二处（法国处）上班。

1977年，中国改革开放政策实施前夜。欧洲面临市场饱和与经济停滞的"滞胀"局面，迫切希望与中国开展经贸合作，实际是希望打开中国市场出口产品。1978年1月，法国总理雷蒙·巴尔访华，瞻仰毛主席遗容，登上长城，参观故宫，邓小平同志亲切会见了他，两国在重大国际问题上取得一致看法，签署《中华人民共和国政府和法兰西共和国政府科学技术协定》。这是中国政府改革开放以前与西方大国签署的第一个此类协定。谷牧副总理陪同参观辽阳中法大型石化项目。该项目在我国引进西方先进技术过程中起到了引领和开拓作用。我作为一名外交新兵，参与了接待巴尔访华的全过程，感受到中国经济发展的勃勃生机，以及西方国家发展对华实质关系的迫切愿望。随行的法国外贸部部长德尼奥是德斯坦总统的亲信，认为访华成果低于预期不好向总统交代，用法文写了一张只有一句话的"大字报"：合同也是友谊。法国急于向中国出售产品的心情溢于言表。

1978年10月下旬，北京市交通考察组赴法。公安部负责交通的局长为团长，我被借调担任翻译。出国前在公安部借了服装，还领了三四百元制装费到出国人员服务部买了"三接头"皮鞋和衬衣等。"说起来是笑话，想起来是历史。"

我们是抱着学习的态度到法国考察交通管理的。经使馆与巴黎有关方面联系后得到满意的答复，中方考察团一行10多个人受到热情接待。我们到使馆汇报工作时，我第一次见到飘扬在异国土地上的五星红旗，倍感亲切，回家的感觉油然而生。

从百废待兴的祖国到以繁华著称的法国，从数百万自行车洪流的北京街头到车水马龙的香榭丽舍大道，从许多商品仍在凭票供应的商店到物品极为丰富的超市，心中的反差实在太大了。我站在立交桥上，看着首尾不见的车的长龙感慨良多。回国后，见到西欧司主管领导说起法国之行，我怯生生地用法语悄声说，"巴黎比北京漂亮"，领导一听站了起来用中文回我："漂亮多了！"我心中踏实了：领导没有批评我"崇洋媚外"。

后来，巴黎交通管理部门应邀回访北京，我又被借去当翻译。只记得由于我方听讲的有数十人之多，只能在公园内露天席地而坐。大家的提问声、笑声、鼓掌声在空场上回响。我们简陋的工作条件与对方形成鲜明的对照。

40年之后的巴黎还是当年的巴黎，不仅没有改变甚至还要更破败一些，特别是基础设施严重落后。为时一年多的"黄背心"运动使香榭丽舍大道百多家商场被烧毁，面目全非。今天的北京，全面现代化程度已把巴黎远远抛在身后。我出国后时常怀念国内的住房、交通、食物等便利和丰裕，现在冲口而出的一句话当是："北京可比巴黎漂亮多了！"

二、先后两次十二年在中国驻法使馆工作

1979年12月，我到中国驻法国使馆常驻。在外交部工作两年多以及曾短期到法国出差，加上与法国各方面交流和与访华的法方代表团接触，我对法国已有了较为深入的了解。到使馆后，从跑机场接送、门口值班、帮厨、水电及设备维修，以及信件处理，礼宾安排，给大使、参赞当翻译等，所有工作都接触到了。

有一年多时间，使馆的国旗由我负责升降。每天清晨，我提前赶到使馆，把鲜艳的五星红旗拉上旗杆顶部，看着她在巴黎上空迎风招展，心中油然产生出一股豪情。每天一早赶往使馆上班，我将之形容为"迎着初升的太阳，奔向五星红旗升起的地方"。

1980年10月，法国总统德斯坦对华进行正式访问。接待外国元首的准备工作是国内国外同时进行，我到使馆后的工作属于"由内转外"。德斯坦访华取得完满成功，邓小平会见并设宴款待。双方同意从战略高度考虑中法关系。这是我国同西方大国首次提出这一观点。双方在重大国际问题和欧洲前途以及发展双边关系问题上取得一致看法。德斯坦总统指出，两国良好的政治关系应在经济关系中得到反映，法方愿根据中国的特点发展对华经济关系。

1984年初，我离任回国，又于1985年初到中国驻摩洛哥使馆工作，1989年回国后又到法国处上班。北京政治风波后法国率先在西方国家中对中国实施所谓的"制裁"，对中法关系造成极大伤害。法国后来向台湾地区出售护卫舰和幻影战机，中方不得不作出强烈反应，关闭了法国驻广州总领事馆。后来的事态发展完全出乎法方预料。中国并没有像法方认为的那样崩溃，改革开放更加广泛深入，双流持续高速增长，法方为失去中国的广阔市场懊悔不已，反说是中国"制裁"了法国，保证不与台湾发展政治与军事关系，实现双边关系转圜。

2003年，我离开中央外办，第二次到驻法使馆工作，2011年离开驻法使馆出任驻中非共和国大使。

第二次驻法期间，我经历了中法互办文化年，胡锦涛主席两次对法国进行国事访问，希拉克总统和萨科齐总统分别两次访华，总理互访，以及两国间的多项重要交往。中法互办文化年为时两年，是两国关系史上的一个创举。中法相互在对方国家举行了数百场活动，埃菲尔铁塔曾被数千束灯光燃成"中国红"，北京正阳门也曾披上法国国旗的蓝白红三色。2006年春节期间，中国在香榭丽舍大道举行大规模彩妆巡游，吸引了数十万人观看。"法国巡逻兵"飞行队在长城飞行，把法国国旗三色抛撒在长城之巅。

中法关系史上曾有过多次第一。法国是第一个承认中华人民共和国的西方大国，也是西方大国中第一个同中国互办文化年，第一个建立机制性战略对话，第一个建立全面战略伙伴关系的国家。两国在推进国际关系民主化，维护应对气候变化《巴黎协定》，维护多边主义和自由贸易等方面，有着相互接近的立场并相互支持。习近平主席说，中法关系在国际关系中始终具有特殊性和引领作用。

中法双边关系也具有中国与西方关系的共同属性。两国关系也经历过波折和起伏，有时甚至是惊天巨澜。1989年北京政治风波后，法国在西方国家中率先对我国实施"制裁"，终止高层往来并在台湾问题上干涉我国内政，2008年北京奥运会火炬传递在巴黎遭遇严重阻挠，使中国人民看到了法国的另一面。当奥运火炬在巴黎遇阻的画面传回国内时，举国愤怒，但守护火炬的场面同样感人。五星红旗在巴黎全城飘扬，《义勇军进行曲》在巴黎上空回响。

北京奥运会开幕前夕，我国驻欧美主要国家大使馆悬挂的国旗同时遭到撕扯。驻法使馆旁边是法国农会，暴徒从农会窗子爬出，又攀着排水管爬到使馆外墙上，扯下国旗。在我国驻欧盟使团，暴徒跳到院子里时把国旗从旗杆上扯下。所有这些行为，都是在极短时间内完成的，而且是在警察的注视下完成的。反华暴徒为何撕扯国旗？五星红旗是中华人民共和国的标志，暴行污辱的是我们的国家！保护国旗是每个中华儿女的责任，更是我们这些远离祖国但代表祖国的外交人员的重大责任。"护旗"与"护国"同义！

三、到非洲任大使经历政变先后三次撤侨

我于2011年4月出任驻中非共和国大使。这是我首次到撒哈拉以南非洲国家工作，在这里我度过了外交生涯的最后几年。

大使是一个国家派驻所在国家的代表。只有大使的工作用车可以悬挂国旗，这既是荣誉更是责任。我到任第二天便向总统递交国书，紧接着拜会总理、议长及近40个部长，外交使团及国际组织和国际维和机构，以及中资机构，举行有总统、总理及全部内阁成员出席的到任招待会，安排使馆工作等。我一个月后患上疟疾，当晚打吊针治疗，次日上午又主持中国国际广播电台法语节目在当地落地仪式。

2012年12月初，数支反政府武装组成"塞雷卡"集团，迅速占领半数国土，与非洲多国部队形成对峙。中非向法国求救，希望法国驻军帮助控制形势。法国的回答是不干预中非内部事务，驻军只保护本国侨民和利益，态度与前几次截然不同。

根据几十年的外交经验直觉，我感到这次叛军举事意在夺取政权，法国的态度更使之胆大妄为，政局将有大变化。当即决定中方所有人员先撤到首都地区，观察局势变化再做决定。在美国关闭使馆、联合国组织撤离人员的情况下，安全已无保障。在国务院和外交部的关怀指导下，我方人员撤离的计划提上日程。

法国、埃塞俄比亚等航空公司均已取消航班，只有肯尼亚航空公司还偶尔不定期派出飞机。300多名同胞如何安全迅速地撤离？政府各部门已陷入瘫痪，首都社会秩序十分混乱。使馆果断决定：全力争取安排同胞乘

坐肯航班机，联系航班、购买机票、租用包机，为我同胞加急办理证照、第三国签证等必要手续。同时租用包机，争取在最短时间内安全撤离。经过7天的连续奋战，截至12月27日，共撤出华侨华人及中资企业员工317人，绝大部分安全返回祖国。

2013年1月下旬，在非盟和联合国斡旋下，反叛武装头目入阁组成联合政府，局势趋缓。出于设备安全和工程进度考虑，一些中方人员陆续返回。3月22日中午，我出席中方援建的宾博医院救护车交接仪式刚返回使馆，便得到消息说联合政府总理蒂昂盖伊与我分别后即被非盟维和部队保护起来，叛军已突破达马拉防线，向首都进发。我电话询问法国大使，回称班吉危在旦夕，但法军不会干预。

使馆立即启动应急机制，通知中方人员到使馆暂避。2个小时后，67名中方人员带着重要资料和随身物品赶到使馆。中资企业的数十辆汽车停在使馆，安全无虞。

使馆连夜与法国人和黎巴嫩人经营的各有一架小型飞机的包机公司联系，定妥舱位。23日一早，30人在使馆外交官陪同下前往机场，分乘2架包机离境。剩下的37人定于下午离境。为登机方便和预防有变，包机公司经理也被请到使馆，随我方人员一同前往机场。但6辆越野车却在沿途遭遇手持棍棒刀具的市民拦截，高喊外国人不能丢下他们不管，石块雨点般砸来，道路已被切断，使馆车辆只好掉头返回。停水停电已近30个小时，酷热难耐。我同时得到消息，"塞雷卡"已定于24日晨进攻首都。

24日凌晨4时，中方6辆越野车趁着夜色再闯机场。我事先已与法国大使通话，请法国士兵放行。当车队强行突破路障，刚到机场停稳，周边便响起密集的枪炮声。这是一场与时间赛跑的战斗，我们赢得了一个时间差！

在国际社会斡旋下，过渡政府成立，非洲维和部队升格为联合国维和部队，欧盟派出1000名警察维持首都秩序。中资公司先后又有30多人返回，了解情况和探索恢复有关工程的可能性。

2013年10月，形势再度恶化，10万班吉市民占领机场并在机场附近设立难民营。时局混乱，普通人都成为暴徒。中非全国460万人口，2/3沦为难民。由于时差关系，国内记者电话采访时都是半夜或黎明时分，我在电话里时常反问："你可听到枪炮声？"回答："听到了。请你们注意安全！"在这种情况下，使馆第三次组织撤侨。

五星红旗每天照常升起，在赤道非洲的骄阳下迎风招展。在极端艰苦的条件下，我们赢得了当地人民的信任，也推动了两国关系发展。有我们在，就有五星红旗在，五星红旗向外界宣示着中华人民共和国的存在！

2014年5月和11月，中非过渡元首庞扎女士两次为我授勋，这是两国关系史上从未有过的情况。这一举措既是对中国的感谢，也是对使馆工作的肯定。中国与非洲的友谊得到上至政府下至普通民众的高度称誉。

我个人的命运与国家紧密相连。作为一个已有46年党龄的共产党员，要时刻铭记入党誓词，脑海里要时刻浮现在党旗下宣誓的情景。作为一名共和国外交人员，要奉行"忠诚、使命、奉献"的核心价值观，把捍卫国家利益置于最崇高的地位。五星红旗永远在心中飘扬。

祖国人民是我们的强大后盾

高 锋

（前驻哥德堡总领事、驻瑞典等使馆参赞）

在庆祝伟大的中国共产党成立一百周年之际，我不由得想起了2006年我在所罗门群岛组织撤侨的那些日子。

2006年4月18日，我到中国驻巴布亚新几内亚使馆任参赞刚两个月，所罗门华侨小朱就打来电话说，所罗门首都霍尼亚拉发生了骚乱，50多家华人商店被烧，数百名华侨华人无家可归。对受难华侨的处境，中央领导十分重视并作出了重要批示。使馆当即决定派我和王岗三秘前往所罗门慰问受难侨民，了解情况并处理相关事宜。[①]

4月21日上午，我们办好签证和机票后赶到机场时，机场人员警告说："所罗门发生了骚乱，形势非常危险，建议你们立即退票！"我说："正是因为那边有危险，我们才要去。"飞机在太平洋上空飞了2个多小时，于当地时间12点30分抵达了霍尼亚拉。中国驻澳大利亚使馆托澳驻所罗门高专一秘来机场接我们。当地华人陈文先生也赶来欢迎我们。我急了解当地情况，就谢绝了一秘的好意，上了陈文的皮卡车。路上我让陈先生特地绕道唐人街，大街两侧五六十家华侨华人商店变成一片废墟，情况之严重，

---

① 根据《中华人民共和国归侨侨眷权益保护法（修正）》（1990年9月7日通过，2000年10月31日修正）第二条，"华侨是指居住在国外的中国公民"。通常来讲，"华人"指已经加入或取得外国国籍的具有中国血统的人。所罗门群岛撤侨行动中，撤回中国的人员中既有华侨，又有华人。——编者注

远远超过了我当年看到的贝尔格莱德。

在旅馆放下行李，我们到外面吃午饭，不想餐馆人说他们自己也没饭吃。大街上冷冷清清，附近几家饭馆都关门了。正当我不知所措时，一个中年华人跑过来问："你们是中国大使馆的吗？"我说："是，我们刚来。"他立刻热情地说："对不起，伙计刚告诉我说，有两个陌生人要来吃饭，我就想可能是大使馆来人了！快跟我回去，我们宁可自己不吃，也要给你们吃！"我感觉，当地侨胞对祖国来人早已望眼欲穿。

吃过午饭后，我们立即赶到所罗门群岛区域援助团。这个太平洋地区合作组织，是受所罗门总督邀请，由澳大利亚、新西兰等15个国家2003年派人建立的。其宗旨是帮助所罗门恢复社会秩序、建立国家机构，促进经济发展。我会见了援助团顾问莱曼和警察助理总监丹尼尔，他们都是澳大利亚现役军人。我感觉在中国和所罗门两国没有外交关系的情况下，能否取得援助团的支持是我们工作成败的关键。我向他们介绍来意说，所罗门选情激变，是一小撮"台独"分子的金钱贿选造成的，与广大中国侨民无关。他们代人受过，商店被烧，生活无靠，处境困难，"中国政府派我们来保护中国侨民的利益，我希望援助团尽快采取措施保护中国侨民的安全，必要时出动警察协助我们撤侨"。对于中国侨民的困境，他们表示十分同情，说如果中国确定撤侨，他们愿意尽力提供协助。后来莱曼指挥军警，护送我们撤侨，确实帮了很大的忙。

下午两点半我们来到受难华侨华人聚集的场地。这是警察俱乐部的一个大棚子，有顶无墙，四面透风。我进去一看，里面挤了300多人，坐着的、站着的、躺着的都有。我百感交集，为这些对当地经济发展和两国经贸关系作出重要贡献的中国人在这个岛国受到的屈辱感到愤慨。我当即接过华人递过来的话筒说："我代表中国政府和中国大使来看望大家，政府很关心你们的处境，让我来听取大家的意见，帮助大家渡过难关。"

我的讲话受到了热烈欢迎。许多华侨华人当即表示："我们已经无家可归了，中国就是我们的家，请政府尽快接我们回国。"华侨还向我反映，得知我们要来，台湾"使馆"上午曾派人请他们去"免费住饭店"。但华侨华人识破了他们离间华侨华人与中国使馆关系的阴谋，就在俱乐部外墙上贴出了"中国大使才是我们的救星！"的大标语。侨胞在危难情况下对祖国的信任使我十分感动。

回到饭店后我立刻向大使汇报了上述情况。我得到消息说，大批当地人在"台独"分子煽动下，明天将向华侨华人聚集地出动，企图制造冲突，驱赶我和王岗。我立刻与援助团联系，得到我们的情报后，援助团加强了戒备，第二天暴徒还没接近华侨华人聚集地就被驱散了。

21日深夜，大使打来电话说，国内决定经过巴布亚新几内亚撤侨。听到这个消息，我们都很兴奋，我们立即开始准备撤离人员名单。22日凌晨，大使又来电说，使馆正在租借包机，首架飞机可能当日抵达所罗门。这时我意识到关键的时刻到了。我让王岗继续准备撤离人员名单，自己跑去联系车辆。经过与几名华人商量，我最后决定选用关先生的三辆卡车。中午11点多，我们接到第一架90座的包机下午5点抵达的消息。王岗和所罗门中华总会的陈秘书立即开始点名。这时一些没被叫到的人也拥上来，吵嚷着要上飞机回国。我连忙让他们告诉大家，我们的工作就是把所有想回国的同胞送回去，人没走完，我们就不回去。群众的情绪这才稳定下来。下午两点多，我费了九牛二虎之力组织90多人上了三辆大卡车。

在卡车就要上路时，一名澳大利亚女警察跑来说："坐卡车去机场不符合安全规定，你们都必须下来换车，我负责去找大轿车。"我只好指挥人们下车。但过了半个多小时，警察又来说找不到大巴，华侨华人们只好又爬上卡车。又等了好一会儿，车队还是不动。赤道上空的太阳晒在脸上，感觉火辣辣的疼。我跑去一问才得知，红十字会不愿与警察一起行动，说红十字会只有单独行动，才会受到各方的尊重。而警察说前面有游行队伍，靠红十字会带路肯定过不去。我权衡利弊后下决心说："我们感谢红十字会的帮助，但在安全问题上，我们更信任警察。"

这时一辆红色小轿车开到我面前，来人是巴新驻所罗门高级专员塔梅，他接到国内指示来为华侨华人安排去巴新的签证。我说："太好了，太欢迎了，咱们一起去机场吧。"

由于前后有警车护卫，车队很顺利地抵达机场。巴新驻所罗门高级专员把他的全班人马都带到了机场，从填表、做证，到发证进行一条龙现场办公。为了节约时间，我作为中方代表，为所有华侨华人在签证申请表上签了字。随后我把做好的签证分发给每个华侨华人。下午5点30分，90多名同胞登上了飞机。

夜里王岗和所罗门中华总会的两名秘书继续准备第二批、第三批撤离人员名单。这是一件非常复杂的工作，既要掌握政策，注意照顾重点人物，又要注意变化，及时进行调整，因为不少人仍在为去留问题犹豫不决，有的人在登机前还会改变主意。与此同时，使馆和国内又在不断地催要名单，以便进行后续安排，我们不得不连夜加班。陈文、小朱和中华总会的两个秘书和我们都素不相识，这几天来和我们连夜奋战，不仅毫无报酬，而且夜里连家也回不去。他们的无私工作极大地帮助了我们的撤侨行动。

送走第二架包机后，我们马不停蹄地赶回城里。这时华侨华人情绪出现了变化，面对迅速减少的人群，有些华侨华人担心自己会被抛弃。"台独"分子也趁机散布谣言说，这是最后一架飞机，更加剧了混乱，我们只好耐心解释。这时中华总会主席陈先生也来帮助做解释工作。听说此人在大陆和台湾之间摇摆不定，我就对他说："在华侨华人有危难的时候，台湾是靠不住的，只能靠大陆政府。"目睹我们为了华侨华人安全把个人一切都置之度外的情形，他也受到了感动，就调来了三辆大巴，帮助我们的撤侨工作。

在机场我忙着协助巴新高级专员办理签证，旁边一名王姓华人突然吵了起来："你不能让他们先走，这名妇女早就登记了。"我看见他旁边坐着个抱着孩子哭泣的妇女。此人上午已经几次与王岗吵架，甚至不经我同意就擅自指挥撤离队伍。我感到来者不善，就对那个妇女说："明天还有飞机，你等明天再走吧。"那个妇女表示同意。其实她是在为其丈夫不愿一起走而难过。但王还是厉声喊叫："不让这个妇女先走，我们就把飞机上所有男人都拉下来。"我生气地说："你还是少说点吧！"他身边一个青年人突然冲上来，一下把我推了个趔趄。王继续煽动当地人，都去打我这个"外国人"。但护卫我的华侨华人不少，警察闻讯也赶过来了，他们才没敢再动手。同样一架74座的F28飞机，这次共上了81人。

在回城路上，当地朋友告诉我，王表面上是中华总会的名誉主席，实际上是台湾方面代理人，这次台方收买议员的贿金都是通过王的公司送出去的。当他们说到王的"名誉主席"的头衔时，我猛然想起三月初王与我们会面时对我们信誓旦旦地说他支持所罗门的亲华党派。现在看来他不仅欺骗了我们，而且还是造成这场动乱的罪魁祸首之一。在头一轮选举中，主张与中国发展关系的人处于领先地位。而主张保持与台湾当局"关系"的人名列第三；但王帮助台湾当局用重金收买了得票第二的候选人在议会的支持者，使主张与台湾当局保持"关系"的候选人一下就变成了新议会第一大党的领袖。政局突变激起的怒火被当地人发泄在普通华侨华人身上，造成了这场大灾难。我之前认识的唯一一个当地人竟然是一个可恶的两面派！我对澳大利亚警察说，中华总会的那个王先生不是来帮忙的，而是来捣乱的，我希望明天不要再见到他。

23日深夜，大使向我传达了中央指示：把所有想走的华侨华人全部撤走，宁可空飞也不要留一人。这个重要决定，显示了党中央保护受难华侨华人的决心，使我这个前线指挥官也倍感温暖。24日早6点宵禁刚结束，王岗赶往警察俱乐部了解情况。7点多他打来电话说还有64人要走。我立即向大使报告最新情况，并建议取消计划中的第五架飞机。大使说，这个建议很及时，本来他还担心最后一架飞机空飞，现在可以取消这架包机了。

我退掉旅馆房间，赶往机场时看到路透社、澳新社和当地电视台、广播电台的许多记者都来了。我觉得，我们走也要光明正大地走，就把他们叫在一起，主动介绍了这次撤侨的经过。我强调中国人民和所罗门人民是友好的，中国侨民的辛勤劳动为所罗门经济和就业作出了重要贡献。这次大选风波是一小撮"台独"分子制造的，与广大华侨华人没有关系。但华侨华人的商店被烧，生活陷入绝境。他们的撤离是不得已的，只要所当局采取措施保护华侨华人的合法权利，他们中的许多人还是愿意回来的。我的讲话被他们当即传播了出去。

这时，巴新高级专员塔梅和办机票的人都来了。他们说，由于那个姓王的从中捣乱，移民局官员不见了，因此没有护照的27个华侨华人可能没法离境。我听了心中一沉，当即对塔梅说："你能否想个办法，这些人证件被火烧了，又不是他们的错。"他说："我可以给每人开个证明，让他们先到巴新，但再往前走就没用了。"我说："能让他们离开这里，就算你救他们了。"就这样，这些没证件的华侨华人也全部登上了飞机。4月24日当地时间13点58分，这架F28包机凌空而起，我们与最后一批被困华侨华人离开了所罗门。

当时，中国与所罗门没有外交关系，我们在当地也没有任何熟人。但我们的党是一个伟大的党，我们保护中国侨民利益的事业是正义而伟大的事业，因而得到了国际友人和当地侨民的大力支持和无私帮助。经过74小时的艰苦战斗，我们成功组织了314名华侨华人分乘4架包机，撤到了巴布亚新几内亚。中国第一次在没有外交关系的国家成功撤出大批受难华侨华人的行动，受到国际社会的广泛赞扬，也成为新中国外交史上光辉的一页。为此，外交部给参加这次工作的全体人员记集体二等功。

在庆祝中国共产党成立一百周年的时候，我回想起这次撤侨工作和后来的多次成功撤侨，倍感中国共产党的伟大和作为一个中国人的自豪与幸福。

母爱常伴游子行

——汤加撤侨纪实

胡业顺

（前驻汤加、拉脱维亚大使）

2005年12月我出使汤加王国之时，正值该国酝酿着广泛、深刻而急剧的社会变革。此时汤国内经济凋敝、政局动荡，社会动乱蓄势待发。有鉴于在汤华人华侨从业多集中于汤政府限制外国人入职的商业流通领域，自己意识到须抓紧就有关问题做汤主管部、局工作，以防旅汤侨胞遭受动荡池鱼之殃，以利其长远生存和发展。后来事态的发展证明这并非杞人忧天。

2006年11月16日，汤加王国议会（一院制，贵族和平民议员各9人）连续第三天开会商议国家政治改革方案。平民议员要求国王大幅让渡权力，翻倍增加平民议员席位，议长和首相须经议会选举产生，再由国王履行任命程序。双方唇枪舌剑、各不相让，僵持不下。改革派为了向议会施压，在议会外的小广场上集结了上千支持者，连续几天用高音喇叭呼喊口号、发表演说、慷慨陈词，并不时擂鼓呐喊，不断升级向室内的贵族议员施压，摆出了不达目的誓不罢休的阵势。上午12时左右，示威人群情绪逐渐失控，开始用石块等可投掷物体攻击议会建筑。首相塞韦莱、贵族议员及议会工作人员纷纷从后门走避，示威活动由此演变成骚乱。继而，骚乱分子对国王图普五世和首相的家族企业、商店纵火、抢掠。此刻，失去理智的暴乱分子逢店就砸、见铺就抢，打砸抢烧迅速遍及首都努库阿洛法中心地带，大部分华商店铺也沦于这场无妄之灾，暴乱分子对华商店铺或破门而入，或推倒墙板涌入争抢物资，不少侨胞甚至成为暴徒的人身攻击目标。一场始料不及的大规模骚乱由首都迅速向周边村镇蔓延。

使馆位于汤加塔布岛环岛公路的北端，与议会堂仅500米之隔，我馆可及时掌握现场发生的情况。暴乱发生后，我馆即将全馆人员集中于馆内，以防不测。

下午1时许，办公室主任徐劲松同志急匆匆走到我办公室，神情严肃地说："大使，外边来了一些侨胞要到使馆避难，怎么处理？"我意识到了事态的严重性。当即让徐打开使馆大门全部放进来，由徐和办公室人员负责安置他们；同时安排大使翻译李海滨保持对外联系；要求商务处负责人黄耀国同志即与援汤专家组和教师联系，了解他们的安全情况，以便及时施以援手。随之，大批惊慌失措的华人华侨涌入使馆院内。此时，尾追攻击侨胞的暴徒开始以石块、砖瓦等攻击使馆建筑。使馆沿街的门窗、灯具被砸。有四五块碗口大的石块从窗户飞入大使会客室内，险些砸中室内人员。我馆迅速将室内人员转移至更安全地方，立即将全部沿街窗户的防台风木板窗全部关闭、插紧。馆内的人群越发惶恐不安。我即抓起电话，拨通了汤外交兼国防大臣图普的手机："大臣阁下，事情紧急，我不得不打你的私人电话！首都事态是否已失去控制？现在大使馆受到了暴徒的袭击。按照《维也纳外交关系公约》，汤加王国政府有义务保障大使馆的人员和财产不受侵犯并维持有尊严的工作环境。请阁下立即采取措施，以确保我馆人员和财产的安全。"图普大臣当即表示："我谨代表汤加政府对此表示道歉！正如阁下所言，外面局势已经失控。我将立即派军队过去保卫中国大使馆的安全。我将与你随时保持联系。"挂断电话后约二十分钟，三辆满载士兵的军车呼啸而至，将正在以石块等攻击使馆的四五十名暴徒悉数逮捕，扔到车上拉走。随即留下五六名士兵警戒使馆周边地区。次日，汤军在我馆沿街院墙的东、西两端搭起街垒，设置路卡，由荷枪实弹的士兵二十四小时值守。

当日下午四时许，先后涌入使馆的侨胞已近四百余人。11月中下旬的汤加已是初夏，下午温度很高。几百号人拥挤在狭小的办公楼内，空气浑浊，气味不佳。有一未满月的娃娃脸憋得紫红，哇哇大哭。我即安排大使夫人颜利茹带领使馆女同志照料孕、幼、妇、老，安排他们到靠门、窗，通风好些的地方休息。办公室同志引领青壮年到楼后的空地休息。并抓紧搭起了使馆仅有的简易帐篷，供露天人员休憩。此时，馆内的侨胞惊魂未定，既担心个人的安危，又痛心辛苦积攒的财产被毁，群情激愤。而院外城中心区几处滚滚黑烟拖着熊熊火舌抬头可见。时近黄昏，海风吹起，风助火势，火借风威，整个首都中心区烟火弥漫，令人惊骇。有的侨胞眼看着馆外二三百米处自己的三层商厦被烟火吞没，甚至可以听到劈劈啪啪的爆裂声，几次欲冲出去拼命，被众人拽住、劝阻，未出意外。此时，外交部国外工作局边燕花副局长率领的巡视小组正在使馆工作，他们也不顾个人安危，与使馆同志一起投入到照料、安抚侨胞的工作中，大家都成了政工师，耐心地做侨胞的疏导工作，以防发生不测。

当下，使馆面对的首要问题是几百号人的吃、喝、拉、撒。我馆是一个只有十二人的小馆，厨房小，灶具少，人手紧，处处捉襟见肘。虽然我馆为防不虞储备了一些食品，但三四百人一天的消耗是我馆一月的储备，几天下来必将面临巧妇难为无米之炊的窘境。

怎么办？发扬我党群众路线的光荣传统：第一，安排少数侨胞帮厨；第二，请来馆的中餐馆的厨师上灶，与我馆厨师共同备餐；第三，请使馆附近尚可开伙的餐馆承包一两道菜，以保障几百人的饮食和健康。就这样，涌入使馆的侨胞怀着惊恐、愤怒与惴惴不安的心情度过了骚乱发生后的第一晚。

当晚，外交大臣图普电话告我，汤政府已正式请求澳大利亚和新西兰政府出兵汤加，以帮助平息暴乱。两国政府对此作出了肯定答复，允尽快派兵赴汤，协助汤方平息骚乱、恢复秩序。

我馆在第一时间向国内报告汤政局变化和骚乱情况后，考虑到汤国何时能恢复安定不得而知，侨胞的人身安全毫无保障，许多侨胞赖以生存的前店后家的资产已毁于骚乱，强烈要求回国的现实情况，提请国内考虑包机撤侨（租用中、外包机撤侨）。

第二天（11月17日）上午，市区余烬未息，四处弥漫着焦煳的气味。暴乱分子依然成堆结伙，横行街巷。国王名下的公司有三位职员死于大火，一时间恐怖气氛笼罩着努库阿洛法。此时，我馆接到一顾姓台胞电话，诉说其家周围有汤加人聚集，她一人居家，恐遭袭击，请求我馆立即派人救助。我馆随即联系曾在华培训过的一位汤军方朋友，请其派兵解救此台胞。该朋友二话不说，立即带兵前往，驱散了当地的乌合之众，保证了该台胞资产和家室的安全。

傍晚时分，澳、新军队一百五十余名士兵先后抵达汤加机场，随即与汤加陆军部队联合行动，对机场、王室、首相府、银行、电站等要害部位进行封锁，实施戒严，骚乱活动有所收敛。

第三天，外交大臣图普陪同皮洛莱乌公主携带慰问品到使馆看望和慰问使馆人员与侨胞，对骚乱分子的暴行表示道歉，并恳请侨胞乱后继续留汤，以共同振兴汤加经济。图普大臣告我，将把中国大使馆划入戒严区，人员凭证出入，以确保使馆的安全。随后塞韦莱首相、唐吉副首相亦先后到馆慰问，送来了一些大米、面包、芋头、木薯、水果等食物。塞并当场承诺将采取减免税收等措施以帮助华人华侨重整旧业。至此，侨胞们情绪有所缓和。

第四天，努库阿洛法局势日趋平缓，但侨胞们撤离汤加的心情日渐急迫，称旅汤侨胞"是海外未成年的孩子，离不开祖国的呵护"，要求我馆不遗余力促成撤侨。焦躁不安的情绪在部分侨胞中滋长。我馆反复解释，包机航线牵涉到八九个国家和地区，均需商洽对方同意。且汤加机场不能起降波音747类大型客机，需先由第三国包机转运至斐济，然后由斐济南迪国际机场转乘国内包机回国。若此，则需办理斐济的过境免签证事宜，等等。现在国内主管部门已经特事特办，请大家耐心等待，各自做好撤离前的有关准备。同时我馆立即启动全部侨胞的个人信息采集、核实工作，为证件损毁的人员补办证件。并把有关信息及时报国内、抄告驻斐济使馆，以供国内安排有关省、市接侨和驻斐济使馆接洽转机事宜。我馆决定把老、幼、妇、孕人员安排到一邻之隔的中汤合资日界线酒店安歇，以免他们经日惊恐，劳累发病。

第五天，我馆收到了国内关于包机撤侨并派遣撤侨工作组协助使馆完成撤侨工作的指示。由此，撤侨工作进入具体实施阶段。闻讯后，多数侨胞，特别是不打算返回汤加的人员强烈要求使馆设法协助他们提取在当地银行（集中于澳新银行）的存款随身带走。我馆办公室同志联系澳新银行总裁商洽此事的同时，我即亲自打电话给皮洛莱乌公主（澳新银行的董事），敦请公主出面促成此事（此时不仅银行无人上班，在国际通货流通量不大的汤加，突然提取几百万美元亦难度不小）。公主慨然应允，并责成澳新银行汤加分行总裁带员工到大使馆院内办理。几经努力，侨胞们顺利地提取了存款。随之而来出现了新的问题，汤海关规定每个出国的成年人只准许携带5000美元离境，多者没收。我随即再次给外交大臣打电话，并由使馆随后发照会，说明许多侨胞在骚乱中损失巨大，且离汤后不再返回，请汤方作为特例，放宽出境携带外汇额度。图允予积极考虑。随后，汤外交部复照我馆：不论成年与否，允许中方每位离汤人员携带10000美元离境。届时将由外交部常秘瓦因卡带人赴机场为离境人员办理有关手续。至此，侨胞们悬着的心才算是一块石头落了地。

下午，由时任领事司副司长黄屏率领的四人撤侨工作组抵达努库阿洛法，工作组带来了祖国人民的关爱，随机运来了上百公斤的肉、蛋、鱼及大量的青菜，不但从根本上解决了使馆的饮食之忧，也给急切回国的侨胞吃了定心丸。祖国派包机接他们回家的愿望即将成为现实，五天来侨胞们郁结的焦虑情绪真正得到了缓解。

第六天，在撤侨工作组的具体指导和协助下，使馆加紧对回国人员资讯的最后核实工作，因部分受冲击小、损失少的侨商对回国与否迟疑不决，撤侨人数成为一个动态名单，我馆需反复核实，尽快敲定最后名单，以便有关部门具体操作。同时，我馆抓紧与汤方洽商，要求汤方提供足够的交通工具和安排军警护送，以确保侨胞安全撤离。为保证撤侨行动环环相扣，平稳衔接，顺利实施，我馆与承担第一段包机任务的中国驻奥克兰总领馆和驻斐济使馆保持及时沟通。

第七天，在撤侨包机抵汤前，为确保撤侨顺利成行，黄屏副司长作为回国人员领队，亲自带领拟撤离人员演练。从有利于家庭成员之间照料、身体状况、男女比例、老少孕扶助等因素考虑，将193名归侨按乘车分组、编队、发号，并反复宣讲在离馆乘车、机场过关和斐济南迪机场办理过境换机等环节的注意事项。上、下午先后两次组织撤离人员排队演练，要求大家前后相互熟悉、照应，以防甩脱。

下午四时左右，执行此次任务的新西兰航空公司包机抵达努库阿洛法机场。在包机抵达前半小时，使馆即组织回国侨胞分乘汤方提供的五辆大巴前往机场，每车由两名汤军士兵持枪在前后门警戒。我与黄屏副司长及汤方护送负责人乘坐头车，以便及时处置突发情况。每车均有我方和汤外交部人员随车，以保持联络畅通。一路上随处可见捣毁的店铺、烧塌的房屋、烧毁的车辆残骸，少有行人，这一切仍然让人感到一种无声的恐怖。大队人马到达机场后，瓦因卡常秘等人早已到位，迅速为离汤侨胞办理了出境手续。我在海关闸门前与侨胞们握手道别时，不少侨胞动情地说："经此劫难才真正感到共产党领导好，祖国最亲。""感谢祖国！感谢使馆！辛苦大家了。"一时间我脑海中掠过几天来他们从惊恐、愤怒、焦躁到轻松的面孔，望着腾空而起的银鹰，我喃喃自语："是啊，祖国强大了，母爱才能常伴游子行啊！"

当晚，夜不能寐，作一小诗记之：

政局板荡动甲兵，孥库闹市烈焰腾。

暴徒劫掠似虎狼，华侨血汗一波冲。

千人涌馆避祸乱，耄耋襁褓得压惊。

银鹰万里接侨归，祖国母亲恩千重。

乘党航船前行路　无怨无悔外交情

刘一斌

（前驻外使馆参赞）

建党百年，中国千变。我的人生路，与国运相连。

我父母是20世纪30年代初期的共产党员。1938年日寇侵占山东，父亲参与组织发动了徂徕山抗日武装起义。我就是出生在民族危亡与抗日烽火迭起的岁月。起义胜利后，父亲回莱芜县创建抗日革命根据地，任抗日政权的县长兼县大队长，领导莱芜人民抗日御辱，浴血奋战。莱芜被誉为山东抗日模范县，蜚声遐迩。日寇惧恨，调集重兵盘踞，野蛮屠杀百姓，重金悬赏我父亲的头颅，并疯狂追捕家属。我家被迫长期离乡背井、流离失所。我们以乞讨为生，吃草根树皮，宿山野洞穴。我弟、妹四人冻饿而死。最终，我们没有逃出魔掌。1942年秋，由于叛徒出卖，日寇把4岁的我和母亲、姐姐三人抓去，关押数月。狱中，母亲受尽严刑拷打，我幼小的心灵受到严重摧残。这使我对日本侵略者的仇恨永难泯灭。

泰山军分区司令员廖容标指示敌工科长，通过内线配合把我们搭救出来。敌人仍四处追捕。一次，我们藏在水井壁洞里。敌人四处搜查无果，便向井下打了两枪，投了一颗手榴弹，险些把我炸死。

日本投降，母亲把我送进莱芜县宣传队。始而宣传抗日胜利，继而宣传"反蒋保田"。1947年春，国民党重点进攻山东，我因年幼有病，转进泰山专署医院，一边治病，一边当看护员。1947年夏医院紧急转移时，我受母亲指派，单独在雨夜走十几里山路，去给香山区委送情报。险被山洪卷走。

童年的苦难，艰险的磨砺，铸就了我坚毅的性格，不懈的意志，爱国的忠诚，敌我的意识，悯弱的道德。

我入外交领域，纯属命运的安排。1958年学校团委组织批判一名学生，名曰"拔白旗"。我单枪匹马站出来反对，指出中学生的问题纯属思想认识问题，不应该"拔白旗"。结果，惹火烧身，团委要拔我的"白旗"。事情闹到鞍山市委，学校把我列入另册。出人意料，1960年学校竟选派我留苏。父亲知道后，马上给市委文教局领导打电话，指出应从工人子弟中选拔留学生，要求把我换了下来。我参加高考，志愿全报的是中文和新闻专业，却被国际关系学院录取。我被分配学习印度尼西亚语。学校和专业均非我愿。外交属于政治领域，当时强调是搞国际阶级斗争的。校方告诉说，印尼班是遵周恩来总理指示开办的，旨在培养印尼问题专家。自此，我发奋读书，苦学外文，涉猎政治。从大学二年级开始，我就常被借调接待外宾。大四时，我还有幸临时为周恩来总理和陈毅副总理担任现场翻译。这极大地鼓舞了我的学习热情，坚定了我从事外交工作的志向。

我立志在大学入党，始终努力不懈。直到大四方才入党，如愿以偿。

1965年毕业，我被分配到外交部亚洲司主管印尼事务，心里充满了自豪感、责任感。特别是因工作之便，有机会接触到中央领导人，心中满怀幸福感。但工作的繁忙、劳累、紧张与机要，也使我体味到外交的甘苦。当时，正值印尼"九三〇事件"后中印尼交恶，印尼冲砸我使领馆事件迭发，双方展开了抗议照会战。我当时负责资料、跑签，随后又加上草拟照会，经常忙得日夜连轴转，约有半年吃住不离办公室，常常一天只睡2—3小时。在两年的时间内，印尼冲砸我使领馆多达43次，我方提交抗议照会共33份。我累得患上胃溃疡，胃潜血反复不止。

经过两年的实战锻炼，我总算入了外交门，认识到外交工作的政治性、政策性、敏感性，乃至时间性，体验到做一名"文装解放军"战士的不易。这一时期，我常有直接、间接与周恩来和陈毅接触的机会，亲身聆听到他们的教海、指示，感受到他们超凡的政治智慧和外交策略艺术，学习到他们崇高的品德和光辉的人格。这深刻地教育着我立志做一名爱党爱国、忠诚职守、立场坚定、严守纪律、精于业务、无私奉献的合格外交官。这也为我的外交人生打下了政治、思想、业务、观念的基础。

1969年11月，外交部干部大批下放，我带头赴湖南茶陵干校劳动。

1973年初，我调回外交部。这时亚洲地区的外交正处于复苏期。中国与印尼断交，工作不多，我被大家推选兼任支部副书记。政治学习，选优评奖，调升工资，落实政策，都由我主办。

我的心随着国家的脉搏而跳动，常被人称为"忧国忧民"派。1976年中国发生了一系列牵动中国人感情和政治神经的大事：周恩来、朱德、毛泽东相继谢世，唐山大地震，粉碎"四人帮"。这些令人大悲、大忧、大惊、大喜的事件，使我的感情大起大落，导致我的胃溃疡复发，我呕血不止，多次休克。当时我急需手术止血抢救，但无血源，医生无奈。时任外交部副部长的刘振华将军"爱兵如子"，亲自给北京医院党委书记打电话疏通，才予以解决。这是党组织第二次把我从死亡危境中拯救出来。基于感恩，我尚未康复就回司主办批判"四人帮"追随者的运动。不顾左右干扰，坚决公正地把持着良心的天平。

随着工作的需要，我担任了主管东盟国家的副处长，先后参与了中国与马来西亚、泰国、菲律宾的建交，以及与新加坡互设商务代表处等工作。这对拓展我国在东南亚的外交工作，遏制当时苏联"南下战略"，具有积极意义。

1981年底，我被外派，先后到驻斯里兰卡、马来西亚、美国休斯敦、安提瓜和巴布达、乌干达等国的使、领馆工作。每到一处，都有棘手的工作和艰险的境况相随。

我首次出国是任中国驻斯里兰卡使馆办公室主任。当时使馆破旧，设备简陋，蚊虫肆虐，伙食不佳。我花大力气协同馆员进行整顿、改善，很快改变了使馆面貌。

　　我长期搞形势调研，习惯于观察形势和研究动向，对斯里兰卡总统大选形势和北部贾夫纳半岛泰米尔族地区的独立问题，都作出了准确的分析判断。这期间，首都科伦坡发生民族骚乱，僧伽罗族对泰米尔族实行打、砸、烧。在这混乱时刻，我利用一切机会，外出沿街观察情况，穿行于暴民之中，置身于事发现场。晚上，我爬上楼顶，瞭望火光起处，辨听枪声方向，借以判断暴乱的蔓延波及区域和发展程度。全然忘记了流弹和从屋脊滚落下来的危险。

　　骚乱发生后，首都地区实行宵禁。关卡处处，军警遍布，动辄开枪。使馆去机场交接信使袋是在夜间3点，须经多道哨卡。我怕别人遇事处置不宜，发生危情，自己争先"出马"。一次，在行车中，突然从黑暗中传来喝令停车的喊叫声，随即一道强电光射来。我赶紧让司机停车。司机则想靠近些再停，让车慢慢往前滑行。哨兵举枪就射出一梭子子弹，好在是示警，如冲车打，后果不堪设想。我立即下车，走上前出示特许通行证，并再三解释，才获放行。在斯里兰卡任期未满，我被调转至中国驻马来西亚使馆任研究室主任。

　　我一到马来西亚就遇上了"柑橘事件"，华族和马来族的尖锐对峙，搅动得社会不安，几乎形成乱局。更使我忙碌不堪的是，外交部指令我们馆全面了解马来西亚吸引、运用外资20年来的情况和经验，尽快综合报回。任务艰巨复杂，实难负荷。大使发动各部门配合支持，责成我牵头，负责分析综合、整理研究，拟文上报。经过20天的昼夜奋战，我们上交了一份资料翔实，理据充分，观点鲜明的报告，为中央吸引外资的决策提供了可资借鉴的经验。

　　1989年春节前夕，我赶赴美国休斯敦任副总领事。通过一段时间的努力，我初步打破了亲台势力和"台独"势力对我总领馆的政治封堵及对爱国社团的打压和排斥，改变了华人社会赤白分明的状况。1989年政治风波期间与事后，美国政府和各种社会势力、团体对华采取制裁、抵制和反对的立场、态度。我大力做工作，积极争取社团态度转圜，推动商人访华，到领区各地游说争取"最惠国待遇",接待全美市长联盟会议的全体200余位市长,并发表友好述理的演讲。通过各种途径的艰苦努力,极力突破重围,打破制裁。

四年后,我于1995年被派往加勒比地区的安提瓜和巴布达,任使馆临时代办。履职不到3个月,就在刚忙完使节会的"眩晕"中,遭到百年不遇的飓风袭击。风速超过240公里/小时的强气流裹挟着倾盆暴雨,严重损毁了我们的使馆。我们在死亡线上挣扎了48小时。灾后,使馆积极支援驻在国政府和人民的救灾活动,并加速我国的援建项目的进程,大力推动高层访问和友好往来。这大大增进了安提瓜政府和民众对中国的了解和友好感情。我调离时,安提瓜外交部安排了超规格的送别活动。这使我感受到作为中国外交官的莫大荣幸。

我的外交历程的最后一站,是到非洲乌干达任参赞。那里治安不好,刑事案件频发。在一年多的任期内,我经常忙于交涉和指导安全防范、处理善后。但与此同时我不忘促进两国关系的主旨,积极安排了北京杂技团和中国武术队先后到乌干达访问表演,让非洲人民见识到中国的文化艺术水平,以及中国人展示出的人类的体能和技能极限。

现在我已退休20多年,但国际风云仍吸引着我关注的目光,许多重大外交问题都牵动着我的心。回眸往事,还能看到我过手的文件上残留着我的汗迹。想到我为中国外交献出了青春,献出了健康,献出了一生,心中感到无限欣慰。

纵观我一生,平凡无怨悔,艰难不丧志,位卑未忘国。信仰的力量是无穷的,我始终保持着对人民的良知,对党的赤忠。告慰了,我的心灵!

时刻听从党召唤

杨淑英

（前驻外使馆外交官）

　　我们即将迎来2021年中国共产党建党100周年。百年来，在中国共产党的领导下，中国人民百折不挠，英勇牺牲，前赴后继，推翻了三座大山，建立了新中国。中华民族经历了从站起来、富起来到强起来的伟大飞跃。没有共产党就没有新中国，没有共产党就没有今天新时代的强大中国。

　　我于1970年底在黑龙江兵团加入党组织，到2020年底，入党已经50年了。入党以来，我更加坚定地听党话、跟党走，无论是在艰苦磨炼的黑土地，还是在努力深造的大学殿堂和风云变幻的外交战场，我都时刻按照党员标准严格要求自己，听从党的召唤，起好党员先锋模范作用。我感谢党组织的关怀和培养，使我成长为一名光荣的外交战士。2020年，新冠疫情肆虐全球，我国在党中央的英明领导下，众志成城，共克时艰，取得了伟大胜利。我作为退休老党员，虽不能奋战在第一线，但可宅家，积极捐款，奉献爱心。在这特殊时期，回想起在外交领域工作的岁月，百感交集，尤其是在驻吉尔吉斯斯坦使馆的工作经历让我难以忘怀。

一、深入调研广交朋友

　　2008年春节过后，新闻司负责人事的田琦参赞找我谈话，说组织安排我去驻吉尔吉斯斯坦使馆工作，问我有什么想法。我回答很坚定：听从组织安排，不怕艰苦，一定好好干。在随后的两个月里，我抓紧复习多年没有使用的俄语并了解吉国国情，做好了充分的准备。

5月底，我抵达使馆工作，担任政治处主任兼管领事部。中国驻吉大使张延年对我非常热情和关心，向我详细介绍了驻在国形势、华人华侨和东干人情况以及使馆内部情况。

吉尔吉斯斯坦是我国打击"疆独"和"东伊运"的前沿战场，斗争形势错综复杂。使馆政治调研任务极其繁重。我全身心地投入工作，但是遇到的困难是我始料不及的。政治处一共4人，其中两人是刚毕业的大学生，另一人是借调的。我作为他们的领导，需要花大量时间对他们所写的大事记以及情况汇报给予耐心指导和修改。为了密切跟踪形势和尽快上报重要情况，我经常废寝忘食，通过浏览电脑、电视、报纸等信息关注形势，写报写到很晚甚至深夜。出于对自身安全的考虑，我通常不回外边住处，而是睡在狭小的办公室里。

为了更快、更多地熟悉情况，搞好调研工作，我主动结交各方面的朋友。我先是拜会驻在国外交部中国处的同行。非常巧合的是，在那里我遇到了在印度交往的一位二秘朋友，由于我们是老朋友，涉及两国外事的很多事务办起来很方便。这位朋友也经常来馆找我帮忙办理赴华签证等。再就是加强与当地前政要、学者和使团外交官的交往，与他们就该国内政外交等事务进行交流。由于我兼管领事部，我便利用各种机会，深入了解并结识华人华侨和东干人，做他们的友好工作。我应邀出席了该国东干人于8月2日举办的旨在为北京奥运会加油的运动会。邻近的乌兹别克斯坦和塔吉克斯坦东干人代表也都出席助阵。在这次活动中，我结识了很多东干人朋友，我对他们情系祖籍国、支持祖籍国奥运会表示赞赏。随后，我写了一篇报道，在外交部网站发表，国内许多官方网站也都予以转载。这些东干人看到他们对祖籍国的友好情谊得到赞赏和广泛宣传感到无比高兴。

二、临时代办重任在肩

2008年9月中旬，张大使通知我，国内已经批准他回国述职休假，并任命我在这期间担任临时代办。我虽然对自己比较有信心，但毕竟这项工作责任重大，且有3位其他部门领导级别比我高。面对上级领导的信任，我表示要努力承担这项重任。

张大使离馆后，使馆的一项重要工作就是搞好国庆招待会。我首先召开各部门领导会议，要求大家重视这项活动，按照往年规格邀请宾朋。大使翻译小刘准备了临时代办的国庆请柬，并按照张大使往年规格发送了请柬。我认真准备了招待会致辞稿，并请翻译提前译成俄文。办公室主任负责预订国宾馆和做好安保及准备食品酒水等。一切工作有条不紊准备就绪。9月30日晚，我作为临时代办举办的国庆招待会顺利圆满举行。让我感到欣慰的是，吉官方出席招待会的规格并未因张大使回国而降低，仍是副总理出席。包括外交部官员的吉方高官、驻吉使节以及其他方面的宾朋也和往年一样照例出席，人数达到200多。招待会上致辞后，我抓紧与到会贵宾握手寒暄，感谢他们出席，主动做友好工作。招待会后回到使馆，我向各部门负责人了解情况，旋即向国内汇报了这项重大活动情况。

然而，使馆活动后出了一个小状况。到我办公室汇报招待会情况的警务联络处官员在进楼时被看门狗咬伤。当晚办公室主任立即带他到医院做了紧急处理。随后，我去看望并陪同他再次检查，发现地方医院不能对其较深伤口进行消炎。鉴于此，我及时向国内汇报，建议国内按工伤处理并同意他回国就医。国内批准了我的报告。该馆员得到了及时医治，没有落下残疾。

10月15日中午，我和使馆几位馆员到机场接回返任的张大使。吃过午饭，我急忙到办公室看新闻。发现吉媒体《24小时新闻》刊登一则报道，称中国出口吉国面粉中含有三聚氰胺。且新疆一家中文媒体已将这篇俄文报道译成中文在网站刊登。考虑到我尚未与张大使交接，更由于时间紧迫，当时是下午1点（国内是下午3点），我决定先紧急处理，然后再向旅途劳累并已休息的张大使汇报。我立即打电话与使馆商务参赞联系，了解情况，请其核实，他坚定否认我国出口面粉含有三聚氰胺。我请他即刻联系《24小时新闻》，澄清事实。同时我与国内欧亚司主管吉国事务同事联系，向其口头汇报相关情况，并允马上写报。紧接着，我又打电话给部新闻司主管，说明情况紧急，建议他们联系新疆那家媒体，责令撤掉那条新闻。随后，我赶快向国内有关部门报告，确认我国出口吉国面粉不含有三聚氰胺。同时建议国内通过《新闻联播》对此不实报道进行辟谣，以正视听。写完报告后，我马上打电话给还在午休的张大使，请他过来批报，并当面向他汇报了情况。当晚《新闻联播》最后播报国际新闻时，在视频下方附有一条字幕：经中国驻吉尔吉斯斯坦使馆证实，中国出口吉尔吉斯斯坦面粉不含有三聚氰胺。这一条文字消息，作为中国官方表态，对不实报道进行了辟谣，为我国挽回了不利影响。而这条文字消息也饱含了我作为最后一天临时代办为履行职责所做的努力。此后，吉媒体仍有相关报道，我使馆对此对吉外交部、商务部和有关媒体进行了口头和文字说明与交涉。

三、多项工作不怕苦累

我驻吉使馆属于小馆，虽基本五脏俱全，但仍没有设立文教科技等部门。所以，涉及文教体育科技等方面的工作，均由政治处来完成。对于兼管的领事部，我主要是抓监督和管理，督促两名领事官员，严格按照相关规定颁发签证和护照，做好窗口服务。我时刻牢记要做好中国公民的领事保护工作，曾多次带领事官员去看望因签证问题滞留在吉的中国公民，并请当地华人华侨朋友帮忙解决食宿等问题。

为了加强外宣力度，我从国新办那里预定了大量外宣品和汉语教科书，分别发送给吉方政府官员、前政要朋友和大学老师等以及东干人学校和华人华侨开办的汉语学校。为了加强报道中吉友好关系，中国驻中亚和驻俄罗斯六家媒体记者拟联合采访当时在任的吉总统巴基耶夫。恰好我当时任临时代办，我利用这一身份主动帮他们与总统办公室联络，为他们顺利采访提供了便利，这些记者对我深表感谢。

在使馆党委书记张延年大使领导下，我负责的政治处多次完成了国内代表团的接待任务，其中包括王家瑞率领的党务代表团、体育总局代表团和新疆文化代表团等。我发现使馆还没有建立网站，就向张大使建议并主动承担网站前期筹备工作，随后安排我处小张利用回京出差机会，到新闻司学习网站操作相关技术。我们政治处在做好使馆各项工作中，增强了战斗力和凝聚力，年轻同志也提高了调研和办事能力。

此后，由于使馆的人事变动和编制需要，我在该馆工作10个月后被调往驻叶卡捷琳堡总领馆。在这段日子里，我所接触的工作项目之多之劳累、工作环境之艰苦、安全形势之险峻都是我在前几个使馆所没有经历的。在这种艰苦环境中，我不辜负领导期望，努力工作，以馆为家，无怨无悔，靠的是对党的赤胆忠心和对外交事业的责任心。

四、家国情怀忠诚于党

在多次出国经历中，我的家国情怀得到不断升华。出国工作不能照顾家中老人和孩子，已是常事。人们常说，有国才有家，自家的事再大也是小事，国家的事再小也是大事。不仅如此，由于语种和工作需要，在我出国近20年中，我和爱人分居达10年之久，不能在同一个使馆工作，即他先后在两个阿语国家工作，我先后在三个英、俄语国家工作。我们生活上不能相互照顾，只能通过电话或电子邮件联系问候和鼓励。作为外交官，为了外交事业，服从安排，努力工作，淡泊名利，不惧艰苦和牺牲，都是应该的。因为，党和国家的需要就是党员的天职，这就是我们应有的家国情怀。而且和外交部老前辈比起来，牺牲这点个人利益算得了什么，这种情况在外交部已不在少数。

我虽已退休，但作为新时代的共产党员，更要坚定以实现共产主义为奋斗目标的伟大理想，坚持对党的信念不变，坚持按照党员要求自己不变。我决心活到老，学到老，发挥党员模范作用到老。

保健路上初心未改

胡 诚

（前驻外使馆馆员）

2020年的冬天极不平凡，对于中国人来说，像是在蔚蓝平静的大海上，突然出现了一片乌云，掀起了一股新冠病毒的恶浪。然而在镰刀和锤头旗帜的指引下，全国人民众志成城，倾全国之力浴血奋战，数万名抗疫大军如同勇敢的海燕，奋力张开翅膀，与狂风暴雨搏斗。

经过惊涛骇浪的殊死考验，乌云终于散去，我们迎来了五彩斑斓的美好春天。五月的鲜花依旧遍地开放，灿烂多姿，纯净无瑕。无数花蕊默默地吐露芬芳，虔诚地悼念着为抗争疫情勇敢奔向鄂州，却被感染而壮烈牺牲的医护人员。这些可敬可爱的白衣天使们都是我的同行。生命虽逝去，但英魂的名字将永远镌刻在共和国历史的丰碑上。

一、初心不改五十载

我作为一名在医疗保健岗位上工作近50年，有48年党龄的普通国家公务员，心灵时时刻刻为那些可歌可泣的感人事迹深深地震撼着。古稀之年，每天面对着电视荧幕上激情闪烁的画面，脑海里经常幻想着我还年轻，也听从党的召唤，穿上防护服，打起背包就出发，再次为人民的健康奉献青春和力量。因为我也是党多年辛勤培养出来的白衣战士，没有共产党就没有新中国，没有共产党就没有我的今天。

回顾我的成长史，涓涓小溪归大海，日日年年铸忠诚。1964年我考入了北京市卫生学校医士专业（现北京市卫生职业专科学院），四年后毕业。1968年我20岁，被学校分配到首钢医院厂区门诊部，为产业工人阶级服务16年。在工作期间我认真阅读毛主席著作老三篇——《为人民服务》《纪念白求恩》和《愚公移山》，决心要当个好医生。

为了工作方便，我住在厂区宿舍，白天上班，晚上经常主动到家属区出诊，理论与实践相结合，用中西医结合的方法治疗慢性病。热情的服务和任劳任怨的工作态度，使我积累了一些基层临床经验，也培养了我朴素的阶级感情。难忘的是1969年我荣幸地参加了新中国成立20周年天安门庆典，以首都民兵师方阵的雄姿，接受了毛主席的检阅，1970年被评为公司级先进工作者。平时除了钻研专业知识外，我还喜欢文学历史，经常阅读各种报刊书籍，关心国家大事，特别是认真细读了党的发展史，耳闻目睹和切身体验，深深感到共产党是人民的大救星，只有跟着党走才能挥自己的青春力量。

经过独立思考，我自愿向组织递交了入党申请书，1972年24岁时，我被组织正式批准成为一名光荣的中国共产党党员。记得那是8月盛夏的一天，我们在宽敞的大礼堂讲台上，面对鲜艳的党旗举拳庄严宣誓：永远跟党走，为共产主义奋斗终生，永不叛党。从此我在镰刀和锤头党旗的指引下，牢记党的宗旨和党员的义务责任担当，迈着坚定的步伐，走过了和风细雨也闯过了惊涛骇浪。1974年春，为了培养又红又专的干部人才，领导选派我去北京友谊医院进修外科，两年后提拔我担任副所长主管业务，我逐渐成为一名基层医疗兼行政的全科医生。

1984年我已经是两个孩子的母亲，因工作和家庭的需要，怀着对老前辈们的敬仰和青春热情，跨进了刚刚成立不久的外交部离休干部局保健室。面对这些白发苍苍的老外交官，我提醒自己要努力学习适应新的环境。因为他们是新中国成立后，在敬爱的周恩来总理兼外长的领导下，首批不穿军装的文装解放军，曾为新中国的诞生和外交事业奉献了毕生的精力。现在他们虽然离开了工作岗位，仍然是党和国家的宝贵财富。

除保证日常保健门诊外，冬天我们经常冒着刺骨的寒风，骑着自行车到老同志家送医送药送温暖，夏天我们背着药箱，扛着氧气袋活跃在南下的软卧车厢里，忠实履行我们保驾护航的神圣使命。

1986年6月改革开放大潮席卷全国，我参加了由16位原部级离休领导干部组成的赴广东深圳特区参观团的随团保健任务。街上大喇叭里播放着《春天的故事》的优美旋律，我第一次登上飞机，俯视蓝天白云下的祖国大地，惊奇地看到巍峨的高山、碧绿的江河及蜿蜒起伏的梯田，多么美丽壮观！当年的小渔村处女地正在被高大的吊车脚手架覆盖，忙碌的建设者们正挥汗如雨，来到狭窄繁华的中英街上向香港翘首瞭望……如今三十多年过去了，沧海变桑田，感慨万千！

1990年单位春节联欢会上，我们全体医务人员集体朗诵了《白衣战士的心愿》，尽情地表达了我们爱岗敬业的决心。时光证明了我们是这样说的、也是这样做的。为了加强医生们的业务能力，提高服务质量，我向领导建议轮流派医生去北京医院进修学习，局领导首先让我去合同医院急诊室，参加接诊抢救内科病人，后又继续跟随知名专家参加门诊，处理疑难杂症。我十分珍惜每次宝贵的进修机会，像海绵吸水一样经常加班加点，认真书写病历，虚心学习临床经验，从而提高了自己的专业技术水平。

二、肩负使命走世界

1992年领导派我到驻纽约总领事馆医务室工作，这是考验我的政治水平和业务能力的关键时刻。我牢记周总理谆谆教导的"站稳立场、掌握政策、熟悉业务、严守纪律"十六字方针。我是医生，也是一名共产党员，无论何时何地永远不能忘记自己的职责和义务。

当时正是北京政治风波后，一些国内出去的动乱分子经常到曼哈顿闹事，领事馆楼下极端分子放音乐呼喊口号。纽约是全世界政治气氛最敏感的城市，也是当时北美地区的交通枢纽，南来北往的人颇多且复杂，每天国内外各种代表团都经过此地转机。医务室的工作对象除了馆员外，还有家属和宾客，24小时全天候服务。我边看病边做华人华侨的心理疏导工作，宣传国内形势和党的方针政策，努力激发同胞们的家国情怀。

1993年元旦刚过，一位郭姓馆员突发胃痛、背酸、大汗淋漓，我及时赶到，马上做心电图，测血压，结合病史迅速判断为急性心肌梗塞，立即呼叫急救车，同时进行中医按摩穴位和吸氧抗凝扩冠的中西医结合式应急抢救，后经住院10天，接受溶栓治疗，病人获救并顺利回国。如今20多年过去了，该同志至今仍生活得很好。

1994年的盛夏，一天深夜3点钟，我突然从梦中惊醒，接到求救电话，一位单身王姓馆员发高烧39℃，要求出诊。我毫不犹豫地来到他宿舍，发现他双下肢弥漫性大片潮红肿胀，根据病史初步诊断是急性丹毒，病人痛苦万分。我建议他赶快去医院看急诊，但是由于种种原因，受到患者拒绝，后我马上用中西医结合的方法物理降温，外敷酒精加七厘散及口服足量抗生素，连续换药三次，一周后病人康复了。

作为党员，我随时用党员的标准严格要求自己，严守规章制度，经常业余时间出诊，从不收取小费，廉洁奉公，淡泊名利，对工作任劳任怨，受到了大家的肯定和馆领导的表扬。我1995年回国后来到了老干局东交民巷活动中心，服从组织安排暂时脱下白大衣从事行政管理工作。这是组织对我的信任和重用。我虽然当时身体正处于更年期，但还是全力以赴，团结大家，齐心协力地完成了各项工作任务。在局领导的指引下，我们和党总支家委会相互配合，想方设法创造性地丰富老干部们的离退休生活。1997年香港回归前夕，我们首次为中心5名88岁以上健康老人颁发奖杯；1998年成功举办了抗日时期老照片物品展和室外趣味运动会；"六一"儿童节与东交民巷小学生联欢，让爷爷奶奶们戴上鲜艳的红领巾给少先队员讲历史故事，进行革命传统教育。老前辈们为优秀队员颁发文具奖品，鼓励他们争当新时代建设事业接班人，后来这些形式还在其他中心得到了推广。

1998年我随丈夫去法国使馆，负责小卖部库房管理，同时建立了使馆医务室，为馆员服务，成为多面手。次年我参加了中华人民共和国成立50周年使馆国庆招待会，看到改革开放后祖国日益繁荣昌盛，国际地位空前提高，作为中国人倍感骄傲和自豪。

2005年我来到了驻南非使馆工程办，负责新建馆舍前期文档工作，牢记党员的责任和义务，在治安环境差、人身安全经常会受到威胁的情况下，能做到严于律己，敢于担当，在完成本职工作的同时搞好办公室后勤管理。业余时间我曾为宿舍区附近的黑人邻居和黑人保安及其亲属疗伤治病；为中建公司等多个国企的家属夜间出诊。作为医务人员能在异国他乡用中医药和现代医学方法治病救人，我感到十分自豪和欣慰。

2008年6月，我在60岁时办理了退休手续，但仍返聘继续在保健室又干了11年，直至2020年元旦后正式交班。这段时间，我边工作边坚持医学理论学习，每年按时参加卫生局举办的职业医师学分考试，与时俱进紧跟新时代，老骥伏枥砥砺前行。退休后我参加了外交笔会，开始一手拿听诊器，一手握笔，工作之余奋笔疾书，努力把自己的人生感悟、保健经历以及对党和人民的热爱，凝聚在字里行间尽情抒发出来。

回想起这半个多世纪的漫漫人生路，在党组织的培养下，我由一个不懂事的少年成长为一名全科主治医生，不论身处国内外，也不论工作性质的多种变化，能够始终坚持对党的信念初心不改变。"树立正确的人生观、世界观和价值观"是长期警示我的座右铭。我们这代人饱尝了生活的酸甜苦辣，也经历了人间的悲欢离合，但更多的是享受到了成功后的喜悦和乐趣。我们幸运地赶上了祖国改革开放后飞速发展的新时代，在高科技的引领下，我们能够在广阔的大海上为实现幼年时的梦想自由飞翔。

2021年7月1日是中国共产党成立100周年纪念日，我们要不忘初心，牢记使命，团结在以习近平同志为核心的党中央周围，为实现中华民族的伟大复兴，继续发挥每一个共产党员的光和热，给年轻一代树立榜样，团结奋进，迈向更加美好的明天！

使命篇

亲历邓小平访问法国

蔡方柏

（前驻瑞士、法国大使）

1975年5月12—17日，邓小平副总理应邀对法国进行正式访问。这是中国高级领导人第一次访法。这次访问是在国际上美苏加紧军备竞赛、争夺欧洲，南北差距继续扩大背景下进行的。笔者作为时任驻法使馆新闻专员，有幸参加了整个访问过程并担任两国领导人的会谈记录工作。小平同志对法国的专访虽已过去40多年，国际形势和国际格局也发生了巨大变化，但他当时就我国对外关系基本原则的阐述、对一些重大战略问题的思考和对发展对欧关系的重视，为我国后来实行对外开放政策奠定了基础，至今仍具有指导意义。

你先来，我后往。1973年蓬皮杜总统访华后，按惯例只有在我方派相应的领导人访法后，法领导人才能访华。1974年7月18日，法国企业家改革委员会主席絮德罗宴请曾涛大使时说，他希望德斯坦总统访华，但在访华之前希望周总理或邓小平副总理先回访法国。考虑到周总理因健康原因可能出国有困难，希望邓小平副总理访法。絮德罗特别指出，这不是他的个人意见，意思说他是奉命行事。同年8月，法国驻华大使马纳克约见乔冠华副外长时说，因为蓬皮杜总统已经访华，按礼宾惯例，应在中国领导人回访后，德斯坦总统才好访华。不久，法国外长索瓦尼亚格约见曾涛大使说，中法关系很好，我们的总统很想邀请邓小平副总理正式访问法国，请大使阁下先向国内报告，如果同意，我们会很快发出正式书面邀请。曾涛大使立即报告了国内。几天后，曾大使按国内指示答复法方说：邓小平副总理愿意接受法国的邀请正式访问，如果对法国方便的话，时间可在明年5月。法外长回复将立即报告德斯坦总统。10月25日，马纳克大使约见乔冠华外长，称奉法政府指示，正式邀请邓小平副总理和夫人于1975年5月访法。

元首规格的接待。法方把邓小平副总理的访法看成是对蓬皮杜总统的回访。因此按国家元首的规格接待他，住马里尼国宾馆，马里尼大道上和爱丽舍宫墙上都飘扬着五星红旗。5月12日上午11时多，邓小平副总理的专机抵达巴黎奥利机场。法国总理希拉克、外长索瓦尼亚格、法国驻华大使阿尔诺等、曾涛大使和中国大使馆的其他外交官，以及旅法华侨、华人代表也到机场迎接。在希拉克陪同下，邓小平检阅了仪仗队。进入贵宾厅后，希拉克首先致欢迎词，邓小平致答词。按法国的礼宾规定，只有国家元首正式访法时才在机场发表讲话。邓小平副总理访法，中方也就没有安排讲话。后来法方告知，希拉克总理将亲自前往机场迎接，将致欢迎词，届时亦请邓副总理讲话。这是法方为提高接待规格所做出的特殊安排。

高层战略对话。12日下午，邓小平和希拉克在总理府举行了会谈。关于双边关系，希拉克表示希望访华，并称渴望会见毛主席。邓小平代表周总理欢迎他在将来适当时候访华。双方商定，两国外长根据需要不定期举行磋商，并成立司局级的经贸混合委员会。关于国际形势，双方主要讨论了欧洲形势。希拉克说，欧安会经过一年半的讨论，可能今夏召开最高级会议了结此会。但它不会对欧洲安全带来任何变化。法长远目标是建立独立于超级大国的、拥有自己防务手段的欧洲。在实现防务联合之前，法国要加强独立防务。他特别对我方决定同欧洲共同体建立关系并派驻大使表示高度赞赏。

邓副总理指出，现在世界不太平。法国和欧洲朋友对形势表示担忧，这是有道理的。危险的局势往往被缓和、安全、欧安会、亚安体系之类的表面现象所掩盖。邓副总理赞赏法国推动西欧防务联合的立场，指出，你们要同美国改善关系，但在安全问题上不能单靠美国。欧洲如不组织自己的防务，总是危险的。关于欧美关系，邓小平指出，欧洲需要美国，美国也需要欧洲。美国如果觉悟到这一点，将有助于同你们建立平等伙伴关系。

会谈后，希拉克总理向新闻界宣布，两国政府决定今后经常进行外交部长级的政治磋商。这是我国同西方国家建立的第一个外长级的政治磋商机制。当天晚上，希拉克总理和夫人举行欢迎宴会。法方出席的有两院议长、外交、内政、装备、卫生等几位部长和前总理、前部长等人士。宴会上，希拉克总理首先致欢迎词。接着邓小平致答谢词。两位领导人的讲话赢得了热烈的掌声。

破例与法国总统进行两次正式会谈。一般说来，法总统即使接待国家元首来访也只正式会谈一次。这种破格安排表明此访的重要性和对邓小平个人的尊重。13日下午4时，邓小平副总理与德斯坦总统在爱丽舍宫举行第一次正式会谈。双方主要讨论了世界局势和美、苏战略及欧美关系和欧洲联合问题。德斯坦认为，世界局势发生了很大变化，而且继续在变。美苏之间似乎存在着战略平衡。尽管在常规武器方面，苏在欧洲拥有对美的优势，但我们感到，在军事上总的来说，美国比苏联强些，特别是在空军、战略核武器等方面。

谈到欧美关系和欧洲联合问题时，德斯坦说，欧洲的不幸是它目前还处于分裂状态，政治上不统一，更谈不上军事上的统一。法国的政策是首先推动政治统一，然后再搞军事统一。法国主张同美建立平等伙伴关系，但有些困难，因为美国还是以超级大国自居，总要把它的决定强加于欧洲。邓小平还指出，欧、美互有需要，美国应同欧洲建立平等伙伴关系，只有平等的关系才是可靠的。我们认为欧洲的政治作用、经济、军事力量不可忽视，条件是欧洲自己要团结起来，这是唯一可走的路。所以，我们欣赏法国主张西欧联合的立场。法方对这次会谈很满意，因为邓小平高屋建瓴的和要言不烦的论断使法方很钦佩。13日晚8时，德斯坦在爱丽舍宫为邓小平访法举行了盛大晚宴。德斯坦和邓小平都发表了重要讲话。双方都强调要展中法友好合作关系，加强防务，反对超级大国垄断世界事务。

14日下午4时，邓小平副总理同德斯坦总统举行第二次会谈，中午在小范围内宴请了德斯坦。第二次正式会谈中，邓小平副总理首先代表朱德委员长和周总理邀请德斯坦总统在其方便时候访华。德斯坦表示感谢，并请邓副总理转达他对毛主席的问候，并说他十分敬仰毛主席的思想和他的领导才干，对至今未能见到毛主席感到很遗憾，希望访华时能会见毛主席。接着两位领导人就国际经济和能源问题交换意见，达成许多共识。

当天晚上，国民议会议长埃德加·富尔和夫人在国民议会大厦宴请邓小平和代表团全体成员。富尔也对中国和欧共体之间建立直接关系表示满意。这是法国领导人对此事所做的第三次积极的评论。因此，邓小平在"访法报告"中加了"我们最近决定同共同市场建立关系的措施是正确的"这句话。

丰富多彩的外地参观。邓小平在参观凡尔赛宫时，看得很快，也不提问题。14日上午，在德尼奥陪同下乘直升机去塞纳—马恩省的奥比尼村参观一个占地322公顷（约合3.22平方千米）的农场。农场主皮戎请邓小平坐上汽车，参观了葡萄园、酒厂、养马场、蔬菜地、花圃等，差不多用了2个小时。他看得很细致，特别是对农场的粮食耕种和施肥很感兴趣，同主人讨论了农家肥和化肥的利弊。参观后，皮戎在农场餐厅里举行了一个小型招待会。邓小平举杯祝贺中法友谊，并发表感想说，我们认为，在全世界，农业问题比工业问题更重要。15日，邓小平乘专机去里昂访问。里昂市长普拉代尔在市政府大厅举行盛大的招待会，欢迎邓小平副总理。邓小平到达里昂市府时，发生一场虚惊。当时一群法国人高举一条红色横幅，法国警察看到红色横幅就紧张起来，未弄清情况就扯下横幅，于是双方就争吵起来了。我方警卫和工作人员也以为发生了不利于访问的事情。后来经过解释，法方警察就不再干预，我方人员也放心了，原来横幅上的内容是赞扬中法两国人民之间的友谊的。下午参观贝利埃卡车厂后，邓小平一行乘直升机飞普罗旺斯。当我们抵达机场时，恰好正在普罗旺斯主持"乔治·蓬皮杜街"命名仪式的希拉克总理已在那里迎接邓小平并邀请他共进晚餐。邓小平一行抵达普罗旺斯旅游胜地莱博村，下榻闻名遐尔的博马尼爱尔旅店。旅店主人叫雷蒙·蒂利埃，是著名的烹调大师，曾接待过戴高乐将军等许多国家的首脑和知名人士。他们的留影在餐厅的四周挂得满满的。蒂利埃先生亲自在门口恭候两位领导人，特别做了自己拿手的汤和鸭子等法国菜来招待贵宾。晚宴前，邓小平对希拉克说，今晚是朋友聚会，我们应该完全放松，晚宴上就不发表讲话了。希拉克表示完全同意。但是，快吃到甜食时，希拉克站起来对邓小平说，虽然我们已达成不发表讲话的"君子协定"，但我还是要说几句，以表达此时的高兴心情。邓小平也只好站起来致辞，他幽默风趣的即席讲话引起阵阵笑声。晚宴后，精力充沛的希拉克大约在11时左右乘飞机返回巴黎。

第二天上午，邓小平参观了莱博村的博物馆和现代绘画馆，并在村子古老的大街上漫步，离开村庄时，30多名少女迎面欢呼而来，送给每位中国客人一株虞美人草。上午10时，邓小平参观马库尔原子能中心。总经理吉鲁介绍中心的组织情况，技术总经理卡尔介绍反应堆的先进技术。邓小平在这里参观时间比较长，而且特别有兴趣。陪同来访的国务部长波尼亚托夫斯基见状说，法国政府准备扩大对中国出口尖端产品。后来，我国建设大亚湾核电站，主要设备是从法国进口的。

满载而归。16日下午，邓小平返回巴黎后，晚上在中国驻法国大使馆举行答谢宴会。希拉克总理、国民议会议长等政要都出席了。邓小平宣布代表朱德委员长邀请德斯坦总统访华，代表周恩来总理邀请希拉克总理访华，希拉克表示德斯坦总统和他本人都非常乐意接受邀请去中国访问，索瓦尼亚格外长将在当年访华。宴会在热情友好的气氛中进行了两个多小时。

5月17日下午，邓小平副总理结束对法国的正式访问。离开马里尼国宾馆时，邓小平同宾馆服务员一一握手告别，向他们赠送了纪念品，并用法文说："谢谢你们。"邓小平这种平易近人和平等待人的宽广胸怀使国宾馆的服务员都很感动。此事在法产生很大反响，连希拉克总理事后都对曾涛大使说，邓小平副总理访法是一件大事，法国人很高兴，临走前，他向所有马里尼国宾馆的人握手告别，还送了礼品，这是件小事，但很重要。在法国过去没有一个来访的高级政府领导人这样做，现在也没有人这样做。

希拉克总理亲自去机场送行并对邓小平说，法国人和中国人都拒绝接受两个超级大国的霸权。两国外交部都摒弃集团政策，我们满意看到中国支持欧洲建设。法国决定扩大与中国的经济关系。

巨大反响。欧洲各国舆论对邓小平访法都做了充分的报道和评论，加上此访前几天我国决定向欧共体派出常驻大使，因而评论大都是积极的。法国《世界报》认为，应当把这次访问看作是中法关系中的一个重大事件，同1973年蓬皮杜总统的访华同等重要。笔者认为，此访最成功之处，是增加了两国领导人之间的政治互信和认知。德斯坦总统在1975年6月24日宴请驻法外交使节时，专门找曾涛大使交谈时说，他"对邓小平副总理的访问感到很高兴，通过交谈，了解了中国立场，也让中国了解了法国的观点，希望这种关系继续发展"。可以说，在德斯坦总统7年的任职期间，中法关系一直在稳步向前发展。

我亲历的申奥、申博难忘故事

周晓沛

（前驻乌克兰、波兰、哈萨克斯坦大使）

我出生在南方农村山区一个鞋匠家庭，父母都是文盲，做梦也没想到过当什么外交官。记得1974年春，我在向党组织递交的入党申请书中这样写道：从一个山娃子，到上北大，进外交部，成为一名光荣的外交战士，自己的每一点成长进步，都是靠党和人民的培养教育。没有中国共产党，就没有我今天的一切。我只能把自己的一生献给党，献给祖国的外交事业。

我们这一代外交人，都是在毛主席、周总理的亲切关怀、严格要求和深刻影响下一步一步成为高级外交官的。作为外交战线上的"文装解放军"，"忠诚、使命、奉献"就是我们矢志不渝的初心。在纪念建党一百周年之际，我们都为党领导下的新中国外交取得史无前例的辉煌成就感到无比振奋，同时也对有幸亲历见证某些重大外交事件并作出过应有的绵薄贡献而感到自豪。

2000年10月，我从乌克兰转任驻波兰大使。波兰是最早与新中国建交的国家之一。波兰给我留下深刻印象的是其独特的民族历史。波兰建国千年的历史，就是一部不屈不挠反抗外来侵略的英勇斗争史诗。波兰国歌开头两句歌词是："既然我们还活着，波兰就没有灭亡！"波兰首都华沙有两座美人鱼塑像，位于古城市场中心的"小美人鱼"建于1855年，位于城外维斯瓦河畔的"大美人鱼"建于1937年。这两座美人鱼的大小、造型不同，但形象和立意相同，都是左手执着盾牌，右手高举利剑，守护着华沙，守护着波兰。美丽的美人鱼是波兰人民不屈不挠的民族象征。

我在波兰工作三年，至今最难以忘怀的是，先为北京"申奥"，后为上海"申博"争取赢得驻在国的宝贵支持。

我到波兰不久，国内要求驻外使馆为北京市申办2008年奥运会做工作，确保"申奥"成功。记得上一次仅几票之差，我们就痛失了2000年奥运会举办权，此番怎么也要梦想成真，这也是我们驻外人员的共同心愿。

我先拜会了波兰体育部部长，表示希望能有机会与波兰国际奥委会委员舍文斯卡女士见个面。体育部部长说，没问题，将立即予以协助安排。没过多久，舍文斯卡即复告使馆，她愿意会见大使。本来我提出准备前往拜会，她却表示，应该由她亲自来使馆拜会中国大使。我当即表示欢迎。会见那天，我提前在使馆门前迎候。虽然我们是初次相识，但一见如故，谈得非常投机。舍文斯卡品尝龙井茶后说，1989年秋天她曾访问过杭州，10多年来，她一直关注着中国的发展变化。作为国际奥委会委员，收到所有申办城市的报告并仔细研究后，觉得北京市这次的申办工作比上次有了很大进步。虽然现在不能说出将投票给哪一个城市，但个人认为北京获胜的希望很大。我对她长期以来关心中国体育事业及所作的贡献表示感谢，对其钟情北京市深表敬佩，简要介绍了近几年中国发生的巨大变化及北京市申办奥运的精心准备情况，并欢迎她有机会再次访华。她欣然表示，有机会肯定再去中国。后来，我邀请舍文斯卡和丈夫以及波兰体育部官员、武术界朋友一起来使馆做客。席间，在欢快的传统民乐伴奏下，从茅台酒的传奇历史到每道美味佳肴的经典故事，个个谈笑风生，轮流祝酒，气氛轻松融洽。有意思的是，自始至终没有任何人提及奥运这个词。过了不久，波兰友人来使馆拜会我，称受舍文斯卡女士之托转告：她已决定将按自己的意愿，到莫斯科去投神圣的一票。我也转告她：不论北京市能否赢得2008年奥运会的举办权，我们都感谢波兰朋友的理解和支持，并约定开完国际奥委会议后再次聚会。

当在莫斯科举行的国际奥委会会议庄严地宣布投票结果后，某记者责问舍文斯卡是否投票支持了中国？这位久经沙场的体坛宿将回答得非常"外交"，称她只是按照自己的意愿投了神圣的一票。根据有关规则，这是秘密投票，所以不能透露具体情况。返回华沙后，舍文斯卡专门就北京申办奥运会成功而举行新闻发布会。她表示，确实收到国内一些组织和个人呼吁不要投票支持中国的要求，但投票不是政治决定。遵照有关章程，国际奥委会委员不应屈服于任何政治组织或政府的压力。此次投票结果，既是国际奥委会的多数意见，也是她本人独立自主的选择。她对那些反对北京举办奥运会的抗议行为表示惊讶，相反，认为应当祝贺北京获得举办权，而且深信2008年奥运会将是一届美好的盛会。

2003年夏，我因调任驻哈萨克斯坦大使而离开华沙。告别时，我对舍文斯卡说，5年之后，我将在北京欢迎你。她紧紧地握着我的手说："我们一定在北京再见！"

2008年8月，我和舍文斯卡女士如约在北京相见。当时我已从外交第一线退下来了，我专门前往波兰驻华使馆。见面时，我们俩都非常激动。她颇为感慨地说："事实证明，我当初的选择是完全正确的！"

2002年春，国内要求使馆就上海市申办2010年世博会做好所在国的工作。凑巧的是，波兰也是2010年世博会的申办国之一。在互为竞争对手的情况下，如何有针对性地做好方方面面的工作，确保对我"申博"的支持，这是一个较为棘手的难题。经过认真研究，我们向波方提出在被淘汰情况下相互交换支持的建议，并约见波经济部主管副部长，深入交换了意见。当天下午，我到波外交部会见主管司长，通报了与经济部官员会见的情况，并希望外交部从两国关系的大局出发予以政治上的支持。此后，又分别拜会了波政府主管对外关系的国务秘书和分管经济的副总理，介绍了上海市申办世博的情况，并希望能得到波政府的支持。他们对友好竞争、相互支持的建议，都很感兴趣。

副总理科沃特卡是波兰著名经济学家，曾访问过中国。他还将一份演讲中文译稿和《全球化与后社会主义国家大预测》专著俄文译本送给我。经我们使馆推介，世界知识出版社很快翻译出版了该书。这位副总理喜欢中餐，我邀请他和夫人到使馆品尝中国厨师的手艺。

为了给弗罗茨瓦夫市申办世博造势，波方邀请驻波使节参观访问弗罗茨瓦夫市，宣传该市的古老文化和现代成就。在抵达弗罗茨瓦夫市参观的第二天，数名电视记者找我采访，问及对弗罗茨瓦夫市的印象以及与上海相比，哪个城市更有希望在"申博"中取胜。我称赞了弗罗茨瓦夫的古老文明、近几年来的巨大发展变化和所取得的瞩目成就，希望该市能与中国城市加强交流合作。关于后一个问题，我回答说，作为驻波兰大使，我希望弗罗茨瓦夫市获胜；作为中国大使，我希望上海市获胜。我相信，有着传统友谊的中波两国人民会在这次平等竞争中相互理解、相互支持。当天晚上，地方电视新闻中播出了这次采访，次日的报刊也都予以客观报道。

2002年12月，申办2010年世博会的秘密投票在摩纳哥举行。波兰主管经济的副总理率团前往蒙特卡罗，并主动拜会了代表中国参加申办世博会的李岚清副总理。他向中方表示，波方将按照业已达成的协议进行投票。经过几轮紧张激烈的角逐，上海市终于脱颖而出，"申博"成功。

在世博会150多年的历史上，上海世博会成为第一个在发展中国家举办的综合性世界博览会。无论是"申奥"成功，还是"申博"成功，从根本上说，这都是我国的国际地位和综合影响力进一步提升的结果。2010年，我有幸担任上海世博会中国政府副总代表。八年前，我们许多老大使都在国外为上海"申博"出过力，现虽进入花甲之年，仍怀有深厚的世博情结，甘当一名普通志愿者，为世博外交成功奉献一分力量。无论是代表政府主持国家馆日正式活动，还是陪同参加外宾接待全过程，有时从早到晚连轴转十来个小时，去机场迎送也常是深更半夜，我都能认真、热情地做好每一项具体服务工作，努力以自己的一言一行来体现老外交官的精神风貌和我国的公共外交。

上海世博会是充分展示世界各国文明智慧和发展成果的一次盛会。这次参展国之多，来访代表团之密集，级别之高以及观展人数之众和热情之高涨，在世博历史上是空前的，也给世博会自身发展注入新的活力。各国代表团，包括领导人和随行人员，参观后都感到震撼，普遍盛赞精彩完美，都认同这有助于增加相互理解，有利于扩大交流合作。爱尔兰总统专程前来参加馆日活动后感慨地说：要了解世界的发展和未来，就要到上海来，到中国来看看！

我们以举国之力成功举办世博会，向世人展示了中国开放包容、热情友好的负责任大国形象。我在接受上海媒体和人民网采访时强调，世博外交有力地提升了我国软实力，有利于我国更快地走向世界，更好地融入世界。作为窗口及平台，世博会具有双向作用。我国广大民众可以零距离地更多了解世界，包括从前闻所未闻的国家的文化历史、民俗风情以及当代高端科学技术，这对我们更全面地认识世界，更积极地实施走出去战略，无疑也会产生深远影响。

揭开中国与东盟关系新篇章

——亲历中国与印尼复交的不平凡历程

刘新生

（前驻文莱大使）

2021年是中国共产党成立100周年。自中华人民共和国成立以来，在中国共产党坚强正确领导下，中国外交开拓进取，攻坚克难，走过了波澜壮阔的历史征程。而中、印尼复交堪称中国周边外交史上的精彩之笔，也是我外交生涯中亲身经历的重大事件。几十年过去了，但这段经历至今仍记忆犹新。

一、漫长复杂的复交进程

中国和印尼是近邻，两国之间有着长期友好交往的历史。近代以来，两国人民在反抗殖民主义和外来侵略的斗争中，患难与共，相互同情，互相支持。新中国成立后，印尼是最早同中国建交的国家之一。1955年4月，周恩来总理出席在印尼举行的亚非会议（史称"万隆会议"），详细阐明了中国在对外关系中坚持的和平共处五项原则。随后，周总理对印尼进行了正式访问，双方签署了《关于双重国籍的条约》，为解决中国同其他国家之间的双重国籍问题提供了一个良好范例。中国还一直支持印尼收复西伊里安等正义斗争，印尼坚决主张恢复中华人民共和国在联合国的合法席位。

但1965年9月，印尼发生了"九三〇事件"。以印尼总统警卫部队第三营营长翁东中校为首的一批军官，以陆军"将领委员会"阴谋发动军事政变为由，逮捕和打死了包括陆军司令在内的六名将领。印尼陆军几名将军立即采取反制措施，挫败了翁东中校等的行动。印尼随即开始大肆镇压和清除印尼共产党和亲苏加诺总统的政治势力。中国对"九三〇事件"事前一无所知，事后在相当长的一段时间内，也未对印尼政局表态，但印尼军方从一开始就指责中国策划和支持了"九三〇事件"，干涉了印尼内政，并发展到派军队搜查中国大使馆商务处。到了1967年，两国关系进一步恶化，直至10月30日两国外交关系中断。

20世纪70年代后，国际形势发生了许多重大变化。新中国恢复了在联合国的合法席位，成为联合国安理会五个常任理事国之一。1972年，美国总统尼克松访华，双方发表了联合公报，中美关系明显缓和。中日建立了正式外交关系。西欧、拉美和非洲许多国家也纷纷与中国建交。特别是1973年初，《关于在越南结束战争、恢复和平的协定》签署后，美国结束了对中南半岛的侵略战争，撤出军队，开始收缩在东南亚的军事力量。在国际格局出现明显变化的情况下，东盟对外政策也做了重大调整，东盟与中国关系开始从相互敌视走向友好合作。东盟六国中的三国，即马来西亚、菲律宾和泰国，相继同中国建交。

在这种形势下，印尼对华关系也出现了松动，双方接触开始增多。1975年苏哈托总统曾表示，鉴于马来西亚、菲律宾和泰国相继同中国建交，印尼也正在准备改善对华关系。作为柬埔寨问题巴黎会议两主席之一，印尼感到为寻求柬埔寨问题的政治解决，必须同中国保持密切磋商和良好合作。印尼的一些有识之士认为，作为大国，中国的实力是这个地区重要而又不可改变的现实，印尼不能再拒绝同中国打交道了。国际环境的改变和共同的战略利益，使印尼在对华态度上出现了积极变化。

1988年3月，苏哈托总统在谈及两国复交问题时，放弃了原先提出的要中国就所谓中国卷入"九三〇事件"进行"公开道歉"的要求。1989年初，印尼外长阿拉塔斯通过印尼驻联合国代表苏特雷斯纳大使，面告中国常驻联合国代表李鹿野大使，印尼将全力促进中国和印尼复交进程，政府各部门的协调已经恢复，并表示想同中国外长尽早会晤。李鹿野大使答复苏特雷斯纳大使，中方赞赏印尼方为推动两国复交进程所做的努力，中国愿在和平共处五项原则的基础上尽早恢复中印尼外交关系。中国外长也希望尽早与阿拉塔斯外长会晤。1989年2月13日，印尼常驻联合国代表团告知中方，国务部长穆迪奥诺将陪同苏哈托总统参加日本天皇葬礼。因阿拉塔斯外长不在随行人员之列，穆迪奥诺部长将同中国外长会谈，并说，苏哈托总统愿会见中国外长，具体安排将通过双方驻日本使馆商定。为了抓住时机，我方表示，中国外长将会作为特使，前往日本参加裕仁天皇的葬礼，这将是双方会晤的好机会，中国外长也愿会晤苏哈托总统。

按事先商定的时间，2月23日下午，钱其琛外长在印尼代表团下榻的东京帝国饭店，先后会见了穆迪奥诺部长和苏哈托总统，双方就实现两国关系正常化问题达成的"三点一致意见"：第一，双方同意，进一步采取措施，实现关系正常化；第二，两国关系应建立在和平共处五项原则和万隆会议十项原则的基础上；第三，双方决定，通过驻联合国代表团就两国关系正常化进行具体商谈，必要时，两国外长举行会晤。从此打开了关闭23年之久的两国外交关系的大门。

二、两国复交步入正轨

东京会晤后，为加快两国关系正常化进程，中方通过联合国渠道，重点就以什么方式解决复交问题，同印尼方面进行商谈。中方建议，双方先以适当方式发表一个复交公报，关于公报内容、何人签署、何时发表等问题，愿意听取对方的意见和建议。有关两国关系中需要讨论解决的具体问题，可在复交后，进一步磋商。1989年6月，北京发生了政治风波。美国和一些西方国家在国际上掀起了反华浪潮。在此形势下，印尼对两国复交事项表现出了观望的态度。面对复杂而严峻的国际环境，中国外交坚持原则，务实灵活，在国际上折冲樽俎，沉着应对，迅速打破了西方国家的制裁，并赢得越来越多的国家的理解，使不少国家改变了立场，恢复了与中国的友好关系。这时，印尼对两国复交的态度又积极了起来。双方除通过联合国联系渠道继续保持接触外，还利用一些国际场合，就如何尽早完成复交手续等问题交换意见。

1989年8月，钱其琛外长在出席柬埔寨问题巴黎会议期间，会晤了阿拉塔斯外长。阿拉塔斯说，东京会晤已在最高层作出了两国关系正常化的决策，剩下的只是就必要的技术性问题达成协议。从印尼方面来说，复交准备工作已接近完成，两国常驻联合国代表可在本届联大前继续进行磋商，联大期间，两国外长再进行会晤。钱外长表示，只要时机成熟，双方应该抓紧完成这件工作。钱外长还提出，由于中国常驻联合国代表对技术性问题不太熟悉，可以考虑在联合国代表保持接触的同时，开辟另一个渠道，由双方派小组直接商谈，到北京或去雅加达都可以，这样解决问题更容易一些。此后，双方商定由各自外交部司局级官员率领七八人的代表团，于11月或12月在雅加达会晤，讨论和解决两国复交的技术性问题。如有必要，可在北京举行第二次会晤，达成协议并经两国政府批准后，再正式签署复交公报。同时，双方还同意10月底前，通过各自驻联合国代表交换需要讨论的问题清单。

12月4—8日，时任外交部部长助理兼亚洲司司长徐敦信同印尼外交部政治总司长罗哈纳佩西就两国关系正常化的技术性问题在雅加达举行会谈。双方审议了两国过去缔结的条约、协定，并就双方重新互设使馆时为对方提供方便和各自使馆规模及人数问题、关于双重国籍和华侨问题、关于印尼欠中国的债务和偿还问题以及双边关系中的其他问题进行商谈。坦率地说，当时中国与印尼之间所需谈判的技术性问题很多，而且相当复杂，逐个解决起来，需要许多时间。中方认为，印尼是东盟国家的老大，在东盟国家中具有举足轻重的地位，争取早日同印尼复交，不仅可带动另外两个东盟国家新加坡和文莱同中国建交，有利于进一步打开我国同东盟国家的关系，还可以有效遏制台湾当局竭力推行的"弹性外交"，打破西方国家对中国的制裁。真诚的愿望是谈判成功的基础。双方在许多问题上的立场都相同或接近，对于存在的个别分歧，一俟讲明道理，双方都能谅解。原计划一周的议程，只用三天就完成了。

此后，中方对两国复交中技术性问题的谈判，采取"坚持原则，适当灵活"的方针，对一些较为复杂的问题，大体商定原则后留待复交后继续商谈。经过数轮会谈，双方在几个主要问题上达成了一致意见，签署了会谈纪要。由于会谈前中方对问题理解准确，所提的预案富有建设性，对方感到了我方的诚意，使有关复交的技术性问题基本得到了解决。1990年3月和5月，双方专家小组又在北京和香港就印尼所欠债务数额和偿还方式举行了多次会谈，通过核查和协商，最终达成协议。至此，两国复交进程中的技术性问题的谈判全部顺利结束。

三、周边外交的杰出之作

1990年7月1日，阿拉塔斯外长应邀访华。这是自1967年10月两国中断外交关系以后，印尼外长首次访华。江泽民总书记在接见阿拉塔斯时说，笼罩在两国上空长达23年之久的乌云过去了，晴天已经来临。访问期间，钱其琛外长同阿拉塔斯举行了两轮会谈。在代表团抵达当日的下午，根据印尼方建议，两国外长先就复交问题进行了一次"单独会谈"。

阿拉塔斯开门见山地说，去年2月东京会晤后，经过几次技术性会谈，有关两国复交的问题都已解决。关于复交的时间和方式，苏哈托总统指示，在今年内合适的时间完成。阿拉塔斯强调，鉴于两国50年代已建立外交关系，现在不是建交，而是复交，就是重开大使馆。因此，方式可以简单些，以互换照会的形式进行，当然，仪式可以隆重些，以强调其重要性。他说，苏哈托总统有意邀请李鹏总理访问印尼，复交可以在这次访问中宣布。访问时间可在8月17日印尼独立日之前，也可在今年其他双方方便的时间。阿拉塔斯还说，考虑到外界对他此次访华十分重视，双方有必要签署一项公报，内容包括两国关系正常化日期、互派大使和李鹏总理访问印尼等内容，同时还可发表一项新闻公报。他向我方提交了复交公报和新闻公报文本，供中方考虑。我方当即表示，同意以互换照会的方式来实现复交，赞赏苏哈托总统把复交和高层访问结合起来的建议。

第二天，双方举行了第二轮正式会谈，就两国复交问题进行磋商，并十分顺利地达成了几点一致：第一，双方决定于1990年8月8日恢复两国外交关系，同意互派大使，并为对方大使馆的重新开设提供方便。第二，李鹏总理将在两国复交之际于1990年8月6日至9日对印尼进行正式友好访问。第三，关于台湾问题，中方赞赏印尼一贯坚持一个中国的立场，但这对中国是一个敏感问题，有必要达成内部谅解。如需要进一步讨论，中方可于7月之前派小组赴印尼磋商，就此达成内部谅解备忘录，李鹏总理访问印尼时签署。第四，鉴于阿拉塔斯希望李鹏总理访问印尼时双方签署贸易协定，中方将向印尼方提交协定草案供对方研究。第五，双方商定7月3日签署复交公报，并共同举行记者招待会。

7月3日下午6时，在钓鱼台国宾馆芳菲苑，举行了中国、印尼两国复交公报和关于解决印尼所欠中国债务问题协定的签字仪式。上百名记者涌到现场，采访了这一重要事件。整个签字仪式不过十多分钟，可这包含着双方多年来的艰苦努力。签字仪式后，钱其琛外长和阿拉塔斯联合举行了记者招待会。

钱外长首先宣布，1950年建立、以后又中断23年之久的中国和印尼的外交关系将于1990年8月8日恢复。两国人民长久以来的共同愿望终于实现了。他强调，亚太地区两个人口最多的国家关系正常化，必然会对这个地区的和平、稳定与发展产生深远的、积极的影响。这件大事之所以能够顺利完成，是由于两国领导人的远见卓识。他相信，不久以后李鹏总理对印尼的访问，将使得复交后的两国关系充满新的活力。

阿拉塔斯接着说，今天我们所取得的重大进展，预示着两国关系将开始新的一页，两国复交不仅符合两国人民利益，而且将对亚洲地区的和平与稳定作出重大贡献。他强调，双方这次迈出了重要的一步，李鹏总理即将对印尼的访问将是历史性的，一定会把两国关系推向高峰。在回答印尼同中国复交之后两国间经济合作问题时，他说，两国关系恢复之后，要做的一件事就是，准备拟定新的贸易协定，双方都已经为此做了准备。印尼和中国，作为亚太地区两个重要国家，在经济领域的合作不仅限于贸易领域，复交之后，在其他领域的交往也必然会有发展。在回答印尼与台湾地区关系问题时，阿拉塔斯说，同其他东盟国家不同，印尼在50年代就同中国建立了外交关系，而且是基于坚定的一个中国的政策基础上，甚至在两国关系中断时，也没有改变。印尼承认只有一个中国，这就是中华人民共和国。

在同印尼恢复外交关系的推动下，我国于1990年10月和1991年9月，先后同新加坡和文莱建立了外交关系。至此，我国实现了同东盟成员国全部建立外交关系，从而揭开了中国与东盟关系新篇章。

追忆毛泽东关于拉丁美洲的几次重要谈话

朱祥忠

（前驻秘鲁、智利大使）

毛泽东主席作为伟大的无产阶级革命家，一贯坚决支持亚非拉各国人民反帝反殖的民族解放运动，其中包括支持拉美国家人民反对美帝国主义的侵略和干涉，维护民族独立和国家主权的正义斗争。他生前接见过许多来访的拉美国家政治、经济、文化等各界知名人士，做了大量工作，积极推动中拉关系的发展。由于我长期在外交部主管这一地区的美澳司（后改称美大司）工作，耳闻目睹了他关于拉美的几次重要谈话。今年是中国共产党建党一百周年，特将他有关谈话追记如下，以作纪念。

一、坚决支持古巴革命

1959年1月，以菲德尔·卡斯特罗为首的古巴起义军攻占了首都哈瓦那，推翻了美国傀儡巴蒂斯塔的独裁统治，建立了古巴革命政府。对古巴革命的胜利，中国人民欢欣鼓舞，北京各界1万人隆重集会，庆祝古巴人民取得革命斗争的伟大胜利。1960年9月28日，古巴同中国正式建交，成为第一个同新中国建交的拉美国家。同年11月17日至12月1日，古巴国家银行行长格瓦拉率政府经济代表团访华，毛主席亲切会见了代表团，高度赞扬古巴革命胜利的伟大意义，并表示坚决支持古巴革命政府。双方签订协议，中国向古巴提供无息货款6000万美元，这在当时是个很大的数字，可见中国对古巴革命是何等重视！

1961年初，正当美国入侵古巴的危险日益迫近的时候，毛主席亲自出席了古巴驻华大使为古巴革命胜利两周年而举行的招待会。他对古巴大使说："你们会胜利的，中国人民决心从各方面采取一切必要的措施，来支持古巴人民的正义斗争。"同年4月，美国派飞机轰炸哈瓦那、圣地亚哥等地，继而于19日派雇佣军武装入侵古巴，但遭到可耻失败，史称"吉隆滩事件"。中国政府先后发表声明，强烈抗议美国飞机袭击古巴和雇佣军在吉隆滩登陆，谴责美国武装侵略古巴的罪恶行为，指出这是"美国破坏世界和平的又一滔天罪行"，表示"坚决支持以菲德尔·卡斯特罗总理为首的古巴革命政府和古巴人民反对美帝侵略的爱国正义斗争"。21日，北京举行了有10万人参加的"首都各界人民支持古巴人民反对美帝国主义武装侵略大会"，全市50万人收听了大会实况广播。同时，全国10多个大城市举行了支持古巴的群众集会和游行示威活动。

同年7月，毛主席给古巴《革命报》的题词更精辟地阐述了中国对古巴革命的立场。题词说："古巴人民革命的伟大胜利为拉丁美洲各国人民的民族民主运动，树立了光辉的榜样，并且大大地鼓舞了世界上一切被压迫民族争取解放的斗争。中国人民把古巴人民革命的伟大胜利看作是对自己的一个有力支持，古巴人民在反对美帝国主义的侵略、维护民族独立和建设自己国家的伟大事业中，将永远得到六亿五千万中国人民的全力支持。"

同年9—10月，古巴总统多尔蒂科斯访华，毛主席同他进行了亲切友好的交谈。毛主席说，我们是兄弟国家，是好朋友。你们在拉美对美国是个意外（多尔蒂科斯插话：是个不愉快的意外）。古巴得到社会主义各国人民的支持，全世界人民特别是亚非拉人民的支持，还有西方国家人民的支持。古巴的朋友很多，不孤立。在谈到巴西形势时，毛主席说，看来古拉特还有点办法，很有策略。形势对古巴有利，但美国还会继续孤立古巴，斗争还没有终止。对我们来说，斗争也没有终止。世界在变化，非洲在变化，拉美也可能起变化。在谈到英国陆军元帅蒙哥马利拟访问古巴一事时，毛主席说，古巴争取他去也好，对帝国主义要分别对待。蒙是英国保守党的一个派别。由于英国垄断资本受美国的排挤，着了急，不管哪里出了事，都想借机打美国一下。古巴也是个石头，可以打美国。帝国主义着急时是不择手段的，不管是石头还是鸡蛋，也不管这石头是红的还是白的。

1962年10月，发生了震惊世界的"加勒比海危机"（又称"古巴导弹危机"），一时间，美苏两个核大国剑拔弩张，加勒比海上空战争乌云密布，古巴面临生死存亡的考验，世界和平经受着严重的挑战。面对战争的威胁，古巴针锋相对，毫不退缩，提出了保卫国家主权的正义要求，反对任何形式的有损古巴独立、主权和尊严的行为。中国政府连续发表了几个声明，支持古巴提出的合理要求。北京市民连续数日潮水般地涌向古巴大使馆，声援古巴人民的斗争。我们外交部的同志也参加了游行队伍。"要古巴，不要美国佬！"的口号声响彻云霄，其宏大热烈的场面甚是动人。

二、支持巴西人民维护民族独立和
国家主权的正义斗争

古巴革命极大地鼓舞了拉美人民反美、反独裁统治的群众运动，对巴西也产生了较大的影响。在1960年的大选中，巴西全国民主联盟总统候选人夸德罗斯获胜，组成新政府，工党领袖古拉特出任副总统。新政府奉行独立自主的外交政策，主张同包括社会主义国家在内的所有国家发展关系。

1961年8月，古拉特副总统应邀访华。当时中巴尚未建交，但我国仍给予他高规格的接待。中共中央主席毛泽东，国家主席刘少奇，副主席宋庆龄、董必武，全国人大常务委员会委员长朱德，国务院总理周恩来等我国主要领导人，分别予以会见或会谈。毛主席在杭州两次会见了古拉特。

古拉特首先转达了夸德罗斯总统对毛主席的问候。他说：这次访华的第一个愿望就是拜会毛主席，如果访问中国不向伟大领袖毛主席表示最高的敬意，访问就不能算是完全的，我不能空手而回，这是不可想象的。毛主席说：我看到巴西领导人和你的同事们，非常高兴。我代表我国人民和我们的党欢迎你们。毛主席接着系统介绍了中国近百年来的革命历史和对一些国际问题的看法。他说，美国垄断资本不仅对中国人民不友好，对世界各国也是不友好的。它不仅压迫社会主义国家，也压迫民族主义国家，压迫争取民族独立的人民。如对古巴成立了人民政府，对中美洲或南美洲人民的反美举动，争取民族独立，美国是不高兴的。

当古拉特介绍"在北京的贸易谈判是在谅解和友好中进行"时，毛主席说：从贸易关系开始，可以进一步发展到政治关系。我们两国没有利益冲突，我们不会去损害你们，你们也不会来损害我们。你们是大国，在西半球占有很重要的地位。你们要发展起来，为什么北美能有一个美国，南美就不能有一个美国？我讲的是要有一个经济上、文化上强大的巴西。再过一些时间，你们人口可以赶上美国，工业也要赶上美国。你们的地方比美国好。世界就要起根本变化，世界事情发展快一点，我也可以去巴西看望你们。我要去看望你们的总统，向巴西人民问候。现在的障碍只有美帝国主义。

双方在交谈中，还谈到宗教问题。毛主席说，佛教是一种多神教，与基督教不同，基督教只有一个上帝。伊斯兰教也只有一个上帝——真主。佛教和道教徒同时信许多神。所以，在这种情况下，也可以说他们不信神。如果天旱，不下雨，他们信龙王，求雨。如果这一年风调雨顺，就根本不理睬龙王，不需要了。帆船在江里走，怕翻船，信龙王。但是轮船、汽船就不信龙王，因为没有必要了。乡下没有产科医生，妇女生孩子信观音菩萨，希望菩萨保佑她。城市有产科医院，妇女生孩子就不信菩萨了。

1963年3月6日，毛主席在会见巴西外宾时指出："我们是在一条战线上的，就是反对帝国主义，争取民族解放。我们支持整个拉丁美洲民族独立解放运动。"毛主席曾明确地表示："只要拉美国家愿意同中国建立外交关系，我们一律欢迎。不建立外交关系，做生意也好；不做生意，一般往来也好。"

三、支持巴拿马人民收回运河区主权的斗争

巴拿马运河通航后，美国根据1903年运河条约，一直控制运河航行等各个环节并在运河区驻军。巴拿马人民为收回运河区主权进行了长期的不屈不挠的斗争。1963年1月，美国被迫与巴拿马政府发表联合公报，表示尊重巴拿马主权，同意在运河区并悬巴、美两国国旗。但美国并未执行该协议，引起巴拿马人民的愤慨。1964年1月9日，约200名巴拿马学生举行游行示威，要求美方在运河区悬挂巴拿马国旗。当行至运河区巴尔沃亚学校门前时，游行学生遭到美方警察阻拦和殴打，国旗亦被撕毁，引起巴拿马人民的愤怒。次日，3万名巴拿马人举行抗议示威，美军出动坦克和直升机，用机枪扫射手无寸铁的示威群众，造成22人死亡，400多人受伤。美军暴行激起了巴拿马人民空前的反美怒潮。12日，10万多名群众为死难者送葬，巴拿马总统和内阁成员也参加了送葬队伍。同时，全国一致举行罢工、罢课、罢市和连续不断的游行示威活动。愤怒的群众袭击美国大使馆，捣毁美国新闻处、银行和运河区火车站。巴拿马政府宣布同美国断交，并就美军暴行向联合国和美洲国家组织提出申诉。1月9日被定为"全国哀悼日"。巴拿马人民的反美爱国斗争得到了全世界各国人民，特别是第三世界各国人民的广泛支持。

1月12日，毛泽东主席对《人民日报》记者发表谈话，指出："目前巴拿马人民正在英勇地进行的反对美国侵略、维护国家主权的斗争，是伟大的爱国斗争。中国人民坚决站在巴拿马人民的一边，完全支持他们反对美国侵略者、要求收回巴拿马运河区主权的正义行动。"中国各大城市纷纷集会，举行示威游行，参加人数多达1600万。

巴拿马人民经过长期英勇不屈的艰苦斗争，在全世界人民的大力支持

下，终于在1999年12月31日，完全收回巴拿马运河及运河区的主权和管理权。

四、支持多米尼加人民反对美国武装侵略的斗争

1962年12月，多米尼加革命党人博什当选总统。他于1963年2月就任后，颁布新宪法，对内提倡民主，实行政教分离，反对大庄园制度；对外采取限制美资糖业公司利润等措施，触动了本国上层权贵及美国的利益。同年9月，美策动军人政变推翻了博什政府，废除新宪法、建立了亲美的卡夫拉尔政权。1965年4月24日，多米尼加以青年军官弗朗西斯科·卡马尼奥为首的一批爱国军人发动武装起义，推翻了亲美的卡夫拉尔独裁政权，并要求前总统博什回国重新执政。从4月28日起，美国以"保护侨民""建立国际避难区"为借口，陆续派出3万多名海军陆战队和伞兵前往镇压，引起了全世界、特别是拉丁美洲各国的强烈反应。

5月12日，毛泽东主席发表声明，指出，"这是美帝国主义对多米尼加人民的严重挑衅，也是对拉丁美洲各国人民和全世界人民的挑衅"，"美帝国主义一直没有停止过对拉丁美洲国家进行控制、干涉、颠覆和侵略"，号召全世界人民团结起来，结成最广泛的统一战线，反对美帝国主义的侵略政策和战争政策，保卫世界和平。毛泽东的声明在全世界产生了广泛影响，鼓舞了正在斗争的多米尼加人民。

6月3日，中国政府发表声明，指出：这是美帝国主义侵略拉丁美洲各国无数次罪行中的又一次新的无耻的血腥罪行，强烈谴责美国政府干涉和侵略多米尼加共和国的野蛮行为，坚决支持多米尼加人民反美爱国的正义斗争。

坦赞铁路——中非友谊不朽的丰碑

冯志军

（前驻布隆迪大使）

被称为"友谊之路"的坦赞铁路是20世纪70年代也是迄今中国援非最大的项目。这个举世瞩目的大项目能从顺利立项到提前4个月完工，无数英雄战天斗地，其事迹可歌可泣，必将青史留传。

一、坦赞铁路的立项和建设

自1965年年末罗得西亚（现津巴布韦）宣布独立以来，赞比亚一直迫切希望开辟通往海港的新运输路线，并寻求进口货物的新来源及其进口新路线。除坦桑尼亚外，赞其余邻国均为西方控制。作为赞比亚以东有海港的邻邦，坦桑尼亚是赞将来大部分进出口货物过境运输的合理国家。赞运输货物不经由南面的路线，其意图也是借此削弱罗得西亚、莫桑比克和南非的经济。

赞比亚总统卡翁达和坦桑尼亚总统尼雷尔都是民族解放运动的领袖，他们所见略同。1967年3月，两国政府研究了所有愿为修建坦赞铁路提供援助的方案，一致认为，其中最明确、最合理的是中国的援助方案。两国领导人曾试探性地向中国领导人求助，出乎他们意料的是，中国政府毫不犹豫地答应了他们的请求。1967年9月5日，三方签署了关于修建坦赞铁路的协定（该协定只有若干原则性的条款）。1967年12月，中方派出了考察组赴赞考察（1965年对坦桑已考察过）。1968年4月对坦桑派出了勘测设计队。

坦赞铁路系我国最大的援外项目之一，长1860公里。铁路起点是坦桑首都达累斯萨拉姆，终点是赞比亚中央省新卡比里姆博希。1970年10月正式开工。周恩来总理亲自过问援建坦赞铁路的许多问题，特别是质量问题。主管的铁道部、负责援外的各个部门领导，都把援外质量当成生命线去抓。随后，中国政府派出数以万计（前前后后共有5万多人）的工程技术人员与非洲兄弟同甘共苦，在东非大裂谷和非洲原始森林中共同努力，艰苦奋斗6年。1965位中国工程技术人员献出了他们的宝贵生命。1976年6月，坦赞铁路比原计划提前4个月全部建成。出现在坦赞两国茫茫原野和丛林之中的钢铁巨龙，跨越318座桥梁，飞越2269条沟壑，穿越22条隧道。1976年7月16日，中国政府将坦赞铁路移交给坦桑尼亚联合共和国政府和赞比亚共和国政府。坦赞铁路建成通车，曾被坦桑尼亚总统尼雷尔高度评价为"对非洲人民的伟大贡献"。赞比亚总统卡翁达表示，这对坦赞及整个非洲未来发展意义重大。

二、今天如何看待这一重要的援非项目

第一，坦赞铁路是20世纪六七十年代毛泽东、周恩来等老一辈党和国家领导人高瞻远瞩，亲自决策并精心组织实施的重大援外项目。1963年8月8日，毛泽东主席在接见非洲朋友时说："已经获得革命胜利的人民，应该援助正在争取解放的人民的斗争，这是我们的国际主义义务。"（见1963年8月9日《人民日报》）因此，中国人民遵循毛泽东主席的教导，开始对非洲国家实施力所能及的援助。

当时，美国等西方国家对中国实行打压政策，中国的首要目标是获得亚非国家的政治支持，打破外交孤立。坦赞铁路在我对外战略特别是对非战略中具有特殊政治和经济意义，是中国政府和人民支援非洲民族独立，

推动非洲经济社会发展的标志性工程，也是我国当时冲破外交封锁，团结广大发展中国家的有力手段，被誉为"自由之路""友谊之路"。20世纪60年代，坦桑尼亚是支持南部非洲争取民族独立运动的基地，包括一些国家从事民族独立运动的"自由战士"就是在坦桑接受培训的。他们邀请我国派军事等方面的专家给这些"自由战士"上课。由此可见，当年坦桑在我国外交中所占地位相当重要。再说，新生独立的赞比亚急需出海通道。坦赞铁路的建成，为帮助赞打破殖民主义和种族隔离主义封锁，支援南部非洲民族独立解放运动发展作出了重要贡献。

综上所述，可以说中国同意援建坦赞铁路，主要是出于政治上的考虑。一是全面落实毛主席提出的"获得革命胜利的人民，应该援助正在争取解放的人民的斗争"指示；二是支持非洲在经济上摆脱帝国主义对他们的控制；三是帮助铜矿资源丰富的赞比亚从坦桑寻找到进出口货物的新线路，一举挫败南非白人种族主义统治者企图卡死赞比亚铜出口的图谋。

第二，毛泽东主席说过，"世上没有无缘无故的爱"。坦赞铁路的建成证明，我国多一份投入，就会多一份回报。中国政府和人民在自己经济十分困难的情况下，"勒紧自己的裤腰带"，向两个非洲国家提供了十分可观的经济援助，树起一座不朽的友谊丰碑。特别值得一提的是，中国对非洲的援助不附加政治条件，这在非洲老百姓心中刻下了对中国的良好印象。中国尊重别国主权，不干涉他国内政。这同西方殖民方式形成鲜明对照。非洲国家和人民也在寻机投桃报李，他们在国际斗争中坚定地与中国站在一起。1971年10月25日联合国通过第2758号决议，恢复了中华人民共和国在联合国的合法席位。在赞成的76票中，非洲占26票，相当于亚洲19票和拉美7票之和。非洲是发展中国家中一支重要力量，而且国家众多，在国际舞台上不容忽视。中华人民共和国成立70多年来，我们曾遭到无数不公正对待，真正理解和支持我们的是非洲朋友。在国际斗争中，是非洲国家坚定地和中国站在一起。无论是我国恢复在联合国的合法席位，还是一次次打掉西方人权反华提案，无论是一再挫败台湾地区"重返"联合国图谋，还是中国在许多国际组织内的竞选，无论是北京申办奥运会，还是上海申办世博会，都离不开非洲朋友的鼎力支持。

第三，坦赞铁路建成通车，在整个非洲大陆乃至全世界都产生了积极影响，已成为中非团结合作与真诚友好不朽的历史丰碑。迄今，坦赞铁路仍是我国最大的援外成套项目之一和在非洲最大的援建项目。

现在，回过头来看，除了上面提到的政治上的考虑，修建这条铁路的伟大贡献主要有：建成一条贯通东非和中南非的交通大干线，是东非交通动脉；为赞比亚出口铜矿石提供了运输路线；造福铁路沿线的经济发展，一方面沿线也建起不少市镇，另一方面沿线的百姓改变了传统的生活方式；在一定程度上保证了坦桑尼亚和赞比亚的经济独立。

铁路建成的前几年，年货运量保持在100万吨左右，1977年曾完成了127万吨货运量，创历史上最高峰。年均客运约120万人次，当时的铁路还能赢利。

三、决不能让这块丰碑烂在我们的手里

1986年在完成了四期技术合作后，中国专家人数逐渐减少。后来，中方参与管理的性质也从全面指导变成有限咨询。铁路完全由坦桑尼亚和赞比亚管理，而以坦赞的管理水平，很难管理好这条铁路。主要问题和困难是：铁路线上设施严重失修，通信信号系统处于半瘫痪状态，机车车辆持续减少，技术状态和经营恶化，安全事故频发，运量不断下滑，亏损日益严重。坦赞铁路陷入困境的主要原因有：一是坦赞两国政府共管体制矛盾重重，利益各异。二是坦赞铁路局内部管理效率低下，市场化程度低。三是路港分离，铁路运力不足，港口超饱和。四是线路设施只用不修，运能不足。五是员工整体技术素质不高，年龄结构老化。六是周边政治经济环境发生变化，竞争加剧。

20世纪90年代，由于投入少，设备老化，管理不善，运量不足，加上

"吃大锅饭"的弊病等，铁路事故频发，财务年年亏损，债台高筑。1995年，坦赞两国政府只好决定把这条铁路私有化，实行特许经营，允许私营部门、外国公司参与铁路经营。同年，率团访问坦桑尼亚的中国国务院副总理朱镕基专门考察了这条铁路并对有关人员说："我们决不能让这块丰碑烂在我们这一代人手里。"1999年9月，中国第10任驻坦桑尼亚大使王永秋上任不久，即走访坦桑有关部门负责人和我驻坦桑铁路专家组，并实地考察在坦桑境内的路段。之后，他向国内提出建议，先由国内派一专家组来考察，再决定是否由我方某一家铁路局或企业来投资参与铁路的运营。2000年7月，上海铁路局派出几十名专家到坦桑进行为期45天的考察调研。结论认为，对坦赞铁路采取类似中坦友谊纺织厂的合作规式实行三国经营或由中方单独经营都需要投入大量资金，上海铁路局不是赢利企业，难以承担这项任务。中国政府表示，将在力所能及的范围内，继续向该铁路提供帮助，并努力同坦赞两国探索多种合作方式。遗憾的是，几年过去，三方仍未找到一个好办法让这条铁路再度恢复早年的活力。

习近平总书记高度重视加强同非洲的友好关系，他强调，中国和非洲历来是休戚与共的命运共同体和合作共赢的利益共同体。2013年3月24日，他上任10天就出访非洲坦桑尼亚、南非和刚果。在访问坦桑时，习近平明确表示，中国一直在关注着坦赞铁路的发展，愿意积极参与铁路的改造运营。随后，中国和坦桑尼亚、赞比亚签订一项对坦赞铁路修复改造的协议。三方初步达成共识，认为特许经营是中国参与坦赞铁路运营的最好方式。中方向坦赞铁路提供了10台国产电传干线机车、6台产液传调车机车、190辆各种货车以及各种零配件，为坦赞铁路运营提供了巨大支持并有效提升了运力。坦赞铁路2014—2015财年货运量仅为8.8吨。2015—2016财年、2016—2017财年、2017—2018财年分别为12.8万吨、17.2万吨和22万吨。货运量分别增长45.5%、25.6和27.9%，呈逐年上升趋势。但由于坦桑方在一些问题上有不同意见，第16期技术合作协议迄未签署，致使近年来，重要配件无法提供，设备损坏和故障得不到及时修复，坦赞铁路正常运行已受到严重影响。

2015年，习近平总书记和李克强总理相继作出"激活坦赞铁路""成立三方联合专家工作组""创新思维，发挥市场指导作用，改革运营管理模式"等指示。2015年4月，习在会见来访的赞比亚总统时表示中方愿同赞比亚、坦桑尼亚一道努力，把坦赞铁路建设成"发展之路，繁荣之路"。目前，虽然在一些枝节问题上，三方仍未达成协议。但笔者认为，在各有所求的情况下，三方早晚一定会参考中国领导人的指示精神，把诸事做好。

从发展的角度来看，非洲国家的国民经济增长速度呈上升趋势。2014年，李克强总理访非时曾提出与非洲推进"三大网络"建设合作举措。一些专家学者认为，东非国家共同体对于东非铁路网的建设将会有一定的规划。坦桑尼亚将以维护坦赞铁路为本，以建设中央铁路为突破点，参与东非铁路网合作。坦赞铁路与中央铁路两大铁路方向不同，辐射区域不同，优势互补性强。中央铁路是坦桑尼亚东西运输大动脉，横穿坦中部，连接达累斯萨拉姆市、多多马、基戈马等主要城市。邻国布隆迪和扎伊尔从本国利益及长远规划出发，多次与坦一起，联合建议中国参与中央铁路的建设。扎伊尔自然资源丰富，素有"世界原料仓库"之称；布隆迪也有丰富的镍、钒等战略资源。作为内陆国家，两国迫切希望通过该铁路与坦多个港口连接，借道出海，将丰富的矿产资源运出非洲。鉴于新中央铁路投资巨大（80亿美元），中国可与世行及其他有兴趣的国家和金融机构等组成共同融资方，参与该项目建设。

从另一个角度看，中国迫切需要坦赞铁路运输铜矿供进口。中国是全球最大的铜消费国，冶铜产能约占全球的1/3，也是全球最大铜矿进口国。2012年中国国内铜矿产量仅170万吨，只能满足国内需求的1/10。2017年中国铜矿石和铜精矿进口达735万吨。2018年中国铜精矿年进口量同比增长13.7%，达到创纪录的972万吨。而2004年赞比亚境内已探明铜储量为20亿吨，平均品位2.5%。2005年赞比亚又勘探出一个巨大的新铜带，矿区面积为15000—17000平方公里。新矿区还发现有高品位的金、银伴生矿。赞比亚境内到底有多少铜储量，还有待进一步勘探。中国有色集团对赞比亚的铜矿进行了大量投资，要将矿石运出来，迫切需要改造坦赞铁路。

大家知道，坦赞铁路精神，是中非团结的精神，是不畏艰难险阻的精神，是无私奉献的精神，是互利合作的精神。坦赞铁路精神将激励我们继续前行，不断为中非友好大厦添砖加瓦！

外交礼宾楷模周总理的教诲

吴德广

（前驻古晋总领事）

在纪念中国共产党成立一百周年的时刻，我感慨万分。1965年我从外交学院毕业后进入外交部礼宾司。礼宾司成为我外交生涯的第一站。我一生三进三出礼宾司，在那里任职约20年之久，两次在驻外使领馆任职也是当礼宾官。我的外交礼宾风雨情缘，折射在中国共产党英明领导下，外交礼宾是新中国外交事业的辉煌成就之一，是祖国伟大的魅力。

那年7月，我到外交部礼宾司不久，一天下午司领导让我随一位老同志去中南海西花厅，协助安排周恩来总理会见巴基斯坦驻华大使罗查先生，在这里我第一次见到周总理。此后我又有机会数次见到周总理，聆听他的谆谆教诲，学习他对外交礼宾的指示，这是让我一辈子刻骨铭心的记忆，感恩如山。

一、"礼宾革命"的启示

新中国外交礼宾工作受到毛主席和周总理等国家领导人的高度重视。他们对新中国礼宾风格的确立和形成倾注了大量的心血。周恩来是新中国外交事业的创始人、奠基者，也是礼宾工作的奠基者和光辉楷模。

礼宾工作是外交的重要组成部分。其内容主要包含国家对外礼仪活动、外交特权与豁免等。礼宾是外交工作的寒暑表、先行军，是国家的窗口。周总理曾强调礼宾工作是一项政治性和政策性很强的工作。

外交部礼宾司于1954年正式成立。1965年7月，我进入礼宾司不久，就听到"外交无小事，遇事多请示"的教诲，它出自周总理与礼宾司司长柯华一次单独谈话。之后，有一次周总理要礼宾司同志牢记四个字"礼宾革命"。

"礼宾革命"实际上是周总理倡导的我国礼宾工作的重要指导思想，意思是礼宾工作不能墨守陈规，应根据不同情况、对象及要求，不断进行革新、完善和提高。

周总理指出，历史上的礼宾制度大致可分为两类：一类是封建帝国的，一类是资本主义的。过去有很多礼宾规格是资本主义国家定下来的，我们学了一些这类东西，同时还学了其他社会主义国家的一些。我们不能完全照搬这套礼宾程序，也不能完全废除，但可以打破一些，要进行改革，要更多地发挥创造性。这也就是说，礼宾改革的目标是既与国际上公认的习惯做法相一致、相衔接，又要具有社会主义中国的礼宾风格，为更好地贯彻我国外交政策和发展对外关系服务。

从20世纪60年代中期开始，周总理对我国礼宾工作进行逐步改革，内容大体有：第一，删繁就简，即删减礼宾安排方面一些过于烦琐的礼仪和程序。例如，国宾来访，双方领导人在机场讲话；外交使节在宴会上轮流向宾主敬酒；大使递交国书仪式上双方互致颂答词。这些都根据礼宾改革的精神加以简化。这些改变不影响原有仪式的隆重，却减少了程序，缩短了活动时间，对各方都有益处。第二，创新开拓，即根据我国的情况和对外工作的需要，采取一些独特做法。第三，有的放矢，即有针对性、不强求一致。周总理经常教导我们说，礼宾安排要有针对性，注重实效，要根据客人的具体情况来决定，做到有的放矢。

虽然"礼宾革命"很多是简化程序，减少繁文缛节，但又不等于完全简单化，而是从实际出发，审时度势，敢于创新，服从政治大局。

美国总统尼克松访华和新中国恢复在联合国的合法席位以后，不少第三世界国家的领导人要求访华，其中一些国家领导人希望我国为他们提供接送的交通工具。按照国际上的传统做法，接待国不为外宾提供境外的交通工具。对此礼宾司讨论很久，提不出什么好方案。周总理一听就有点生气，批评礼宾司对"礼宾革命"在思想上还是没想通。他说，第三世界国家领导人要来中国，不能拒之门外。这次新中国恢复在联合国合法席位，就是他们投我们的赞成票，这是政治上对中国最大的支持，礼宾司怎么这个政治账都算不过来？对这些国家的要求我们应该给予满足，要派专机出国迎接。他要求礼宾司的领导马上去办，并写报告送给他批。这件事令我感慨良多。

随着各国民航交通日渐发达，考虑到节省人力、物力、财力以及专机安全责任等因素，并同国际各国礼仪实践接轨，1978年12月，中央批准了外交部的改革方案，派专机接送外国国家元首或政府首脑访华的做法就此停止。

在中央几代领导人的亲切关怀和悉心指导下，在外交部直接领导下，礼宾司继承和发扬中华文明的优良传统，学习借鉴国际惯例，通过不断改革创新，逐步建立了较完整的外交礼宾体系，从初创、发展到不断成熟、创新的阶段，已形成新中国外交礼宾的独特风格。

二、尊重国宾和重视其国家的礼俗

周总理教导我们尊重来访国宾，切实做好国事礼仪以及接待的各项措施和细致的安排。1955年6月胡志明主席访华，毛泽东主席将在中南海怀仁堂与胡志明主席会晤。此次接待胡志明主席访华，周恩来总理专门召集负责接待工作的同志开会，明确要求做好接待工作，在全世界面前显示胡志明主席受到的尊重，显示他的崇高地位。同时周总理与大家一起商讨接待方案。

关于两位领导人在怀仁堂会晤事，周总理指示礼宾司：既不能让毛主席事先站在怀仁堂久等客人，更不能让胡主席事先到达那里等候，要安排两位领导人同时到达怀仁堂。周总理如此重视此事，可见其政治意义重大。那时通信工具不发达，连对讲机、"大哥大"、BP机之类都没有，更不要说现代的手机、电脑了。当时联系十分困难。

为使这件事办得准确，礼宾司进行诸多精确计算，对各自的路程、车速等，仔细反复地进行了测算。并制定了一套精密的计划。就在实施之前，周总理又亲自检查，并指示柯华要直接掌握、精心组织，保证不要失误。礼宾司经过认真细心实施，一分不误地完成了毛主席在中南海怀仁堂与胡主席会晤的任务。

周总理精通礼宾业务，是一位永远的楷模。来访国宾无论是来自大国还是小国，为表示对国宾的尊重，周总理总是把会谈或会见地点轮流安排在人民大会堂或外宾下榻的地点。如国宾为国家元首，周总理则坚持第一次会晤要安排在外宾下榻地，以表示对国宾的尊重，多年来这已成为惯例。

周总理非常重视各国的风俗习惯。他有一句话我一直铭记在心，他说："尊重一个国家的传统习惯，实际是对这个国家的尊重。"周总理经常教导我们尊重国宾衣食住行的生活习惯，并根据国宾的风俗习惯特点作出安排。

三、"客随主便"和"主随客便"

新中国外交特点之一是坚持大小国家一律平等。周总理在这点上为我们树立了光辉的榜样。尤其在同小国、穷国、弱国打交道的时候，他非常注意贯彻这项原则，常说"客随主便"或"主随客便"。

"客随主便"是说到人家那里去做客，要尊重人家的安排，少给主人添麻烦，了解东道国的难处和尊重他们的风俗习惯等；安全工作除要掌握内紧外松外，重要的是把安全工作主要责任交给东道国负责，做到万无一失。

例子不胜枚举。1963年12月至1964年2月，周恩来总理在陈毅副总理陪同下首次访问非洲十国。1964年1月2日，在周总理访问加纳前数天，加纳首都阿克拉发生了开枪行刺恩克鲁玛总统的事件。是否按原计划访问加纳？周总理深情地说："愈是在人家困难的时候，愈是要去。"周总理一行于1月11日晨乘专机抵达加纳访问。尊重加方安排，一切外交礼仪从简。周总理与恩克鲁玛总统举行多次会谈，会谈中周总理第一次提出中国对外援助的八项原则。周总理从政治着眼，冒着风险如期访问加纳，在困难的时候支持了恩克鲁玛，在礼仪方面强调"客随主便"，体现了对一个小国的尊重和对非洲人民患难之交的真情。

在多年接待国宾的日子里，我也常常想起周总理"主随客便"的教导，尊重来访客人的生活习惯，尊重他们的要求和需要，根据不同情况调整对客人的安排，让客人高兴而来，满意而归。周总理"主随客便"例子也很多。

例如，1970年初，一位外国国家元首对华进行国事访问。在他访问北京的第二天下午，周总理秘书通知接待办公室，毛泽东主席在半小时后接见这位总统，让礼宾官马上通知他。这位总统是一位虔诚的伊斯兰教徒，当时正在房间做祷告仪式。总统警卫秘书告诉中国礼宾官，总统祷告一般需要20至30分钟。中方礼宾官将此事立即报告周总理办公室。周总理电话交代礼宾官，不要去打扰惊动总统，等候总统祷告结束再请他。周总理即动身去毛主席处汇报工作，利用汇报机会拖延一下时间，以便等这位总统祷告完毕。事后，总统获悉此事很受感动，见了周总理多次为此事表示歉意和不安。

不管是"客随主便"还是"主随客便"，其精神实质是尊重对方，不强加于人。

四、礼宾人的"严、准、细"素养

周总理要求外事干部遵循"站稳立场、掌握政策、熟悉业务、严守纪律"16字方针，还特别要求礼宾人员办事必须做到"严、准、细"。

"严"，表现在对礼宾工作人员要求非常严格。周总理常说，礼宾工作是对外交往的一个重要窗口，具有高度政治性和敏感性，礼宾人员办事要严谨慎重，办案时不能使用"可能"和"大概"的字眼。办案时一定要弄清情况，只有情况明，才能决心大，严谨办案。例如，周总理曾专门召开礼宾司全体人员会议，详细了解有关接待外宾、外国驻华使馆人员及其外交特权和外交豁免权等情况，并要求我们了解和熟悉外国驻华使馆情况，做好管理工作。

"准"即准确，有时候还表现为对某些事情的变通。周总理在接待国宾过程中，他常常率先垂范，甚至手把手教礼宾人员。在礼宾司或在钓鱼台国宾馆接待办公室，礼宾人员会经常接到周总理打来的电话。比如对宴会的安排，他就常常找礼宾人员核对宴会主宾席排列方案，亲自教我们排席位。他说，礼宾次序是礼宾工作的重要工作之一，突出体现礼宾的重要性、复杂性和主人的意图，做得好，宾主欢喜，如考虑不周，宾主不悦。

1956年2月，周总理曾对国宴形式做过指示，要求改变过去死板的宴会气氛，要用利于沟通的圆桌来代替原有的长桌。1959年10月1日中华人民共和国成立十周年庆典中，招待会是重要的国事活动，他就亲自安排了国庆招待会前三桌宾主席次。

"细"，即细致。礼宾工作既是烦琐的事务，又处处件件含有政治元素，看似是不显眼的小事，却是关乎外交的大事，所以一定要细致。周总理教导我们，办案要准确、细致。他常常打电话到礼宾司，就某个问题直接找经办人询问，指示具体的改动，如宴会的菜单、文艺晚会的节目单等。他的一些做法，常常令我们感动。

　　周总理在批阅文件时一丝不苟，连错别字、不正确的标点符号都逐一改正。新中国外交礼宾工作的严谨、准确、细致作风，就是由周总理当年言传身教，亲手培养起来的。

　　周总理还经常教导礼宾司人员，一定要注意交际礼节，彬彬有礼，不卑不亢。彬彬有礼就是要态度热情，言谈文雅，举止得体，仪表端庄；不卑不亢就是要既不卑屈，又不高傲，稳重自然，落落大方。

　　我几乎一辈子从事外交礼宾工作，十分珍惜周总理的谆谆教导，把它们视为我一生宝贵的精神财富。

周恩来心系非洲

陆苗耕

（前驻开普敦总领事）

20世纪60、70年代，我曾在外交部非洲司工作。当年，非洲司是外交部外事活动较多的部门，我有幸亲见亲闻毛泽东主席和周恩来总理等老一代领导人同到访的非洲国家领导人亲切交往的盛况。他们站在历史和时代的最高点，以满腔热情，深邃哲思，博大胸怀，平等友好，同新独立的非洲国家年轻领导人在一起，共同开拓中非友好合作关系的新纪元，掀起了中非热的第一次高潮，在当代国际关系史上谱写了光辉篇章。当年那些精彩、生动、感人、富有重要意义的情景，至今还栩栩如生地镌刻在我的脑海里，特别是与周总理多次接触后，我深深被他的崇高精神和外交风范所感动，现在追叙一二，作为庆贺建党百年的献礼。

一、亲历周恩来总理召开的一次紧急会议

几内亚位于非洲西部，南濒大西洋，1958年获得独立。几内亚人民在塞古·杜尔总统领导下积极支持非洲国家的民族解放和独立，尤其在西非地区发挥着重要的先锋作用。帝国主义和殖民主义对新生的几内亚共和国十分仇视，想方设法进行破坏和颠覆。

1970年11月22日凌晨3时，葡萄牙殖民主义的雇佣军从西非几内亚湾海域分乘十多艘舰艇向几内亚首都科纳克里进犯。雇佣军约350多人，穿

着几内亚人民军军服，只是臂上多系了一条绿色布条；还有白人雇佣军，故意将皮肤涂黑，做了狡猾的伪装。雇佣军在战斗机的掩护下，分成几股在科纳克里东部、西北部和西南部登陆，疯狂地袭击发电站、总统别墅（杜尔总统因未在而幸免于难）、两个兵营以及国际机场等重要地方。他们很快占据了发电站和两个兵营，并对总统别墅进行焚烧。进入市区的雇佣军肆意向居民扫射。瞬间，科纳克里沉浸在一片恐怖和战火之中，形势告急。这是一次赤裸裸的殖民主义者的侵略行径。

几内亚虽然与我国远隔重洋，但中几友谊深厚，1959年10月两国建交，开启了中国与撒哈拉以南非洲国家建交之先河，翌年9月杜尔总统成为第一位访华的非洲国家元首，毛主席、刘少奇主席、周总理、邓小平总书记同杜尔总统进行了亲切会见和会谈。因此，当几内亚遭到葡萄牙雇佣军入侵的消息传来后，中国政府和人民即作出强烈反响。尽管周总理日理万机，仍高度关注几内亚的这一突发事件，当夜即通知外交部领导，并破例召集非洲司的全体工作人员，一起快速来中南海开紧急会议，共同研究几内亚的紧张局势和应对之策。我当时在非洲司西非处工作，有幸参加了周总理召开的这次紧急会议。

那天是1970年11月22日，将近深夜十二点，我们一行四五十人，抵达了中南海一会议厅，部领导和有关司负责人已就位，大家以半圆形围坐。一会儿，周总理在秘书的陪同下，健步进入大厅，同志们不约而同地爆发了一阵热烈的欢迎掌声。总理在中间前方的位子坐下，并请同志们向前靠近坐。周总理说：今天我非常高兴同外交部同志一起研究几内亚局势。并且他彬彬有礼地表示：请允许我熟悉一下在座的各位。周总理根据提供的名单，俨然像课堂上的一位老师，认真地逐一点名。

点名时，周总理不时向同志们问及来自何地、上何大学、在何驻外使馆工作过等情况。记得总理曾问我办公室一位同事：家乡是何处？当得知是河北乐亭县时，周总理饱含深情地说：呵，那是李大钊同志的家乡呀！周总理十分平易近人地与非洲司一位同志对话，当得知这位同志曾在我驻坦桑尼亚大使馆工作好几年，便问：你懂当地斯瓦希里语吗？这位同志回答：懂英语，只略懂一点当地语。总理问："你多大年纪了？"答曰："42岁。""呵，你还年轻，希望有机会学习当地语。"在总理眼中42岁正当年，还是学习好时机。总理的这番话对年轻同志钻研业务、提高外语水平启发和鼓励很大。

点名后，周总理要求大家对几内亚局势发表看法，畅所欲言，各种观点都可谈，以便集思广益。首先由主管几内亚的同志简要汇报葡萄牙雇佣军入侵几内亚情况。总理非常仔细地听着，不时插话和提些问题，会场上呈现非常融洽的交流气氛。周总理虽然访问几内亚时隔六七年了，但对几内亚首都仍记忆犹新，非常熟悉地与同志们交谈关于雇佣军入侵路线、登陆区和攻击点等情况。大家对总理的惊人记忆力和心系非洲国家之情钦佩不已。周总理总是把出国访问，当作熟悉受访国情况和学习该国的一次极好的机会。

尽管时针已指向凌晨两点多钟了，总理依然亢奋地沉浸在工作之中，毫无倦意，除关心几内亚当前局势外，还了解了几内亚基本国情，饶有兴趣地听取曾经在驻几内亚使馆任政务参赞的赵源同志的介绍，并不时穿插讲话。

最后，周总理向我们强调，一定要高度关注几内亚局势动向，非洲民族独立运动正在向纵深发展，葡萄牙殖民地人民必将赢得独立和自由。我们一定要全力支持几内亚人民捍卫国家主权的正义斗争，决不允许殖民主义者入侵阴谋得逞，否则就是在非洲出现恶劣形势的先例。周总理指示我国驻几内亚使馆和国内有关部门迅速采取行动，作出具体工作安排，以便最有效地支持几内亚人民和非洲人民的英勇斗争，特别要求我国驻几内亚使馆密切跟踪形势发展，迅速转达我国政府对杜尔总统的坚决支持。周总理此次召开的工作研究会长达三个多小时。

在毛主席和周总理的关心下，我国对几内亚人民维护国家独立的斗争给予了及时的、坚决的支持，包括财力和物力等方面的帮助。我国政府就几内亚局势发表郑重的政府声明，周总理对声明稿逐字逐句进行审改。我国声明高度赞扬"几内亚人民不仅是在为祖国的独立、主权而战，也是为非洲国家的独立、主权而战，为全世界一切珍视自己独立和主权的国家而战"。声明还斩钉截铁地指出，"绝不能让美、葡帝国主义的阴谋得逞，否则，今天在几内亚出现的事情，明天就会在非洲和世界其他国家出现"。中国政府很快向几政府提供一批用于自卫的轻武器和医疗器械等援助。几内亚政府对中国的支持和帮助，深为感动，专门派部长来我国致谢。

二、周总理积极支持非洲国家的团结合作

1963年5月下旬，非洲30多个独立国家首脑在埃塞俄比亚首都亚的斯亚贝巴首次聚会，成立了"非洲统一组织"，通过了非统组织宪章，规定每年举行一次首脑会议，强调加强非洲团结合作，从非洲根除一切形式主义的殖民主义。当时该组织中仅有10个国家与我国建立了外交关系，而台湾当局竟与16个非洲国家保持所谓的"外交关系"。周总理不以形而上学的观点看待这一组织，而以敏锐的国际观察力，认为这个组织富有朝气，具有强大的生命力，是非洲奉行独立自主、加强团结合作、进行反帝反殖民主义斗争的一个新生的地区组织，应予以满腔热情的支持。周总理即向该组织发去贺电，受到了非洲国家的热烈欢迎。此后，每年非统组织举行首脑会议时，周总理总是致电祝贺，高度评价非洲国家取得的成就，并祝贺中国与非洲国家的友好合作关系不断发展。正是周总理的积极推动，使中国与非统组织的友好关系得到了迅速发展。

我在外交部非洲司工作期间，曾经有较长时间从事全非综合调研并主管非统组织事务，多次聆听周总理对非统组织的夸奖和赞美。他指出，非统组织非常了不起，这是当今世界最大的地区组织，反映了非洲国家团结合作的兄弟情谊，我们应该好好向非洲人民学习。当时，我和同事们听后都十分兴奋，钦佩周总理对非洲怀有深厚感情，善于发现非洲国家和人民

的长处和优点。我们多次为周总理电贺非统首脑会议起草贺电稿，周总理总是倾注热情，悉心予以一字一句修改和斟酌，当电文在中国中央广播电台和电视台播放时，我总是屏息而听，感受总理的心声，也为自己出了一点绵薄之力而欣慰。

周总理不仅在政治上关心非统组织的发展，而且予以物质和财政等多方面的支持和帮助。1974年3月，非统组织解放委员会执行主席、索马里外长加利卜率领非统友好代表团访华，这是非统组织成立以来首次派团访华。代表团抵京后向中方表示，现在我们决心要彻底解放非洲大陆。为此，我们到我们的同盟国中国来。中国对非洲解放运动的支援，过去是通过有关非洲国家向各解放组织提供的，对此，我们不干扰原来的援助方法，但我们有两个新的要求：一是大量增加直接的物质和军事援助；二是通过解放委员会提供一些物质和军事援助。

根据我在非洲司的工作惯例，以往我国对南部非洲解放组织的援助，一般通过有关国家向他们提供，如通过非统组织解放委员会援助，将发生手续麻烦、操作上困难较多等问题。当时周总理尽管身患重病，仍是非常热情地出面会见代表团，并且对代表团提出的援助要求，当即慷慨同意。周总理向代表团全体成员表示：中国过去对南部非洲民族解放运动和反对白人种族主义斗争的援助，多数通过坦桑尼亚、赞比亚、刚果（布）等国家，这次又多了非统组织。这就更好了，因为非统组织代表了非洲。周总理还高兴地说，今后我国援助的方式，一种是通过非统组织，一种是通过双边直接援助，两种形式并行。周总理十分善解非统组织代表团提出的要求，并且站在全非的角度上考虑问题，使棘手的事情得到了圆满解决。我们几位负责具体工作的同志获益匪浅。

三、周总理告诫非洲领导人严防
"前门驱狼、后门进虎"

　　20世纪60、70年代，非洲独立国家普遍面临着如何进一步巩固政权、如何处理新老殖民主义势力、如何对付美苏两霸的争夺等复杂问题。有些非洲领导人带着上述问题访华，倾听中国领导人的看法。周总理总是认真听取对方的介绍，然后应对方要求，循循善诱，语重心长地介绍中方的意见，帮助非洲国家分清主要矛盾和次要矛盾，认清工作的重点和大方向。非洲领导人很钦佩周总理对国际大势和非洲形势的介绍和分析，以及对中国治国理政经验的介绍和有益规劝。

　　刚果（布）地处非洲中部，是一个富有朝气的年轻国家，奉行对我国友好的政策。1969年9月恩古瓦比总统派总理阿尔弗雷德·拉乌尔率政府代表团访华。中国政府十分重视他们的来访，毛主席会见了代表团。周总理同代表团举行多次会谈，广泛交换意见和看法，后又单独同拉乌尔总理进行深入谈话。拉乌尔总理介绍了中部非洲的政治形势、美国和法国在这一地区争夺势力范围的斗争以及刚果（布）四面受敌的情况，并称刚果（布）全国革命委员会领导机构打算在1969年底前把法国控制的铁路、港口收归国有，公开与法国对抗，并就此征求周恩来总理的意见。

　　刚果（布）长期以来是法国殖民地，人民痛恨法国的压迫和剥削，是完全可以理解的。周总理在听取对方意见后，冷静地予以分析。周总理说：帝国主义进行颠覆活动主要还是通过利用内部因素。刚果（布）当前最迫切的问题是抓军队，应使军队成为刚果（布）民族民主革命政权的支柱，而不致被帝国主义、反动派所收买。刚果（布）当局如现在就把铁路、港口收归国有，将遭到法国和周围一些国家的反对。"必须警惕刚果河对岸有一个更凶恶的敌人，某超级大国。"周总理直言告诫他们不要"前门驱狼、后门进虎"，意指在反对法国殖民势力时要注意提防超级大国美国乘虚而入，使国家面临更复杂的局势。拉乌尔总理感谢周总理的中肯意见和及时提醒，帮助他们正确处理法国和美国的关系。

周总理此次同拉乌尔总理谈话长达5个多小时，我方翻译和记录人员轮换上阵。周总理自始至终精神矍铄、专心致志地听取对方的介绍和提问，并耐心地阐述中方的看法。周总理对非洲朋友的这种真挚热忱和认真负责做非方工作的精神深深地感动了大家。我当时参与接待工作，被安排在简报组，除了与同事一起参与撰写接待简报，还整理我国领导人同主要外宾的谈话记录，这是向周总理学习搞外交的一次很好的机会。

"乒乓外交"轶事

江承宗

（前驻巴巴多斯、安提瓜和巴布达大使）

1971年4月上旬，在日本名古屋樱花盛开的季节，发生了世界闻名的"乒乓外交"事件，我有幸参与其中，许多轶事令人终生难忘。

1971年3月下旬至4月上旬，国际乒乓球联合会在日本名古屋举办第31届世界乒乓球锦标赛，世乒赛东道主日本乒乓球协会向中国乒协发出了邀请。当时周恩来总理试图恢复国内部分生产和各部门的工作，同时中国也开始参与国际体育活动，因此决定派乒乓球代表团参加这届世乒赛。代表团由国家体育运动委员会（简称"体委"）两部分人员组成，一部分是男女乒乓球运动员，另一部分是代表团领导成员和工作人员，包括日文翻译和英文翻译。当时体委缺少日文翻译和英文翻译。因此，体委向外交部借调了几位懂日文和英文的同志去协助工作，我与亚洲司两位懂日文的同志一起被借调到体委，派给我的任务主要是协助参与国际会议的工作。

中国代表团赴日本参加世乒赛筹备工作在周恩来总理亲自过问下进行，周总理多次在人民大会堂召集体委负责人和代表团全体同志开会，听取汇报并作指示。他常说，一切要从群众中来，到群众中去，所以讨论工作常常把有关群众找来一起研讨。有一次，体委负责人汇报说日本右翼团体上街游行，反对邀请中国乒乓球代表团去日本，甚至还发生暴力行为。周总理当时就询问大家怕不怕，乒乓球运动员代表回答不怕。周总理就说，先不忙作结论，大家回去后讨论讨论再定。在体委讨论会上，大家纷纷表示：参加世乒赛是为国家争荣誉，不能因为日本少数右翼分子的挑衅就退缩。周总理对大家的革命精神予以肯定，但同时要求做更细致的筹备。他指示，鉴于20世纪50年代亚非会议期间"克什米尔公主号"民航飞机被敌特安放炸药炸毁的教训，中国代表团从香港转飞机赴日本时要作特殊安排。当时北京与日本没有直达航线，都要经香港转机，于是代表团一分为二，把团长、副团长、男女乒乓球运动员和工作人员分为两个代表团，从香港分乘两架不同的民航班机飞往日本，这样即使一个团出事不能去日本，另一个照样可以参赛。我被分在第二个代表团，乘坐加拿大太平洋航空公司的班机，比第一个代表团晚约一个小时起飞。

加航班机从香港机场起飞后，加航乘务员说，机长得知机上有中国大陆代表团，当飞经台湾上空时，他将特意降低飞行高度，让代表团成员一睹台湾岛的风光。我们听后都非常高兴，过了一会飞机果然渐渐降低了高度。我从舷窗看出去，能够清楚地看到郁郁葱葱的树木、绿色的稻田、铁路轨道等，一股莫名的惆怅情绪在心中升起……

中国乒乓球代表团在世乒赛所在地名古屋包租了一座小旅馆，旅馆为运动员准备了可口的中餐饭菜，这对运动员打出好成绩是有作用的。在这届世乒赛上，中国男运动员庄则栋、徐寅生、李富荣、梁戈亮等和女运动员林惠卿、郑敏之、张莉等取得了好几个冠亚军，在国际上令人耳目一新。比赛期间，有一天美国乒乓球运动员格伦·科恩上错了车，未上美国运动员乘坐的车，而上了中国运动员乘坐的大轿车。中国运动员见到一个美国运动员来了，都有些拘谨，迟疑着不敢同他说话。庄则栋大着胆子上前同科恩打招呼，互致问候，最后还交换了纪念品。这一中美运动员邂逅的情节被新闻记者用浓重笔墨报道到全世界，北京立即注意到了。当时毛泽东、周恩来等中国领导人正在考虑如何打开冰冻了20年之久的中美关系，因为美国总统尼克松对华作出了新姿态，比如在讲话中第一次使用"中华人民共和国"这个名称来称呼新中国。尼克松总统是美国有名的右派，历来用"共产党中国"或"赤色中国"来称呼新中国。中国领导层几经考虑，最后毛泽东主席拍板决策，决定抓住中美两国运动员在名古屋交往的契机，打开中美关系的第一步。于是国家体委打电话到名古屋，通知中国乒乓球代表团立即向美国乒乓球代表团发出邀请，邀请他们世乒赛结束后到中国作一次友好访问。接到通知后，代表团领导马上约见美国代表团团长格雷厄姆·斯廷霍文先生，向他发出邀请。该团长非常高兴，说此事要报告美国国务院来定，同时说明世乒赛4月7日刚刚结束，4月8日一些成员进行分散活动，他将设法召集他们。中午时分，斯廷霍文团长回复我们，该团愉快地接受访华邀请。美方的决定当然不是美国国务院做的，而是白宫做的。看来中美两国领导人希望恢复中美关系的心灵已经相通。此消息一经报道，全世界为之轰动，记者们在报道中使用了载入史册的名词"乒乓外交"。为了不太突出美国，中方还邀请了加拿大、哥伦比亚、英格兰、尼日利亚等四国乒乓球代表团同时访华。

4月8日下午，北京来电要我立即赶回，参加美国等国乒乓球代表团访华的接待工作。出面接待四国代表团的是体委干部，但后台指挥的是外交部的黄华和章文晋同志。我的任务是接待采访的外国记者，其中两位是新中国成立后首次来华的美国记者，还有一位加拿大记者，他们在第二次世界大战时在中国进行过采访，并认识当时中国共产党驻渝代表周恩来。整个乒乓球比赛进行得比较顺利，记者们对乒赛只作些简单的报道，主要是到处考察新中国建设情况，并作了不少正面报道。

美国乒乓球代表团访华活动的高潮是周总理会见代表团成员。为了安排好会见，我们费了不少脑子。首先是考虑五国代表团同时见，还是一个个分别见，后来确定为同时见。在座位安排上大家讨论再三，定不下来。最后周总理出了个主意，把五个代表团按字母次序排成一个大圆圈，周总理按字母次序走到代表团跟前同成员握手照相、谈话，不给人以居高临下之感。当周恩来总理走进人民大会堂时，一众中外记者拥在门口。他一眼看到美国和加拿大记者，停住脚步，同他们握手寒暄后，才走进大厅。周总理先后与加拿大、哥伦比亚、英格兰、尼日利亚等国代表团作了亲切交谈，最后来到美国代表团跟前。周总理与斯廷霍文团长友好交谈结束后人们都以为会见到此结束。不料，周总理向美国代表团成员问道：你们有什么问题吗？可以提问。只见一位名叫格伦·科恩的美国男运动员（即同庄则栋交谈的人），一身"嬉皮士"打扮（当时美国部分青年中流行"嬉皮士"打扮，他们不修边幅，蓄着长发，玩世不恭，行为随意，甚至有些超常和怪异，中国对此一般持否定和批判的态度），举起手问道："请问总理先生对'嬉皮士'有何看法?"当时在场的人都没有料到是这样尴尬的问题，面露惊讶之色。周总理没有立即回答，而是略一思索后答道，青年人是社会上最活跃和最具敏感性的成分，他们始终在寻求真理，勇于做试验，经过试验，他们自己就会得出结论。英语翻译刚把周总理的话译完，会场响起了一阵掌声。周总理的回答真妙啊！既肯定并鼓励了青年人的积极性，又引导青年人做思考，从实践中得出正确的结论。后来，"嬉皮士"运动在美国自行销声匿迹了。周总理同科恩的对话被报道后，远在美国的科恩妈妈很受感动，想对周总理作点友好的表示。当时中美之间没有直接的接触，她只好托在香港的朋友买了一束鲜花，寄到北京送给周恩来总理表示她的谢意。由于当时中国的历史处境，这段佳话在国内新闻媒体上被略去不作报道。

中美两国领导人以"乒乓外交"为契机，开始建立正式的官方联系渠道。先是秘密磋商尼克松总统访华事宜，到1971年第四季度才由总统国家安全事务助理基辛格宣布，尼克松总统应中国政府的邀请，将于1972年2月21日至28日访华，进行震惊世界的"破冰之旅"。

中巴关系是中国外交理念、
政策和实践的光辉范例

陆树林

（前驻特立尼达和多巴哥、巴基斯坦大使）

我长期从事有关中国与巴基斯坦的关系的工作，中巴关系中的许多大事也是我亲历的，下面我就自己的亲历谈谈，中巴关系的发展变化为何是新中国70多年外交的光辉范例。

一、中巴两国社会制度不同，但一贯坦诚相待，
逐步形成高度互信的关系

巴基斯坦于1950年4月1日宣布承认新中国，并于1951年5月21日同中国正式建交，是同中国最早建交的国家之一，更是最早同中国建交的伊斯兰教国家。

20世纪50年代初，美国在全球范围内拼凑各种反共的军事组织，巴基斯坦在美大力拉拢下，1954年加入东南亚条约组织，又于次年加入巴格达条约组织。但巴方一开始就向中方说明，巴这样做绝对没有敌视中国的意图。中国对当时巴同西方结盟没有作出过激的反应，而是考虑巴作为一个新生的国家，而且一独立就与邻国发生领土争端并打了一仗的特殊处境，采取了克制的态度，坦诚地做巴方的工作，后来根据巴方的实际表现，还对巴方的解释表示理解和信任。

1955年万隆会议期间，周恩来总理同巴基斯坦总理穆·阿里进行了2次会晤，这是两国领导人之间的首次接触。周总理开诚布公的谈话，以及他在会议期间表现的博大胸怀和求同存异、以理服人的态度获得了巴总理的好感，双方一致认为应加强两国的交流与合作。两国总理的会晤增进了相互了解，促成了1956年两国总理互访。两国总理互访时均受到对方热烈隆重的接待。巴总理苏拉瓦底访华时，毛主席会见并宴请了他，周总理同他进行了4次会谈。毛主席、周总理还以亲笔签名的肖像相赠。2000年我在卡拉奇拜访苏拉瓦底的外孙女时，在她的客厅里就看到毛主席、周总理亲笔签名的大幅织锦肖像。苏拉瓦底的外孙女还告诉我，他外祖父访华成功使他十分高兴和兴奋，连声说，这次访问中国是做对了。

20世纪60年代以后，中巴关系升温。两国通过谈判，于1963年3月，签订了《关于中国新疆和由巴基斯坦实际控制其防务的各个地区相接壤的边界的协定》。这是国际上本着互谅互让精神，通过友好协商解决历史遗留问题的一个范例。

中巴签订边界协定后，两国边民和边防人员和睦相处，友好往来。特别是两国克服千难万苦，合作建成被称为"中巴友谊之路"的喀喇昆仑公路之后，两国陆路交往不断增多，边境贸易不断扩大，两国关系进一步加强。

1999年在我出任驻巴基斯坦大使9个月后巴内部军政矛盾激化，导致政局剧变，陆军参谋长穆沙拉夫出任首席执行官。不久穆主动约见我通报情况，我根据国内指示，说明我国不干涉别国内政，尊重各国人民自己的选择，希望中巴友好合作关系继续不断得到发展。穆沙拉夫对我的表态十分满意，表示在执政后将进一步推进中巴友谊向前发展。穆信守诺言，在他执政的9年时间里，5次访华，巴总理3次访华，邀请我国胡锦涛主席、温家宝总理访巴，两国签署了《睦邻友好合作条约》等一系列双边关系重要文件，两国关系上升到战略合作伙伴的高度。

20世纪80年代以后中国改善和发展同印度的关系，对此巴方起初有所疑虑，担心中印关系的发展将对中巴关系产生负面影响，对此我们对巴方做了耐心细致的工作，说明在新形势下中印改善关系的必要性和好处，表示中印关系改善和发展决不以牺牲中巴关系为代价，中方的工作和以后的事实逐步打消了巴方的疑虑。

中巴建交70多年来，相互坦诚相待，从不干涉内政，形成了高度互信。在巴基斯坦我常听到这样的话，巴内部存在很多矛盾和分歧，但在同中国友好这一点上，全国上下、各党各派都是高度一致的。巴基斯坦历届政府都一再重申，同中国友好是巴外交政策的基石。中国也一再表明，同巴基斯坦友好是中国的既定政策。正因如此，70多年来，无论国际风云如何变幻，也不管两国国内情况如何变化，两国关系始终向前、向上，没有经历什么大的曲折、反复，这是与我国同其他多个国家关系不同的一个显著特点。

二、在国家建设事业中
中巴两国一贯相互支持，坦诚合作

建交以来，两国双边关系不断拓宽、拓深，现已成为全方位、多层次的全面合作关系。

20世纪50年代，两国在贸易上互通有无，巴基斯坦向我国提供我们所需要的棉花、黄麻，我国则提供巴所需要的煤炭等。

中国在20世纪60年代以后，在自己并不富裕的情况下，为帮助巴基斯坦发展经济和巩固国防，通过无偿援助和贷款等形式向巴提供了不少经济和军事援助。我国援巴的一些项目，像塔克西拉重机厂、塔克西拉铸锻件厂、喀喇昆仑公路、伊斯兰堡体育综合设施、木札法戈电站和瓜达尔深水港等，以及一些军工项目，像坦克修理厂、飞机修理厂等，对巴经济和国防建设发挥了重要作用。

20世纪80年代以后两国的经济合作形式趋于多样化，劳务承包、合资企业、双向投资等形式被广泛采用，为两国的经济合作注入了新的活力。两国在军工方面的合作，也由我国提供军事装备和帮助建厂发展到联合投资研发武器，并取得可喜的成功。在这方面，K8教练机、MBT–2000主战坦克、枭龙战机等项目就是范例。

2001年朱镕基总理访问巴基斯坦后，中国应巴方要求，同巴合作建设瓜达尔港，2013年以后通过李克强总理和谢里夫总理互访，两国商定建设中巴经济走廊，特别是2015年习近平主席访巴，两国商定了"1+4"（即中巴经济走廊加瓜达尔港、能源、基础设施、工业园区四个方面）的建设规划，以及建设两国命运共同体，把两国关系提升到"全天候战略合作伙伴关系"的高度。中巴经济走廊为提升巴经济发展能力，特别为克服电力严重短缺的瓶颈，发挥了重要作用。

中国对巴的援助体现了帮助巴基斯坦自力更生的良好愿望和合作共赢的理念，符合我国"睦邻、安邻、富邻"的周边外交政策，受到巴基斯坦各界普遍的高度赞赏。

与此同时，两国政府和人民在遇到大灾大难时相互倾囊相助，如我国在巴基斯坦遭遇2005年大地震时率先派出救援队，巴基斯坦在我国汶川遭遇大地震时迅速派出医疗队驰援灾区，并将全部贮备帐篷派飞机运到中国，充分显示两国人民同甘共苦、休戚与共的精神，在两国人民中广为流传。

三、中巴两国在国际事务中相互支持、密切配合

巴基斯坦一直支持中国关于中华人民共和国政府是代表全体中国人民的唯一合法代表、台湾是中国领土不可分割的一部分的立场，反对"两个中国"。巴在1966—1971年期间一直是支持恢复新中国在联合国合法席位的共同提案国。

对1962年中印之间的边境冲突，巴方认为责任在印方，中方是自卫，

并批评美国等西方国家借机向印度大规模输送武器。

1989年以美国为首的西方国家，以北京政治风波为由，肆意干涉中国内政，对中国进行无理制裁，中断同中国的一切高层往来，巴基斯坦仗义执言，在联合国第一个站出来反对制裁中国，并为打破西方的制裁，专门派参议长萨贾特等率先访华，邀请李鹏总理访巴。

巴基斯坦在日内瓦人权会议上坚决支持中国，对挫败西方历次提出的反华提案发挥了重要作用。记得有一年唐家璇外长曾专门指示我代表他宴请巴外长，以感谢巴方在人权会议上对中国的坚决支持。唐外长以"气势恢宏、雄辩有力"的词语高度评价巴方代表在人权会议期间的发言。

巴基斯坦积极帮助我国打破西方的包围和封锁。1964年4月巴国际航空公司通航上海。当年巴航通航中国对中国具有特殊意义，巴航是第一个通航中国的非社会主义国家的航空公司。当年我在驻卡拉奇总领馆工作，有一段时间几乎天天夜间要陪馆长去机场迎送过往的团组。因为当年中苏关系恶化，我们经莫斯科往来的航班也遇到困难，巴航和卡拉奇成了中国通向外部世界的主要空中通道。

巴基斯坦积极帮助中国拓展对外关系。巴在中美领导人之间秘密传话，巧妙地安排基辛格秘密访华已成现代国际关系史中的佳话。作为第一个同中国建交的伊斯兰国家，巴基斯坦不仅在中美之间，也在中国和不少伊斯兰国家之间牵线搭桥。其中在中国同伊朗之间的事是我一度亲历的。

巴基斯坦前外长，后来成为总统和总理的佐·阿·布托同伊朗王室关系密切。他在一次访问伊朗时获悉伊方有同中国发展关系的意愿，就主动承担起在中伊间传话的使命。当时他住在卡拉奇，就找到我国驻卡拉奇总领馆商谈此事。我总领馆请示国内后同意他传话。为此我曾陪同馆长多次去他在卡拉奇的住宅。伊朗国王的孪生妹妹阿什拉芙公主和另一位妹妹法蒂玛公主1971年先后访华就是通过布托的居中联系成行的。伊朗两位公主访华对中伊建交起到了重要的推动作用。后来中伊正式进行建交谈判，也是在巴政府的斡旋下，在伊斯兰堡进行的。

在中国加入世界贸易组织等多个国际组织和参与国际活动的问题上，巴基斯坦也给了我们积极支持。

当然在国际事务中中国也给巴方以有力的支持。1965年9月，由于克什米尔争端，印巴之间爆发第二次战争。印度越过国际边界向拉合尔等地发动大规模进攻，使巴遭到巨大的压力。中国在道义上明确支持巴基斯坦，谴责印度的扩张行径。

1971年11月，印度借口支持东巴人民实现民族自决，悍然对东巴发动进攻，第三次印巴战争爆发。在这个问题上中国坚决站在巴基斯坦的一边，谴责印无端侵略一个主权国家。我驻联合国代表黄华在安理会紧急会议上指出，"东巴问题纯属巴基斯坦内政，任何人无权干涉。印度政府以东巴问题为借口，武装侵略巴基斯坦，这是不能容忍的"。

中国支持巴基斯坦捍卫独立主权和领土完整，极大地赢得了巴的人心。两次印巴战争期间我均在巴基斯坦，感到那时巴基斯坦人民对中国人特别热情友好。我至今不忘，第三次印巴战争时许多巴基斯坦人民到我总领馆前来感谢我国的支持，我因懂乌尔都语，常被派去接待他们，他们一边流泪，一边高呼"中巴友谊万岁"的口号，有时还把我高高举起，表示感谢。

2001年"9·11"事件后，巴基斯坦再次成为国际风口浪尖上的国家，内外受压。穆沙拉夫总统审时度势，改变对阿富汗塔利班政权的政策，参加反恐。我国理解巴的处境，支持巴采取符合国家最高利益的政策。中巴在反对"三股势力"方面开展有效的合作，并曾多次进行联合军事演习。

中巴两国在国际舞台上相互支持和密切配合，进一步加强了两国友谊与合作。

四、中巴两国高层频繁互访，像走亲戚一样

20世纪60年代以后，随着中巴关系的迅速升温，两国领导人互访迅速

增加。两国主要领导人大都进行过互访，或多次互访。在巴方，新的领导人就任以后总把中国定为最早或尽早出访的国家，这已成为传统，保持至今。两国间的频繁往来，特别是领导人之间频繁互访大大地推动两国关系向前发展。

这里我要特别提到的是，周总理生前曾4次访问巴基斯坦，多次接待过巴基斯坦领导人和各种团组，为中巴友谊作出了突出的贡献，赢得巴基斯坦人民的真诚的热爱和尊重。周总理逝世，一些巴基斯坦朋友就像我们一样悲痛。布托总理立即发表声明，表示最沉痛的哀悼。我还记得公布周总理逝世消息的那天，巴驻华大使阿尔维从广播中一听到消息，就在早晨8点赶到外交部，哭泣表示哀悼。巴基斯坦人民如此热爱周总理，为了纪念他，巴政府在前外长夏希等友好人士的推动下，把伊斯兰堡通向使馆区的主道命名为"周恩来大道"。这是巴首都以外国领导人命名的唯一的一条道路，是中国领导人在巴基斯坦享有的殊荣。

中巴关系经过70多年的风雨历程，从一般关系发展成今天的"铁哥们"关系是中国外交理念、政策和伟大实践的光辉范例。

得道多助　失道寡助

——回顾中国应对金边政变的重大战略举措

穆 文

（前驻摩洛哥、突尼斯兼驻巴勒斯坦大使）

1970年3月18日，柬埔寨首都金边发生政变。时任政府首相兼武装部队司令朗诺及其副手施立玛达，在动用坦克包围国民议会的情况下，迫使议员通过决议，废黜诺罗敦·西哈努克国王，扶持了傀儡郑兴作为国家元首。

这是震惊世界的重大事件。当时，尼克松入主白宫不久，迫于国内的反战压力和越战的胶着状态，急于争取早日从越南战争泥潭中脱身。为此，美军在封锁老挝与南越边境的同时，力图控制毗邻的柬埔寨，切断穿越老、柬通向越南南方的"胡志明小道"，断绝经由这条通道运往越南南方的人员和军用物资，掐断南方民族解放阵线的补给。

政变是在美国的一手策划与支持下进行的。是年年初，西哈努克携夫人莫尼克前往法国疗养，随后计划访问苏联和中国。3月16—17日，朗诺命令陆军和卫队逮捕了西哈努克的数十位亲信，封锁了金边机场。政变得手后，他便立即改变西哈努克奉行的中立政策，同意美军出动B-52机群，对穿越柬东部的"胡志明小道"实行"地毯式"轰炸，美国的军事顾问也随即被安插进金边政府军中。4月30日，美国宣布其在中南半岛的军队进入柬境内作战，攻击驻扎在那里的越南人民军主力，侵越战火从此燃遍整个中南半岛。

如何应对金边政变？如何对待被推翻的西哈努克？如何应对印度支那的局势，使其朝着有利于印支三国人民的方向发展？这是国际政治面临的一个重大问题。

西哈努克是3月19日离开莫斯科抵达北京的。苏联政府总理柯西金在送他去机场的路上询问他今后怎么办。西哈努克回答说，他要进行斗争。柯西金表示，西哈努克可以绝对信任苏联的支持，还不无调侃地对他说：你在台上时，中国帮助你，现在你不再掌权了，你将会看到他们怎么对待你。西哈努克对此的回答是，他相信会得到老朋友周恩来的支持。

西哈努克一行于3月19日午前抵达北京首都国际机场。我作为接待班子成员，参与了从机场欢迎开始的接待活动，并在接待办公室工作了一年多时间。我对亲王一行抵京后的情况和中国应对金边政变的一系列重大举措印象至深。

记得那天凌晨，主管亚洲事务的韩念龙副外长在钓鱼台5号楼主持了接待西哈努克一行的会议。他传达了中央的方针政策，指出金边政变有美国背景，是中央情报局策划并支持的。我们不承认政变当局，仍然支持西哈努克，仍按国家元首的规格接待，西哈努克下榻的5号楼前升柬埔寨国旗，周恩来总理和中国政府各方面负责人将去机场迎接，照样通知驻华使节和新闻记者，不安排群众欢迎。

3月19日，北京天气晴朗。置身首都机场，仍不免感到有些寒意袭人。参加欢迎的中外人士按礼宾顺序，沿机坪铺设的红地毯一字排列。西哈努克的座机徐徐降落后，外交部礼宾司司长韩叙首先登上舷梯恭迎。西哈努克一出现在机舱门口，便摘下礼帽，双手合十，频频颔首，向迎候他的周恩来总理示意，并迅疾走下舷梯。周恩来上前紧紧与他拥抱，用他那一贯清脆的声音说：您仍然是国家元首，是柬埔寨唯一的国家元首，我们决不承认别人。西哈努克听后热泪盈眶，连连双手合十，表示感谢。据西哈努克在文章中回忆，周恩来在进城的路上告知，他日前与毛泽东主席讨论了金边政变后的局势，认为今后事态如何发展，关键要看亲王的态度。西哈努克当即表示，他准备进行斗争，并且要斗争到底。周恩来则明确告诉他，中国将全力支持他，但思想上要有充分的准备，这条道路将会是漫长而艰苦的。

对于金边政变，中国领导人从一开始就洞悉其奸，旗帜鲜明地为西哈努克所代表的柬爱国力量伸张正义，坚决反对美国操纵的朗诺反动势力。这同言不由衷的苏联领导人和心怀叵测的某些西方势力形成鲜明对比。柯西金要西哈努克绝对相信会得到苏联的支持，但说完就没有了下文。西哈努克入住钓鱼台后的一段时间，某些西方国家的驻华使节如同热锅上的蚂蚁，三番五次地求见他，希望说服亲王去他们那里"休息度假"，实际是要他从此隐居起来。

金边政变不是孤立事件。美国借朗诺之手，赶走西哈努克，目的是扩大针对越南民族解放斗争的阵地，进一步削弱越方实力，以图扭转对美不利的战局。尼克松上台时，美国的对越战争已进行了10余个年头。他看到西欧、日本崛起的现实，以及美国在两霸争夺中面临的挑战，力图作出战略调整。中国领导人高瞻远瞩，顺势而为，通过支持西哈努克，使越、柬人民的抗美救国斗争发展为印支地区的共同斗争，对美国侵略者形成更有力的钳制。

事态的发展证明，中国坚定支持西哈努克的果断举措产生了积极而深远的影响。

抵达北京的第二天，1970年3月20日，西哈努克便宣布成立了以他为首的柬埔寨民族统一阵线，发表了告高棉同胞书，并立即展开与柬驻外使节和各方爱国人士的联络。

在中方的积极推动和大力协助下，4月24—25日，柬埔寨、老挝、越南人民共和国和越南南方民族解放阵线领导人齐聚广州，举行"三国四方会议"，发表了关于印支局势和三国人民反对共同敌人美帝国主义及其走狗的联合声明。

5月5日，柬埔寨民族团结政府在北京宣告成立，中国政府第一个宣布承认并正式断绝与朗诺集团的一切外交关系。

5月20日，毛泽东主席发表《全世界人民团结起来，打败美国侵略者及其一切走狗》的声明。与此同时，中国政府授权新华社发表声明，取消原定于5月20日举行的第137次中美华沙会谈。

5月21日，毛泽东又在人民大会堂长时间会见西哈努克，并一同登上天安门城楼，参加首都50万人支持世界人民反对美帝国主义斗争的大会。

周恩来和邓颖超曾多次来住地看望西哈努克夫妇，并经常打电话给接待办公室负责人，交代有关接待事宜。周恩来平等待人，又细致入微，令西哈努克夫妇及其随从颇为感动。亲王在开展斗争的一些举措上，也乐于征询周总理的意见。周总理也会坦诚相告，供其参考。

由于中国的坚定支持和真诚帮助，西哈努克很快振作起来，以饱满的热情投入反对朗诺集团的斗争。他夜以继日地工作，频繁会见记者和各方人士，揭露美国干涉行为和朗诺集团的卖国行径。他用英文和法文撰写文电，宣示民族解放阵线的政策主张。他用柬文撰写的一份份告高棉同胞书，成为揭露朗诺集团和外部干涉势力的战斗檄文，给予柬人民及其武装力量以极大的鼓舞。出于斗争的需要，每当重要文稿起草后，西哈努克总要征求周恩来总理的意见，周总理也乐于开诚布公地提出自己的建议。我参与了西哈努克重要声明和大量告同胞书的翻译工作，也见证了他与周恩来的频繁往来和文字沟通，对两位领导人之间的相互敬重与信任留下深刻印象。

在西哈努克的感召下，柬驻外使节纷纷表态，支持他领导的民族团结政府，与政变集团划清界限。侨居海外的柬著名人士，踊跃投奔于他的麾下。柬民族解放阵线受到国内各阶层的广泛拥护。反对朗诺集团的武装斗争展现崭新的局面。国际上，宣布承认柬民族团结政府的国家越来越多，朗诺集团的处境陷于孤立。

事态的发展证明，印支三国共同进行的抗美救国斗争，给予美国侵略者日益沉重的打击，迫使其改弦易辙，转向通过谈判寻求解脱的出路。后来，经过巴黎谈判，美国政府代表于1973年1月27日在《关于结束越南战争，恢复和平的协定》上签字，随后美国军队从印支三国全部撤出。历经四任美国总统，耗资2500亿美元，付出数万名士兵生命的越南战争，终于以美国的失败而宣告结束。1975年4月17日，朗诺政权被柬国内武装力量彻底打败，金边获得解放，西哈努克得以重返自己的祖国。

回顾中国应对金边政变的一系列重大外交举措，检视此后柬埔寨和印支三国抗美斗争出现的崭新局面，回眸美国越南战争的最终失败和印支人民的伟大胜利，重温毛泽东、周恩来针对这一事件的精辟论断和处置方略，联系1972年的尼克松访问中国，以及随之而来的中美关系的正常化，20世纪70年代围绕金边政变展开的那场斗争，可谓一部宏大的多幕戏剧，既是那样的声势浩大，又是那么的精彩纷呈，至今回忆起来仍活生生地展现在我的眼前。

毛泽东在"5·20声明"中指出：大量事实证明，"得道多助，失道寡助。弱国能够打败强国，小国能够打败大国。小国人民只要敢于拿起武器，掌握自己国家的命运，就一定能战胜大国的侵略，这是一条历史的规律"。

纵览二战以来的国际风云，无论席卷亚非拉的民族解放运动，还是一场场大大小小的局部战争，乃至苏联解体后，在一超独霸局面下，出现的公然违反联合国宪章宗旨和国际关系基本准则，屡屡发动的武装入侵和经济霸凌与制裁，以及肆意妄为，动辄毁约退群，挑起贸易争端，施行所谓"长臂管辖"……凡此种种恶行，不是搬起石头砸了自己的脚，就是屡屡遭受严重的挫折。即使加害者一方暂时得逞，最终也不免弄得自己声名狼藉，十分孤立，逃不脱正义的拷问和良知的谴责。

"天若有情天亦老，人间正道是沧桑。"回顾50年前的金边政变和中国政府的应对之策，更感毛泽东、周恩来等老一代领导人的英明伟大，更感中国独立自主和平外交路线的立意深远和光荣正确。堪称中国外交经典之作的"5·20声明"，每每重温起来，还是显得那样大气磅礴，义正词严，始终闪耀着毛泽东思想真理的光芒。

谨以此文，献给中国共产党建党百年华诞。

挫败"台独"势力打入
世界卫生组织企图的第一仗

佟宪国

（前驻世界贸易组织代表团参赞）

在中国共产党的领导下，中国人民用了28年时间，先后打败旧军阀、日本帝国主义，以及蒋介石800万国民党军队，在华夏大地上建成社会主义的新中国。之后，占世界人口总数五分之一的中华儿女又在党的领导下，用了70多年时间将新中国建设成为经济总量居世界第二，人均收入达到小康水平的繁荣昌盛的国家。我辈生得晚，没有赶上与帝国主义反动派打武仗的战争年代。但在与它们打文仗的和平年代，我辈人经受住了无硝烟战争的考验，同样胜利地完成了捍卫国家主权，维护领土完整的任务。值此建党百年的重要时刻，我想把我亲身参与的挫败"台独"势力挤入世界卫生组织企图的第一仗记述如下，以志纪念。

一、"台独"势力妄图打开世卫组织缺口

2003年的"非典"和2020年冬春暴发的新冠疫情，让世界卫生组织（World Health Organization，WHO）名扬世界，在中国几乎家喻户晓。但可能很少有人知道，世界卫生组织是联合国的一个专门机构，只有成为联合国会员的主权国家才有资格参加世界卫生组织这样一个由主权国家组成的政府间国际组织。

中国是联合国创始成员，自1945年联合国成立，中国就参加了联合国。世界卫生组织是依据1945年在美国旧金山举行的联合国国际组织会议决议于1946年成立的负责全球卫生事务的国际组织，因此从世界卫生组织诞生之日起，中国就成为世界卫生组织的创始成员。新中国成立后，因美国等西方国家的大力扶植，被赶到台湾岛上的蒋介石国民党政权依然窃据中国在联合国和世界卫生组织中的合法席位不放手。这种状况一直持续到1971年。

1971年，联合国通过第2758号决议，"恢复中华人民共和国的一切权利，承认她的政府代表为中国在联合国组织的唯一合法代表并立即把蒋介石的代表从它在联合国组织及其所属一切机构中所非法占据的席位上驱逐出去"。1972年，世界卫生组织召开一年一度的世界卫生大会（World Health Assembly，WHA），通过WHA25.1号决议，恢复中华人民共和国政府在其组织内的合法席位，驱逐台湾蒋介石政权的代表。

事情到此本已结束。但台湾当局并不死心，依旧遵循着捣乱—失败—再捣乱—再失败—直至灭亡的逻辑，像他们叫嚣"反攻大陆"一样，一次又一次地企图"重返联合国"。但随着中国国力的不断增强，国际地位的不断提高，台湾当局及其背后支持它的国际力量也越来越意识到"台湾重返联合国"的希望已经变得越来越渺茫。从1993年起，台湾当局在每届联大召开会议时，都要唆使其所谓的"邦交国"在联大上提交提案，要求将所谓的"台湾在联合国的代表权"问题和"维护台海和平"问题列入联大议程。截至2008年，联大总务委员会已经连续16年拒绝将台湾问题列入联大议程。这说明联合国及广大会员国坚持世界上只有一个中国，台湾作为中国的一部分，根本没有资格以任何名义、任何方式参加由主权国家组成的联合国。

台湾当局及其背后的国际力量大概也意识到，要加入联合国这样的政治性质鲜明的政府间国际组织很难做到，于是自1997年起开始向一些专业性很强，政治色彩似乎不那么浓厚的国际组织如世界卫生组织、国际劳工组织、国际电信联盟、万国邮联等联合国专门机构发动攻势，企图从这些国际组织身上找到突破口。

二、利用我优势挫败台企图

我于1996年10月被外交部派遣至中国常驻联合国日内瓦办事处及瑞士其他国际组织代表团担任一等秘书，具体负责中国与联合国专门机构的联络工作。日内瓦和总部设在日内瓦的国际组织对于我来说并不陌生。因为我在1985年10月至1987年7月曾在日内瓦高等国际问题研究院攻读经济学硕士学位。我可以利用高等国际问题研究院、日内瓦大学、联合国日内瓦办事处等机构的图书馆查找资料，进行论文写作。

但时过不久我便能感受到压力在一点点地增大，犹如阴霾天气里乌云在一点点变厚一样。

我们代表团得到消息，台湾当局已经开始行动，正在动员它在中美洲和非洲的几个所谓"邦交国"洪都拉斯、尼加拉瓜、伯利兹、冈比亚、塞内加尔①向定于1997年5月举行的世界卫生大会发难，提交所谓"邀请台湾以观察员身份参加WHA的提案"。为世界卫生大会提供会议场所的联合国日内瓦办事处即万国宫方面也向我团提供信息，台湾"外交部"和"卫生署"已经组织了两个百人以上的游说团，将以旅游者的名义前来日内瓦。一个游说团为摇旗呐喊团，负责在万国宫外的万国宫广场及附近搞示威活动，控诉大陆"打压"台湾，置台湾2300万人口的健康卫生问题于不顾，"阻挠"台湾参加世界卫生组织活动。另一个游说团为旁听团，已经申请以参观游客的身份进入万国宫世界卫生大会会场，旁听世界卫生大会会议

---

① 2023年3月26日，洪都拉斯同中华人民共和国建立大使级外交关系；2021年12月10日，尼加拉瓜同中华人民共和国互相承认并恢复大使级外交关系；2016年3月17日，冈比亚同中华人民共和国恢复大使级外交关系；2005年10月25日，塞内加尔同中华人民共和国互恢复大使级外交关系。——编者注

辩论，并伺机在会场上打出横幅或标语，为台湾参加世界卫生大会造势，或者在不如意时，用流氓手段搅乱会场。

台湾当局这一套煞费苦心的伎俩还是有一定迷惑性的。他们采用"哀兵"策略，装出只有他们才关心台湾2300万居民死活问题的样子，试图从道义上绑架那些反对台湾参加世界卫生大会的国家，让它们背负置台湾人民死活于不顾的恶名。

我们在就此问题做美国等世界卫生组织主要成员工作的时候，发现它们的立场和说辞与台湾当局十分接近。我们怀疑在背后给台湾当局出谋划策的正是它们。美国常驻联合国日内瓦办事处代表团的参赞就曾明白无误地告诉我们，美国政府支持台湾当局参加一些非政治性的国际组织。台湾当局参加这些国际组织的国际合作，对于台湾人民和世界人民来说都是有益无害的。

我们反驳说，台湾当局谋求参加世界卫生大会的动机不是参与国际合作，不是关心2300万台湾居民的福祉和健康，更不是与国际组织分享专业信息，而是企图取得"主权国家"地位，造成事实上的"两个中国"或者"一中一台"。否则，他们为什么不能像中国香港那样，接受中华人民共和国政府提出的"一国两制"政策，或者至少接受"中国台湾省"的称谓？如像香港那样和平地回归祖国，不经历大的政治经济和社会制度震荡不是更有利于台湾2300万人民的福祉吗？台湾李登辉政权谋求参加世界卫生大会的动机，与其"重返联合国"的用心是一脉相承的。因此，中国坚决反对洪都拉斯等国的提案。美国作为与中国有外交关系的国家，必须坚持一中原则，不能出尔反尔。

美国参赞说，美国国内有指示，他也没有办法。我们也针锋相对地告诉美国参赞，那我们就在世界卫生大会上见胜负，看一看WHA25.1号决议是否可以撼动。

三、一中原则难以撼动

按照 WHA 会议程序，在召开全体会议之前，WHA 总务委员会要先召开会议，决定 WHA 全体会议议程。世界卫生组织台湾问题第一仗的序幕就是在总务委员会上拉开的。由 WHO 秘书处提交讨论的 WHA 会议议程都是常规议程，很快便被通过了。这时，冈比亚代表要求发言，提出了由 WHO 总干事邀请台湾以观察员身份参加 WHA 会议的补充议题。台湾的一些"邦交国"纷纷举牌子要求发言，附议冈比亚代表的提案。中国以及"观点相同"国家的代表也纷纷举牌子要求发言，反对违背 WHA 25.1 号决议之规定，反对将台湾参加 WHA 事作为补充议题纳入 WHA 全会议程。总务委员会会议由上午一直拖到中午，WHA 议程迟迟定不下来。全会代表们一直在万国宫大会堂内等待。这时美国代表出头为台湾说话了。他认为从程序上就不让把台湾参加 WHA 事列入议程，很不合理，也不民主。至少应当让 WHO 全体成员讨论一下这个问题，再由它们决定是否接纳台湾参加 WHA，这样也是对各 WHO 成员行使表决权的尊重。许多西方发达国家表示赞同美国代表的意见。

随后大会主席裁决拒绝将涉台提案列入议程。

WHA 全会开始了。总务委员会上的一幕又重演了一遍。由台湾提供口径的几个所谓"邦交国"照本宣科，把发言稿又重念了一遍，算是对旁听席上的台湾游说团作出了交代。支持中国意见的成员远比参加总务委员会会议的成员数目多得多。他们火力全开，很快就占了上风。最后，会议决定以投票表决方式作出裁决。

唱票开始了。当时 WHO 共有成员 192 个，赞成中国意见的成员有 128 个，美国等西方发达国家投了弃权票，支持冈比亚和洪都拉斯等国提案的只有区区十几个成员。本次 WHA 大会以压倒多数否定了关于邀请台湾以观察员身份参加 WHA 的提案。坐在旁听席上，见证了本次 WHA 大会表决全过程的台湾游说团，这时再也坐不住了，一个个站起身来灰溜溜地走掉了。事后，我们向万国宫的会场警卫人员询问，为什么台湾游说团那么安静，在投票失利的情况下也没有打开横幅，大吵大闹搅乱会场？会场警卫人员笑着说，"我们在他们进入旁听席之前就向他们打好了招呼，必须遵守联合国规定，不许滋事。如有违反，当即逐出会场，而且永远不允许再进入万国宫"。

挫败"台独"势力挤入WHO企图的第一仗，具有重要意义。它形成了一种在WHO内解决涉台问题的模式，即对立的双方仅在WHA全会上作小规模的辩论，不得占用全会很多时间。以观察员身份接纳台湾参加WHA的问题是否列入会议议程，仍由总务委员会决定，不再诉诸WHA全会表决。据说美国人觉得表决结果太丢人，因而不愿再以投票的方式解决这一棘手问题，同时还想给台湾当局保留一点出气的机会。

台湾当局一而再再而三地遭到WHO拒绝后，曾恼羞成怒地对外界声称，台湾考虑向海牙国际法庭控告WHO，指责其将台湾排除于WHO之外是"违反人权的做法"。但消息一出，即遭到岛内众多人士的攻击，认为如果真的把WHO告上了国际法庭，台湾以后还会有机会再参与WHO事务吗？更有明智的台湾人士认为，台湾当局欲参加WHA的尝试屡屡受挫，无功而返，充分说明台湾不是一个"主权独立的国家"，自然不会得到WHO绝大多数成员国的支持。

中国助力朝韩入联纪实

万经章

（前驻外使馆参赞）

朝韩入联问题由来已久。冷战时期，朝鲜和韩国都曾长期被联合国拒之门外；1991年，朝韩终于双双同时被联合国接纳为正式会员国。这到底是怎么回事？中间有过什么鲜为人知的故事？

这里的确有一个凸显中国作用的传奇故事。

一、朝韩在入联问题上的波折和处境

众所周知，二战后朝鲜半岛被分成了北南两部分，分属于东西方两个对立的阵营。鉴于东北亚时有动荡，复杂敏感的半岛局势一直是联合国审议的焦点之一，半岛北南双方都只能以观察员身份徘徊在联合国大门之外。20世纪50年代以来，韩国曾数次提出入联申请。其后，得益于经济的起飞，韩国在国际上的影响力有所上升，其加入联合国的诉求得到了越来越多国家的同情和支持。与此相反，半岛北方的朝鲜对加入联合国并不热心，一则担心美国否决或得不到足够的支持，二则平壤认为，韩国单方面提出入联申请是为自己寻找一件合法的外衣，入联一旦成功，将可能导致半岛分裂合法化甚至永久化。

在东西方阵营壁垒分明的冷战时期，可想而知，韩国单方面的申请要么胎死腹中，要么被拒之门外，始终未取得实质性进展。20世纪90年代初，随着苏联走向解体，国际政治格局发生重大变化，冷战结构即将结束，客观上为半岛局势缓和和朝韩进入联合国创造了有利的外部条件。

二、冷战结束后中国与朝韩关系的演变

由于历史和地缘政治原因，中国在朝鲜半岛问题上地位独特，在联合国处理与半岛有关的问题上作用日显突出。随着国际形势的发展，各方一致认为，中国的立场和态度已成为联合国解决半岛北南双方入联的关键因素。

与此同时，中国的改革开放和积极务实的外交政策引起世界越来越多的关注，中国的国际影响力与日俱增。迫于形势发展的需要并受现实利益的驱使，自20世纪80年代以来，韩国屡屡向中国示好，积极主动发展对华关系，中韩关系出现了有限度的松动。1986年和1988年，中国数百人的体育代表团分别参加了汉城（现首尔）亚运会和奥运会，受到韩方高度重视。中韩经贸和人员往来发展态势迅猛，双方于1991年初在对方互设贸易办事处。在此期间，韩国曾多次对我国试探，表示希望尽快实现韩中国家关系正常化。

随着时间的推移，中国对朝鲜半岛的政策也适时作出了调整。1989年下半年，朝鲜最高领导人金日成率团访华，中方及时向其通报了中韩逐步改善关系的情况。1991年5月，中国时任总理李鹏访朝，在会谈中向朝鲜总理通报了联合国安理会磋商朝韩入联的最新动态。韩国将于是年再次单方面提出入联申请，联合国安理会将不得不予以审议；鉴于国际形势和中韩关系的发展变化，中国对韩国申请将难以继续持反对立场；考虑到朝鲜对这个问题的关切，中国已推动联合国安理会就北南双方同时入联一事达成默契；现在是朝鲜加入联合国的最佳时机，如果朝方能抓住时机，主动申请入联，中方将与朝方密切配合，在联合国框架内做好相关工作，推动安理会通过决议推荐朝韩同时入联；如果错过当前的有利时机，将来朝鲜

入联问题将会更加困难。朝鲜总理对此未做评论。后金日成会见李鹏总理时表示，朝鲜也希望成为联合国正式会员，朝方愿与中方就此事保持密切接触，并协调立场。朝官方媒体也做了类似报道。

三、联合国接纳新会员的规定和程序

根据《联合国宪章》，联合国向所有国家开放，前提是这个国家热爱和平，接受联合国宪章义务，而且联合国认为该国有能力履行宪章义务。加入联合国的程序既简单又复杂。希望成为联合国会员的国家必须首先向联合国秘书长递交书面申请，郑重声明接受联合国宪章所规定的义务。联合国秘书长在收到入联申请后将立即函告安理会主席，提请安理会予以审议。安理会秘书处有一个专门为接纳新会员而设立的工作委员会，安理会主席在接到秘书长信函后将指示该委员会初审并提出意见上报安理会。由于接纳新会员工作委员会的成员本身就是安理会成员，所以委员会的初审往往只是走过场，有时甚至会省去这个环节。

如果安理会成员国在某国申请入联问题上存在重大分歧和矛盾，在得知安理会不可能就此达成一致的情况下，申请国往往会知难而退，因为它不愿被公开拒于门外，这有损于国家尊严。如果安理会对某国的申请没有异议，或存在歧见但五个安理会常任理事国均不持反对立场，磋商后能达成妥协，安理会这一关就算顺利通过了。在收到安理会的推荐后，联合国大会将把某国的入联申请列为当年联合国大会的优先议程，在联大开幕后首先予以审议，正式投票表决是否接受申请国为会员国。

需要强调的是，安理会推荐才是关键。没有安理会的推荐，入联根本无从谈起，因为联合国宪章没有授权大会直接审议入联申请。有了安理会的推荐，一般情况下大会只需走走形式，通过一个同意接纳某国入联的决议即可。理论上，此类联合国大会决议需要得到三分之二与会会员国的赞成票才能通过，但实践中往往无须票决。大会主席通常会提议用协商一致的方式通过一个简单明了的决议，同意接纳申请国为联合国会员国并立即生效。

四、朝鲜的入联申请和疑虑

在认真研究中国建议并仔细评估国际形势后，朝鲜方面审时度势，于1991年5月27日发表了申请加入联合国的声明。7月8日，朝鲜政府向联合国秘书长正式递交了书面申请。

由于多年的相互敌对，朝鲜对美国严重不信任，对美国的真实意图心存疑虑。朝方私下担心，美国同意朝韩同时入联可能是美国设下的一个圈套，表面上同意半岛北南双方同时入联，一旦中国对韩国申请不再反对，美国在审议朝鲜入联申请时可能节外生枝，导致局势出现不利于朝鲜的变故。

五、国务委员钱其琛赴朝工作之旅

为打消朝鲜的顾虑，让朝韩入联问题得以顺利解决，中央决定委派主管外事的国务委员钱其琛（副总理级）专程赴平壤做工作。

1991年6月17—20日，国务委员钱其琛率团对朝鲜进行访问。中方随行人员有钱的秘书吕新华、外交部亚洲司副司长张庭延以及一名朝文翻译，我作为外交部国际司主管联合国政治事务的参赞也陪同前往。钱为人亲切随和，虽然他对安理会有关朝韩入联问题的磋商情况已了如指掌，但他对细节一丝不苟，要我汇报联合国接纳新会员的具体规定和议事规则、安理会非正式磋商中各方态度和立场，以及五常任理事国特别是中美之间在这个问题上达成的谅解和默契的细节。钱认为，朝方的疑虑和关切是真实的，源于长期以来朝美之间一直严重缺乏互信；但当下的美国在促成朝韩入联方面所表现的灵活性还是可信的，因为这也是最符合美国国家利益的选择。钱认为美国这次不会食言，朝韩同时入联问题一定能顺利解决。钱认真负责的态度、稳健细致的作风和冷静务实的判断都给我留下了深刻印象。

代表团抵达平壤后立即前往平壤百花园国宾馆。百花园位于平壤东郊大同江沿岸，风景秀丽，静谧舒适，是朝鲜接待外国贵宾的国宾馆。百花园占地辽阔，里面花草树木，郁郁葱葱，假山流水，曲径蜿蜒，布局十分讲究。代表团下榻的贵宾楼宽敞明亮，大厅里铺着厚厚的色彩鲜艳的纯毛地毯，柔软舒适，一尘不染。

朝鲜副总理兼外长金永南在国宾馆欢迎钱其琛一行来访，并与钱进行了初步会晤。次日，接朝方通知，朝最高领导人金日成要在妙香山会见钱其琛一行。朝方派来了直升机，把代表团送到了风景如画的妙香山。

妙香山位于朝鲜的西北部，这里群山环抱，风光秀丽，植被茂盛，古迹众多，是半岛北部著名的旅游胜地，自古被誉为朝鲜名山之一。金日成的官邸就坐落在妙香山山麓一处幽静的谷地里。

金日成笑容可掬，在客厅门口迎接钱其琛国务委员。入座后，钱其琛首先转达了中国领导人的问候，金日成对此表示感谢，并欢迎钱一行专程到访。钱继而通报了此行的目的，详细介绍了联合国安理会围绕半岛北南双方入联问题的最新磋商情况，并重点阐述了中国的立场和建议。

金日成非常认真地听完后表示，朝鲜对中国作出的努力表示赞赏。在入联问题上，朝鲜坚持的是一揽子方案，即北南入联同时审议，同时解决，不要分开处理。金担心美国出尔反尔，节外生枝，如进一步提出对朝鲜的核核查问题，等等。不管在任何场合，如美国反对朝鲜主张的一揽子方案，提出单独审议韩国的入联申请，或制造借口导致朝鲜入联申请受阻，请中方坚决反对，否决韩国的入联申请。

金日成的谈话实际上反映出朝鲜不仅对安理会最终审议结果不放心，同时也对大会投票表决感到担心，害怕美国玩花样，在安理会同意推荐韩国入联后拖延或否决朝鲜的申请。联合国大会表决需要三分之二多数，朝担心得不到足够多的支持。实际上，金日成是希望中国确保安理会这一关通过后，到联合国大会这一关也必须一揽子解决，不能发生任何意外。

对金日成的关切，钱重申中国对朝鲜一揽子计划的坚定支持，再次深入分析了安理会有关磋商情况，特别是中美之间以及与安理会其他大国之间就这个问题达成的共识和承诺。钱表示，中方将坚持用一个决议案同时审议南北双方的入联申请，所以不存在审议先后或分开处理的问题。在程序上，中方将积极推动安理会和大会不进行表决，而是用鼓掌一致的方式通过决议，中国有信心说到做到，朝方所担心的局面不会也不可能出现。

金日成对钱的解释和中方承诺表示满意并再次表示感谢，愿与中方密切配合。金日成最后表示，朝鲜绝不想让中国为难，他也相信中国肯定不会让朝鲜失望。

会见后，朝方安排代表团游览了风光绝佳的妙香山和规模宏大的国际友谊展览馆。妙香山绵延起伏，景物奇妙，主景区内仍保留着不少镌刻有汉字楹匾的古建筑，如千年古刹普贤寺、大雄宝殿，万岁楼等。附近的国际友谊展览馆依山掘洞而建，里面陈列着中国领导人给朝方赠送的礼品。看到这些，心中不胜感慨。悠久的历史、传统的文化、似曾相识的古迹、精美绝伦的礼品、绵延不断的友谊……这些不正是中朝关系渊源深厚的见证吗？

六、朝韩同时顺利入联

此后的2个月里，联合国内关于半岛北南双方同时入联一事进展顺利。1991年8月8日，在安理会第3001次会议上，按照中方事先与各方商定的安排，安理会鼓掌一致通过了向大会同时推荐朝鲜和韩国入联的S/Res/702号决议。1个多月后的9月17日，第46届联合国大会在纽约联合国总部开幕。当天，大会接受安理会推荐，同样用协商一致的方式通过了同时接纳朝鲜和韩国为联合国会员国的A/Res/46/1号决议，各方皆大欢喜。

这是冷战结束的标志性事件之一。自联大决议通过之日起，朝鲜和韩国终于结束了数十年游离于联合国之外的非正常状态，双双以联合国正式会员国的身份出现在世界舞台上。

原则性与灵活性的完美结合

王新连

（前驻外使馆外交官）

2021年是我们党的百年诞辰。经过一百年艰苦卓著的奋斗，我们党在各个方面都取得了令世人瞩目的巨大成就，将一个贫穷落后的旧中国，改造建设成为一个全面实现了小康的现代化社会主义强国。这一切的基础，则是我们党历代领导集体都执行一条具有中国特色的正确路线。中国共产党人，在一百年的时间里，不畏强权，坚持原则，而又采取了灵活多样的策略，战胜了形形色色的敌对势力，才获得了今天这样的成绩。笔者从事外交工作数十年，现就一件外交上的事例，来说一说原则性与灵活性完美结合的重要性。这就是中国与阿尔及利亚的特事特办建交过程。

众所周知，中国共产党从成立之日起，就有自己坚定的原则和立场，这就是无产阶级革命导师马克思和列宁倡导的"全世界无产者联合起来"和"全世界无产阶级与被压迫民族联合起来"。中国的革命得到了世界各国无产阶级与人民的支持，取得胜利的中国共产党与中国人民，永远不会忘记各国人民的支援，反过来，决心力所能及地支持各国被压迫人民争取民族独立与自由的斗争。新中国成立伊始，我们就提出，我们的对外方针是：另起炉灶，打扫干净屋子再请客。其实质就是废除帝国主义强加在我们身上的一切不平等条约，与一切陈规旧习决裂，创造一个崭新的世界秩序。中国与阿尔及利亚外交关系的建立，就充分体现了这一原则。阿尔及利亚是1962年7月3日取得国家独立的，而中阿两国建立外交关系则是在

1958年12月20日阿尔及利亚独立之前。这是怎么一回事呢？且听我讲述一下两国建交过程，大家也就明白了其中的缘由。

阿尔及利亚是地中海南岸的一个非洲国家，处在地中海文明的交汇点，又是一个阿拉伯国家，其面积在非洲国家中，位居第一（原来苏丹第一，但南苏丹分出后，减少许多），其经济规模在阿拉伯国家中居第三，仅次于沙特和埃及。可是，这个领土4倍于法国的国家，却遭受了法国长达130多年的殖民统治。

阿尔及利亚人民具有革命传统，早在1830年法国殖民过程中，阿人民就进行了顽强的斗争，阿民族英雄阿卜杜勒·卡德尔曾领导人民坚持过15年的抗法斗争，这与其他一些非洲被殖民的国家是有着明显区别的。第二次世界大战后，随着被压迫民族独立运动的高涨，阿人民也奋起进行了不屈不挠的斗争。1954年，越南奠边府战役的胜利，打破法国军队不可战胜的神话。这对长期遭受法国殖民统治的阿尔及利亚人民来说，是一个极大的鼓舞。1954年11月1日，一些参加过奠边府战役的老兵，在回到阿尔及利亚后，决定发动起义，争取自己民族的独立与自由，他们组成"阿尔及利亚民族解放阵线"，并领导人民，经过7年半艰苦卓绝的民族解放战争，最终于1962年7月3日正式取得独立。阿尔及利亚是通过武装斗争取得独立与自由的第一个非洲国家，也是为数不多的以武装斗争取得独立的国家之一。

中国与阿尔及利亚虽远隔千山万水，但中国人民一直关注着阿尔及利亚人民的民族解放事业。阿民族解放斗争一打响，就得到中国人民的坚决支持和有力声援。1955年4月，阿独立战争爆发仅5个月，周恩来总理即在万隆会议上代表中国政府，表示中国人民对阿人民斗争坚决支持，并推动大会通过了支持阿尔及利亚民族解放斗争的决议。1956年5月底，阿拉伯联盟总秘书处照会中国政府，希望中国政府支持阿尔及利亚人民的斗争，中国政府迅速作出了积极的响应；同年6月，周总理在全国人民代表大会上庄严宣布：中国人民站在阿尔及利亚人民一边，坚决支持阿人民的民族解放斗争。1958年3月，在首都北京举行的声援"阿尔及利亚日"大会上，周总理代表中国政府重申了中国人民对阿尔及利亚人民斗争的坚决支持。同年4月初，周总理接见阿尔及利亚代表加法时表示，中国给予阿50万元的援助。此后，周总理又向来华访问的阿尔及利亚民族解放阵线代表团表示：中国人民愿意为阿尔及利亚人民的正义斗争提供军事援助。阿方对中方的这一考虑深表赞赏。毛主席在会见阿尔及利亚临时政府访华代表团团长本·赫达时形象地说："在反帝的形势下，我们是一条战线的战友，这里是东方战线，你们是西方战线。"1960年5月，毛主席在会见阿临时政府副总理兼外长贝勒卡塞姆时又说："我们对阿尔及利亚正义斗争的支持是长期的，不但现在支持你们的武装斗争，在阿取得独立之后的建设中，也将给予支持。"同年，毛主席在会见阿临时政府总理阿巴斯时，再次深情地说："目前虽然还有很多困难，但你们是有前途的，未来属于你们。"毛主席还说："我们同法国没有关系，只要有可能就支持你们，不仅在道义上，而且在物质上，如果武器能够运到也可以支持。"他还说："我们对所有反帝国主义的力量都支持，同时他们也支持了我们，这是世界反帝力量的广泛统一战线。"当阿方谈到许多国家还不承认阿临时政府时，毛主席说："世界上大多数国家都承认法国，不承认你们，在这些多数国家面前你们是非法的，但是，这是暂时的。我国在大多数国家面前也是非法的，81个国家中只在31个国家面前是合法的。我们不承认英国完全合法，是半合法（当时是代办级关系），而承认你们是合法。我们看你们同看英国完全不同，因为你们是革命的。"这番话对阿临时政府和人民是很大的鼓励。

此话是有所指的：因为法国议员德洛纳在同我国驻瑞士大使交谈时曾提到：如果中国没有和叛乱分子（指阿尔及利亚革命者）的关系，法国对中国的态度可能不同。他并试探：如果中国能在援助阿叛乱问题上让步，法国将放弃与台湾的关系，以打开法中关系。阿临时政府成立当天，法国政府发言人就以威胁的口吻向世界各国宣称："任何国家承认阿尔及利亚临时政府就是对法国的不友好态度，将影响法国和这些国家的关系。"

不仅如此，法国社会党议员、后来担任了法国总统的弗朗索瓦·密特朗应邀访华时，也探索中法建交的可能性，暗示只要中方放弃对阿临时政府和民族解放斗争的支持，中法立即可建立外交关系。法国是具有重大国际影响的西方大国，与法国建立外交关系无疑是中国求之不得的。但是，中方还是明确表示，支持被压迫人民的民族解放斗争是一个原则问题，中国是不会拿原则问题做交易的。毛主席在会见密特朗时明确表示："阿尔及利亚问题是阿法双方的事，应由阿法双方谈判解决；解决阿问题首先是要给阿独立，并撤出全部占领军；中法总是要建立外交关系的，但要在阿尔及利亚问题解决之后。"周总理表示，我们决不会为取得中法建交，而放弃我国的一贯立场。陈毅副总理兼外长也严正表示："我们对中法建交可以等待，但我们对阿尔及利亚人民在政治、经济和军事上的支持，将一直持续到他们的独立斗争取得最后胜利为止。"1960年9月阿临时政府总理阿巴斯访华时，毛主席对他说："我们没有找过法国政府，它也没有来找我们，也许有一天它要来找我们，我们有两个条件：一个是要同蒋介石断绝'外交'关系，一个是不能干涉我们援助你们。如果它把干涉我们援助你们当作一个建交条件，我们不干。"

在1964年阿尔及利亚抗法武装起义10周年前夕，毛主席给阿尔及利亚总统本·贝拉写了一封热情洋溢的信。毛主席说："我一直注视着伟大的阿尔及利亚人民革命"，"你们打了7年多仗，经过了种种艰难困苦和迂回曲折，终于取得了胜利。""我们对你们的革命斗争尽我们可能给予支持，但终究是有限的。""你们的胜利是对中国和全世界一切革命人民的巨大支持。""我们支持你们，你们支持我们。"

众所周知，根据国际法原则，外交关系是两个主权国家之间的政治关系，而国际法规定的国家的四要素是：有确定的领土；有固定的居民；具有主权；有一定的政权组织。可是，中国与阿尔及利亚之间的外交关系的建立，却是在阿独立之前的事，这在国际关系史上是一个特例。说它特别，是因为当时的阿尔及利亚，虽有238万多平方公里的领土，但却仍然在法国殖民主义者的占领之下；它有1500多万人民，但却仍在法国殖民主义的奴役之下；它的主权更是在法国的管理之下；其临时政府也还没有在国内有效地行使治理权。但是，支持一切被压迫民族独立解放，是中国革命的一个原则问题。特殊形势下，中阿建交也来了个特事特办。

1958年9月19日，阿临时政府在开罗成立。3天后，毛主席就致电阿临时政府总理阿巴斯表示祝贺；周总理在致阿巴斯的贺电中表示"中国人民将会像过去一样，坚决地站在英勇不屈的阿尔及利亚人民一边"。陈毅副总理兼外长致电临时政府外长德巴金，郑重声明"中华人民共和国政府已决定承认阿尔及利亚共和国临时政府。中国政府和人民衷心支持阿尔及利亚人民为争取独立和自由而进行的正义斗争"。同时，中国政府还指示中国驻开罗大使陈家康拜会阿临时政府外长，表示中国政府愿与阿临时政府早日商谈两国建交问题。这样，中国就成为阿拉伯国家之外第一个承认阿临时政府的国家。

为了进一步支持阿人民争取民族解放的斗争，临时政府成立仅两个多月的时候，中国政府就邀请阿临时政府派团访华。1958年12月，由社会事务部长优素福·本·赫达率领的阿尔及利亚临时政府代表团正式访华。这是阿临时政府向中国派遣的第一个正式代表团，受到中国政府热情隆重、超规格的接待。毛主席、周总理分别会见代表团，彭德怀副总理兼国防部长到机场欢迎并宴请，彭副总理在机场发表讲话，表示"中国人民一贯同情和支持阿尔及利亚人民争取民族独立的正义斗争。中国人民愿进一步发展两国人民的战斗友谊"。陈毅副总理兼外长同代表团进行谈判，陈毅副总理郑重地表示"在今后的岁月里，阿尔及利亚人民永远可以指望六亿五千万中国人民对他们的坚决支持"。两国政府商谈联合公报进展十分顺利，两国建交也就顺理成章了。陈毅副总理兼外长与阿临时政府军备和供应部长谢里夫分别代表两国政府签署联合公报，周总理等出席签字仪式。公报称，双方研究了加强两国关系的具体办法，肯定了两国建立外交关系和文化关系的原则，决心进一步加强两国之间的友好合作关系，并确定12月20日为两国建交日。同日，陈毅副总理还与谢里夫部长换文确认。

由于种种客观原因，在相当长的时间内，中阿双方并未派出驻对方的外交代表。1960年9—10月，阿尔及利亚临时政府总理阿巴斯访华，希望中国任命驻阿代表，中方表示任命我驻阿拉伯联合共和国（当时埃及与叙利亚合并称谓）大使陈家康兼任驻阿临时政府外交代表，阿方表示同意。1960年5月，阿临时政府副总理兼外长克里姆·贝勒卡塞姆访华时同陈毅副总理兼外长签署的联合公报中表示，中方欢迎阿在适当时机在北京设立外交代表处，同年7月，阿任命法鲁基为驻华代表，但他在来华前，因飞机失事遇难。1961年2月23日，阿临时政府又任命基万·阿卜杜勒·拉赫曼为驻华外交使团团长。基万于1961年5月15日抵达北京，并于19日向刘少奇主席递交了国书。阿独立后，基万的头衔自然改为驻华大使，任职至1964年。

1962年7月3日，阿尔及利亚正式取得独立。为了加强两国之间的友好合作，中国迅速派出了驻阿外交使团，设立了驻阿大使馆。9月10日，中国驻阿使馆临时代办冼依抵达阿尔及利亚首都阿尔及尔，受到了阿外交部秘书长本·哈比莱斯等官员和驻阿各国外交使节的欢迎。两个月后，中国首任驻阿大使曾涛赴任，向本·贝拉总统递交国书。至此，两国大使都在相互首都履新，完成了两国建交的全过程。从此，中阿友谊与合作进入一个崭新的阶段。

中国为和平解决海湾危机作出积极努力

——随钱其琛外长赴伊拉克等国斡旋

杨洪林

（前驻巴林、伊拉克、沙特大使）

1990年8月2日，海湾危机爆发，伊拉克悍然入侵并占领科威特，宣布将科吞并为伊第十九个省，国际社会为之震惊，并为和平解决伊、科争端进行了频繁的斡旋活动。

8月7日，美国向海湾地区调兵遣将。苏联由于国内日益严重的政治、经济困境，无暇顾及海湾危机。中国是联合国安理会常任理事国之一，并且与阿拉伯国家有着悠久友谊和传统友好合作关系。中国主张和平解决海湾危机的立场受到阿国普遍赞赏。科威特、约旦、沙特外交大臣先后访华，与中方就海湾危机交换看法。伊拉克第一副总理拉马丹也来京陈述伊方观点。中国在维护世界和平与地区稳定方面的重要性更加凸显。

11月，中国政府为响应国际社会要求中国进一步发挥作用的呼吁，决定派钱其琛外长作为特使出访伊拉克、埃及、约旦、沙特、科威特等国，为和平解决危机作出努力，受到国际社会特别是阿国高度评价。

钱外长是海湾危机期间，访问过巴格达的唯一一位联合国安理会常任理事国的外长。针对当时复杂的国际和地区形势，国内制定的出访方针是：不带任何方案，也不充当调解人，而是广泛听取各方意见，劝说伊从科撤军，争取海湾危机和平解决。美国得悉钱外长将出访中东后，表示国务卿贝克希望安排与钱外长在开罗会见。为了保证安全和访问各国时间衔接，国内决定给钱外长派专机执行特殊使命。外交部按有关程序向联合国办理了有关审批手续。专机也制订了周密稳妥的飞行计划。

一、贝克试图说服中方支持美立场

11月6日下午，钱外长在开罗机场贵宾室和贝克会晤，双方谈了一个半小时。美方最关心的还是中国对安理会授权对伊动武问题的态度。贝克表示美十分赞赏中国在解决海湾危机中的作用。他说美无意在海湾永久驻军。危机消除后，美会立即撤走军队，只保留自1949年以来一直驻扎在那里的海军力量。

他说，如果钱外长访伊能使萨达姆认识到中国最终支持安理会通过决议，授权通过一切适当的方式执行安理会决议，那么将增加和平解决海湾危机的机会。希望中国不要阻挠安理会通过一项授权对伊采取一切必要行动，包括军事行动的决议。

钱外长向贝克说明，他此次出访的主要目的，是同有关阿国领导人探讨和平解决海湾危机的可能性，没有什么"方案"，也没有授权进行调解，只是在安理会决议的框架范围内，对伊进行劝说，坦率地告诉伊领导人，他们正面临着最后抉择，要么无条件从科撤军，要么就会遭受严重灾难。目前海湾局势十分严峻，爆发战争的危险越来越大，中国政府对海湾局势深感忧虑和不安。

钱外长问贝克，美派军队进驻沙时曾称，其目的是为了保护沙的安全，现在科威特埃米尔已要求美解放科。美国若为此采取军事行动，能否将其军事行动限制于科境内？贝克回答，要解放科，就必然需要对伊本土采取军事行动。

二、穆巴拉克对萨达姆愤慨满胸

7日上午，钱外长分别会见穆巴拉克总统和副总理兼外长马吉德。

穆巴拉克对萨达姆采取欺骗手法入侵科非常愤慨，愤懑之情溢于言表。他说，7月24日，他访问了伊、科、沙三国，在与萨达姆的会谈中，萨达姆信誓旦旦，曾明确向他表示，伊不会对科采取军事行动。穆巴拉克将此转告给科领导人，并与沙特法赫德国王一起安排了伊、科领导人在吉达会晤。谁知就在会晤的第二天，伊就背信弃义，悍然入侵科。

穆巴拉克强调，埃从一开始就规劝伊从科撤军和恢复科合法政府，但多次遭到伊方拒绝。因此，埃方希望，钱外长访伊，能使萨达姆认识形势的严峻性，不采取灵活态度，伊面临的只能是军事打击。

三、科威特迫切复国

7日晚，钱外长在沙特塔伊夫国宾馆会议宫分别会见科威特埃米尔贾比尔和王储兼首相萨阿德。贾比尔愤怒地谴责伊领导人背信弃义，说世人都不会接受伊入侵科，伊企图把科从地图上抹去是绝对办不到的。他特别强调，萨达姆正在屠杀科人民，不能再给伊更多机会了，要向它施加更大压力，迫使它执行安理会决议。

钱外长向贾比尔重申，中国坚决支持科合法政府，非常同情科所遭受的巨大灾难。伊只有从科撤军才是出路，如果伊执意走自我灭亡的道路，那是咎由自取。接着，钱外长会见王储兼首相萨阿德。萨阿德讲起伊入侵科威特时，十分愤怒。他围绕着安理会是否采取新的强硬措施，迫使伊从科撤军阐述了科方立场和愿望。他说科是小国，危机日深，不能久拖。希望中国在内的友好国家，采取一切方式拯救科人民。

钱外长回顾了中国投票赞成并严肃负责地执行安理会10个决议的情

况。萨阿德一再问，如果萨达姆不执行安理会决议，安理会是否将讨论采取迫使伊执行决议的措施？钱外长笑着说："我想会的"。萨阿德听后脸上露出了笑容，他对中国的立场和态度表示满意。会见之后，萨阿德设晚宴款待钱外长一行，科全体内阁成员作陪。席间科方最关心的中心话题还是国际社会如何迫使伊撤军，使科早日复国。

四、费萨尔支持军事解决

8日下午，钱外长在沙特利雅得同外交大臣费萨尔会谈。钱外长首先通报了会见美国务卿贝克和埃、科领导人的情况，强调中国将根据一贯支持正义的立场，继续为和平解决海湾危机作出努力。

费萨尔表示，沙不希望战争，正努力争取和平，现在是战还是和，完全取决于伊方立场。但目前的事实说明，伊并不想从科撤军。沙希望中国支持必要时采取包括军事手段在内的一切措施，迫使伊撤军。费萨尔还强烈批评约旦、巴勒斯坦、也门对海湾危机的立场。

五、约旦的不同立场

10日上午，钱外长在安曼分别会见约旦副首相兼外交大臣卡西姆和国王侯赛因。约对海湾危机的立场与埃、沙、科的立场不同。约领导人向钱外长表示，约也一直呼吁伊从科撤军，释放被扣押的外国人质，主张海湾危机在国际框架中和阿拉伯范围内解决。侯赛因国王还抱怨国际社会只是一味对伊实施禁运，没有与伊对话。他赞赏中国对海湾危机的原则立场，希望钱外长访伊时，能以更容易为伊所接受的方式，与伊领导人进行直接对话。

钱外长向约领导人指出，中国在海湾危机上并无私利，只是希望危机能和平解决。钱外长还强调，如果发生战争，对伊将是毁灭性的灾难，伊的邻国也会受到牵连。如果伊能采取灵活行动，在撤军问题上有明确表示，将有助于国际社会为和平解决海湾危机所作出的努力。

六、萨达姆竭力狡辩

11日中午和晚上，钱外长和伊副总理兼外长阿齐兹进行了两次会谈，一次正式会谈，另一次是在晚宴时继续会谈。阿齐兹竭力为伊攻打科辩解，指责科故意压低石油价格，企图用经济战整垮伊。他说，中东最危险的事件不是伊攻打科，而是巴勒斯坦问题。阿齐兹最关心的还是美国是否会真的动武，以及中国对安理会可能通过授权动武决议的态度。

钱外长通报了他此次出访的情况，包括和美国国务卿贝克会晤和访问埃、沙情况。钱外长告诉阿齐兹，伊占领科是不可接受的。现在局势严峻，战争随时可能爆发，而战争是一场灾难，伊正面临着生死存亡的选择。国际社会希望和平解决海湾危机，伊应在撤军问题上表现出灵活态度。

12日上午，钱外长会见萨达姆，会谈大约两小时。钱外长首先阐述了中国政府对海湾地区紧张局势的关切，希望能和平解决危机。强调目前爆发战争的危险越来越大，想听听他的看法。

萨达姆说话强词夺理，蛮横之意溢于言表。他说科自古以来就是伊的一部分，就如同香港是中国的一部分。他对科进行了种种指责，称"8·2事件"是伊自卫行动。萨达姆还把解决海湾危机和解决中东问题挂钩，他说处理中东地区的问题应该用一个标准，而不是双重标准。当前的问题应该把美撤军、取消制裁等一系列问题的解决联系起来。在没有得到任何保证的情况下，伊方的任何灵活态度都将会导致严重后果。

钱外长对萨达姆把科说成如中国香港一样进行了批驳，严肃指出，中国香港问题完全不同于伊、科关系，香港一直是中国的领土，只是被英国霸占了一百多年，即便如此，中英通过谈判达成了解决香港问题的协议。

而伊、科有外交关系，互设使馆，都是联合国成员和阿拉伯联盟的成员，无论如何，伊占领科是不可接受的。钱外长还指出，中东问题从长远看，都应该解决，但当前迫切的问题，是由于伊占领科而形成的紧张局势，正使战争的危险日益增大。

这时萨达姆转话题问钱外长，美是否真的要打仗？钱外长答道，一个大国，集结几十万大军，如果没有达到目的，是不会不战而退的。为了避免战争，伊应该提出解决方案。

谈话中，萨达姆没有表示出任何撤军的意思。萨达姆的一系列战略错误，都是基于当时一个错误判断，他以为只要伊作出一些缓和的姿态，美就不会真的动武。遗憾的是，伊领导人未能接受中国的劝告，而是错误地估计了形势，作出了错误的决定，使伊人民再次饱受了战争的苦难。

七、阿拉法特迫切希望与中东问题挂钩

12日，钱外长还在巴格达会见了巴勒斯坦总统阿拉法特。阿拉法特迫切想把解决巴勒斯坦问题同海湾危机挂钩。他强调，海湾危机应该在阿拉伯和国际组织范围内和平解决。他不要求一揽子解决中东的所有问题，但应有个协议，先从科问题着手，然后召开国际会议，按先后顺序解决巴勒斯坦和中东其他问题。阿拉法特想解决巴勒斯坦问题的迫切心情可以理解，但把解决科威特问题与巴勒斯坦问题相联系是不现实的。

八、法赫德支持安理会通过动武决议

12日晚，钱外长在回国途中应约在吉达分别会见国王法赫德和外交大臣费萨尔，通报访问约、伊情况。费萨尔对萨达姆的观点逐一进行了批驳。费萨尔重申，海湾危机没有阿拉伯解决办法，只能依据国际法去解决。

　　法赫德在会见钱外长前已得知钱外长与费萨尔会谈情况，因此，他首先谈沙中关系和沙外交政策，然后转到海湾危机。法赫德对中沙建交后不久第二次会见钱外长感到非常高兴，兴趣很浓，会见结束时仍有意犹未尽之感。法赫德强调伊侵占科是个严肃的原则问题。阿拉伯和国际社会没有人会接受这个结果。萨达姆如果想找出路，就应以国家和人民的利益为重，无条件从科撤军。

　　在一个星期的时间里，钱外长连续对埃、沙、约、伊进行穿梭访问，在沙会见科领导人，在伊会见巴勒斯坦总统阿拉法特，行程相当紧张。通过这次穿梭访问，中国作为安理会常任理事国为和平解决海湾危机作出了积极努力，受到国际社会特别是阿拉伯国家的普遍赞扬。

在外交熔炉中锤炼成长

曾文彬

（前驻长崎总领事）

我出身贫寒，但十分幸运，八岁那年即迎来了新中国的诞生。因此，在人生旅途中我目睹、见证了新中国这70多年来所走过的光辉历程和它所取得的翻天覆地的惊人变化，更是在炽热的外交熔炉中直接锤炼了将近60年（自1960年进入外交学院时起），亲历了新中国外交的风风雨雨，并参与过众多的重大外交事件，从而磨炼了自己，使自己逐步成长为一名未辱使命的外交战士，一名对日外交的新闻官。

一、亲聆周总理及老领导们的教诲

1965年我于北京外语学院（现北京外国语大学）毕业，被分配到外交部新闻司工作。10月4日一上班，我便带着兴奋、激动的心情与其他几位一同分到新闻司的年轻同志来到该司报到，主管干部工作的张长城专员接待了我们。我记得，他除了简介该司的情况外，着重向我们讲了如何做一个合格外交官的问题，重点是介绍周恩来总理提出的关于选拔、培养外交干部的"十六字方针"，即"站稳立场、掌握政策、熟悉业务、严守纪律"。他说，这"四句话""十六字"是外交部对自己干部政治、业务素质的具体而明确的要求，是每个外交部干部务必遵循的行为准则和奋斗目标，大家必须牢记，严格遵守，不得违反。我认真、仔细地听取了张专员的讲话，并将他所说的总理讲的"十六字方针"工工整整地记在了笔记本上。此后，我便将这一教诲作为座右铭牢牢地刻在了自己的心上，并努力贯彻在自己的行动中。由于工作的关系，我在上班以后的工作中或在人大会堂，或在机场，或在外交部曾多次近距离地见到过他老人家，直接聆听过他的教诲，如外交人员是"文装解放军""外交无小事""外交授权有限""外交大权属中央""勤俭办外交"等。不仅如此，还耳闻目睹过不少他对工作高度负责、细致入微，对国家建设、人民幸福日理万机、鞠躬尽瘁，在外国人面前不卑不亢、坚持原则、灵活处理，对自己处处严格要求、对同志关怀无微不至，与人民同甘共苦、艰苦奋斗的种种光辉事迹和崇高品德。对于这一切，我都看在眼里，记在心上，时刻激励着自己，教育着自己，给自己方向，给自己动力，使之成为自己一生中最宝贵的精神力量，指导自己的行动。

除周总理外，我在新闻司工作的20多年中，曾先后在秦加林、陈楚、彭华、钱其琛、马毓真、李肇星、孔泉、朱邦造八位司长的直接领导下工作，他们都给了我种种启示、教导和帮助，他们对工作所具有的高度责任感和事业心，高度的政策水平和踏踏实实、一丝不苟的工作精神以及艰苦朴素、平易近人、关心同志的高贵品质都给我留下极深的印象，成为我工作、学习的榜样。有些事直至今日仍记忆犹新，历历在目。

二、外交部学习、工作环境的熏陶

我到新闻司报到后，马上到所分配的一处，即外国记者管理处上班，负责日本常驻北京的记者。在新闻司，最先给我留下难忘记忆的，是这儿的工作环境很严肃，工作纪律很严明，学习、政治气氛很浓厚，上下级关系很和谐。我注意到，不管是谁，包括正、副处长在内每天都是提前20分钟左右到达办公室。到达后的第一件事，就是打扫办公室卫生。大家都争先恐后地擦地、擦桌子、整理书报。干完后，便各就各位，开始一个小时的早晨学习，直到9点。9点过后一般开处会，由处长布置当天的工作，并讲讲注意事项，然后才可开始手头工作。9点前不准主动向外打电话，联系工作。上班时除讨论、商议工作外，很少有人交头接耳大声说话，生怕影响其他同志工作。

我最初的工作就是剪剪贴贴、抄抄写写。其工具就是一把尺子、一把剪刀、一支笔。就是把外国记者们所写的文字报道从报纸上剪下来，并加以分类整理，贴在一个小本本上。我记得，有一次抄写一篇处领导上呈的报告时漏掉了两个字。为此，处领导还专门找过我，批评我太粗心、不细致，这是我永志不忘的。

每天下午，按规定6点下班，但实际6点走的人很少，除有急事的以外，一般都先去食堂吃晚饭，饭后继续到办公室工作。我因刚上班不久，手头工作虽不多，但看到老同志都这么做，我当然不好意思先走，只好在办公室学习，看书看报，等到9点过后才和大家一块儿离开办公室回家。在此时刻，我有时会独自到院子里散步、透透风什么的。放眼望去，整个办公大楼都灯火通明，各个司、各个处的同志都还在静静地工作、学习。后来我才得知，这是敬爱的周总理在建部时向大家倡导、要求的。大家都自觉遵守，从不松懈。正如他所强调的，外交队伍是一支文装解放军。就是从这时候起，我真正下决心要向老同志一样，充分利用时间，好好学习，勤奋工作，不断地增长才干，当一名合格的"文装解放军"。正是由于长年受这样严格的工作、学习环境的熏陶、影响，我们这一代人便养成了一种心怀祖国大业，发奋学习、工作，严守纪律，求真务实和忠诚奉献的精神品德。

当然，由于形势发生了很大变化，有些做法必然要与时俱进，不能完全照抄过去，但"一切从基础做起""关心政治""掌握政策""纪律严明""要求严格"等这些原则和精神是不会变的，而且不能变。

三、在实际工作中磨炼、提高

在新闻司还有一件事，我至今仍刻骨铭心地记得。那是1965年底，我刚到新闻司工作不久。有一天，处领导让我去参加当时国务院外办副主任廖承志为日本驻京记者举办的早餐会，地点在王府井东安市场内的"和风"餐馆。这是当时整个北京唯一的一家日本餐馆。当时，日本驻京记者共9人。他们是通过两国民间组织谈判，达成两国互换常驻记者的协议后，于1964年9月来京常驻的。为了向他们正面提供可供报道的材料和观点，廖承志同志每月都为他们举行一次早餐会，就当时一些重大的国际、国内问题向他们吹风，供他们撰写报道时参考。因廖承志同志出生日本，并在东京长大，说得一口流利日语，因而吹风时直接用日语讲，不用翻译。我虽学习日语，但实际运用很少，听力很差，因而对廖公的"吹风"，只能断断续续地听懂一些词语，但整个内容连不起来。当时又不像现在，可以录音，而且也根本没有录音机。然而就在"吹风"会结束后，处领导却要我整理"吹风"记录。这可真把我难倒了，但无奈还是硬着头皮接受了下来。真是天无绝人之路，当时参加"吹风"会的有一位名叫陈弘的同志，他是《人民日报》国际部记者，日文很好。他看到我当时的窘境，便主动走到我身边，问我是否感到困难，我只好实话实说。于是，我在他的指点、帮助下，好不容易把"吹风"记录整理了出来。对此，我当然十分感激他。通过此事，我真正得到了教训，决心将压力变动力，将坏事变好事，从而发奋拼命地学日语，每天早晨起床后都大声朗读日文45分钟，一有机会就与懂日语的同志会话，晚上有空也抓紧学习，从不放过。真是功夫不负有心人，在经过一段刻苦磨炼之后，据日本友人告诉我，我的日语有了突飞猛进的进步。这就为我日后直接用日语交流、工作以及当翻译、译稿件直至举办日本记者招待会，打下了良好的语言基础。

在新闻司，像我这样的例子还不少。正是由于有这种强大的工作压力，才铸造了不少坚强的外交战士。

1973年3月，中日两国复交后由外交部接待的日本首家大报访问团体是《读卖新闻》访问团。由副社长原四郎当团长，一行9人。当时我刚从干校调回不几天，司、处领导即让我主抓对该团的接待。无疑，我感到很大压力，一是刚调回情况不熟悉，二是日语已几年不用生疏了。但自己还是顶着压力，克服种种困难，主抓了对该团的接待。首先是夜以继日地熟悉各种情况，包括了解中日关系的发展历史、现状以及我国的对日政策；二是多多请示汇报，向领导请教；三是向老同志学习接待的经验和教训；四是开动脑筋，做到有心，根据该团特点，有针对性地搞好解说和宣传。经过三个星期的接待、学习和实践，我在各方面都得到了较大锻炼和提高。之后，又与其他同志一道接待了"日中记者会"访华团、日本新闻代表团、日本新闻界政治评论员访华团等十几个团。每次接待，我都虚心向其他同志学习，并通过联系采访节目以及地方访问、领导人会见、记者招待会等活动，抓住机会提高自己的政策水平以及中、外文水平，锻炼自己的活动能力。通过多年在新闻司的工作，我深切地体会到新闻司工作的如下特点：一是这儿的信息量大且变化快，因而反应必须要快、要灵，还要能及时整理上报。二是接触外宾多，接待任务重，因而锻炼、学习机会也多，外语及活动能力提高也快。三是工作紧张、繁重、压力大，有一次，我差一点就光荣在了办公室。但因此在这里可超常发挥。四是了解、学习中央方针政策的机会多，政策水平提高当然快。五是中、外文水平必须要高，各方面的知识也须具备。俗话说时势造英雄，正是由于具有上述特点，因而这儿铸造出不少人才。

1980年底，我被派往驻日本大使馆工作。面对这项新工作，又是第一次出国常驻，我当然感到兴奋，但同时作为外交官又觉得责任重大，不敢懈怠。此时，我耳边响起了周总理曾经对外交干部作出的"五勤"指示，即眼勤、耳勤、嘴勤、手勤、腿勤。

我在日使馆常驻的这四年多，就有意在这个"勤"字上下了功夫。回想起来，我当时真是勤快得很，觉得有使不完的劲儿。我几乎每天都是全使馆最早起床的人，起床后即到传达室义务分发全馆各个单位的早报，共有十来种，然后再取回我所在单位研究室同志共十来人的报纸，有人两三份，多的则达六七份，然后分发到各位同志的宿舍门前，以期其起床后即马上可看上报纸。每天如此，坚持了四年多。我自己，则在早餐前肯定要阅完当天的六大早报。对于一些公益的事，自己也是抢着去干。此外，我还有意加强了对调研工作的钻研，以提高自己的分析、综合、写作能力。大概是因为表现比较突出，我在任四年提升了两级，这是我没有想到的。我体会到，一个人只要勤奋，就没有干不好的事。勤奋长知识，勤奋长才干。

1989年5月，我第二次到驻日使馆当一秘，主管新闻。这次与前次不一样了，是主管新闻的"第一把手"了，责任无疑重大，更何况当时正处于春夏之交的"政治风波"之时。一时间，包括日本在内的西方国家都对我国实行制裁，形势严峻，工作自然难做。我记得，当时日本东京的六大报，每天对我国的攻击性报道都铺天盖地，五大电视台隔半小时就播报一次非难我国的新闻，内容多主观、片面，多系偏见和猜测。面对这场严峻的考验，我们驻日使馆在以杨振亚大使为首的党委领导下，根据日本的具体情况，紧密配合国内有效地开展了一系列工作，尤其是对新闻界展开了一连串带有开创性的工作。首先是大使、公使、参赞通过"走出去、迎进来"，主动阐述"政治风波"的事实真相和我国国内的形势，同时批驳一些反面观点；第二是重点推荐并批准有影响的新闻界负责人相继到国内采访。我记得，最先推荐、批准的是日本影响力最大的NHK电视台的会长岛桂次访华，然后又相继推荐、批准了《时事》通讯社社长原野和夫、《每日新闻》社长渡边襄、《中日新闻》会长加藤巳一郎等多家大报的负责人组团访华，有针对性地向他们阐述我国对一些国内外重大问题的看法以及内外政策。他们则通过电视或报纸大量地予以报道；第三则是大力推动日本记者到我国采访、拍片。据统计，1990年我馆就推荐、审批了500多名记者到我国采访，占当时国内接待外国记者总数的60%。总的看，效果不错，对于日本国民了解"政治风波"的真相和我国内外政策大有好处。正是由于我馆密切配合国内出色地开展了一系列工作，我国在西方世界中首先打破"制裁"的就是日本。此后又经过一系列不懈努力，到1992年4月实现了江总书记的访日和10月的日本天皇破天荒地首次访华，使中日关系重新步入正轨，而且还走上了发展的轨道。我个人也于1991年被任命为驻日使馆的首任新闻参赞。

1996年初，我被派往日本长崎担任总领事，无疑使我感到责任更加重大了。因为总领事代表政府，代表国家。为此我上任时，几乎每天都如履薄冰，战战兢兢，在经历了很长时间后才习惯了下来。在长崎的这三年，由于我有长期在新闻司工作的底子，而且也有两次在驻日使馆的锻炼，因此我自认为发挥得还算不错。在这里，我力求按"十六字方针"办事，按自己主导制定的馆训，即"求实、进取、团结、严谨、廉洁、高效"办事，而且通过自己动手勤俭办馆，并大力开展对新闻界，对老朋友和对妇女界的工作以及带头严明各项纪律，等等，因而取得了明显成绩，赢得了外界的好评。

四、不用扬鞭自奋蹄

2001年5月，我正式退休。为此，我长长地松了一口气，感到肩上没担子了，轻松了。但又想，自己作为共产党员，工作虽然退休了，但思想不能退休，而且自己身体还好，还是要有所作为，应该"活到老，学到老，干好事、善事到老"，奉献社会。"莫道桑榆晚，红霞尚满天"。我认为，只要有心，就会有做不完的事。

回想起来，我退休后，主要做了以下几件事：一是当教授，讲中国故事。我应日本长崎大学、中部大学的聘请，前往讲学，当教授。我不仅教中文，还主要教中国历史、文化、外交、中日关系等课程，宣传中国，从事公共外交。此外，我还在湖北长江大学、上海同济大学当客座教授，讲中日关系等课程。二是为中日两国相关大学牵线搭桥，建立友好关系。我先后为外交学院、北京师范大学、北京教育学院、上海同济大学、浙江学院、嘉兴学院牵线搭桥，与日本长崎大学、中部大学建立友好关系，结为友好学校，进行学生、老师教学和学术交流，提高教学和学术水平。三是捐资助学做好事。我先后在湖北长江大学和自己中学母校弥市中学设立奖学金，资助贫困学生上学。此外还出资为家乡修路以及为家乡养老院和山区贫困小学捐款。为此，我于2018年荣获外交部离退休干部局颁发的第二届"奉献之星"称号。四是撰写、出版书籍。我撰写、出版了两本书——《荆州走出去的外交官》和《一个逃难儿的人生》，讲述自己的成长、工作和人生感悟，小结自己所走过的道路。五是为党的建设工作献力。2014—2017年我被选为芳城东里党支部委员，任职三年。后来还分别于2015年7月和2016年11月被选为出席外交部机关党委第十二届党代会和部离退休干部局首届党代会的代表，为党的建设工作建言献策。

总之，我这一生虽未做过什么惊天动地的大事，但自己觉得日子过得还算有意义，为党为人民做了一点该做的事，没有碌碌无为、虚度年华，没有辜负老一辈的教导和期待。现在中国特色社会主义已进入新时代，全党、全国人民都在为实现"两个一百年"的复兴中国梦而砥砺奋进，我虽已高龄，但我认为也不能完全袖手旁观，而应在注意身体健康、不给组织添麻烦的前提下，"不用扬鞭自奋蹄"，不忘初心，继续为党的事业添砖加瓦，以度过一个多彩、幸福、有意义的晚年。这是我的心愿。我衷心祝愿我的祖国越来越强大，人民越来越幸福；衷心祝愿中国外交越来越活跃，赢得世界人心，取得更加辉煌的成就。

老一代领导人精心培育中尼友好

——我的亲历和见闻

曾序勇

（前驻尼泊尔、科威特大使）

中国和尼泊尔两国山水相连，毗邻而居，长期以来结成了深厚的友谊。中尼建交六十六年来，无论国际风云和两国国内形势如何变化，中尼友好关系都持续稳定发展，互利合作不断拓展深化，如今两国已成为亲密的战略合作伙伴。作为唇齿相依的友好邻邦，中尼是大小国家和平共处、互利合作的典范。中尼关系的顺利发展，得益于双方始终遵循和平共处五项原则，相互尊重，相互支持，平等相待，同时也是两国领导人特别是毛主席、周总理等老一代领导人高度重视和精心培育的结果。这里我愿回顾毛主席等老一代领导人精心培育中尼友好的几件往事与读者共享。

一、毛主席拍板解决中尼边界问题

中尼建交以来，始终以建交联合公报中确定的五项原则作为指导两国关系的基本原则，从而保证了中尼友好关系长期稳定地向前发展。1956年，周恩来总理对尼泊尔进行了正式友好访问，这是新中国成立后中国领导人首次访尼。为加强两国经济合作，双方签订了中尼经济援助协定。在周总理直接领导下，中国代表团同尼方经过友好协商，签署了《中尼保持友好关系和关于中国西藏地方与尼泊尔之间通商和交通的协定》，确定了双方在平等基础上发展友好关系和西藏、尼泊尔贸易往来、朝圣等相关问题。1960年3月，尼泊尔首相毕·普·柯伊拉腊应周总理邀请访华，双方签订了关于边界问题的协定和新的经济援助协定，中方应尼方请求，同意三年内提供一亿卢比的不附带任何政治条件的无偿援助。4月，周恩来总理再次访问尼泊尔，同尼首相签订了《中尼和平友好条约》。

根据中尼关于边界问题的协定规定，双方成立了边界联合委员会，负责商谈解决中尼边界的各项具体问题，包括勘察、划定边界、树立界桩、起草中尼边界条约等工作。中尼边界联合委员会中方首席代表张世杰是我国首任常驻尼泊尔大使，1965年我在驻尼使馆工作时他曾对我们说，中尼双方在边界谈判中，对边界东段和西段走向都存在一些分歧和争议，但双方本着平等互利、友好互让的原则，同意进行调整，通过友好协商达成了一致。双方在边界问题上最大的争议是珠穆朗玛峰（尼方称萨伽玛塔峰）的归属问题。珠峰是世界第一高峰，两国人民对珠峰都怀有深厚的感情。中尼边界联合委员会经多次磋商仍未能达成一致，珠峰归属成为解决中尼边界问题的最大障碍。当时尼泊尔和国际舆论都非常关注这个问题。周总理对柯伊拉腊首相说，"珠穆朗玛峰，它在我们境内是有根据的，说这个峰属于尼泊尔是没有根据的，但是这个峰在全世界是有名的，它不仅涉及中国的民族感情，我们也应该照顾到尼泊尔的民族感情"。毛主席在接见柯伊拉腊首相时说，这个山峰"全给你们，我们感情上过不去。全给我们，你们感情上过不去"，可以"一半一半"。毛主席还建议，珠峰可改个名字，叫"中尼友谊峰"。考虑到中尼两国人民的民族感情和中尼友好关系，毛主席亲自拍板，让边界线经过珠穆朗玛峰顶，中尼两国共享珠峰。这一提议得到尼泊尔领导人的积极回应。1961年10月5日，尼泊尔国王马亨德拉访华，在北京同刘少奇主席正式签署了中尼边界条约。条约确定了中尼边界从西向东的全部边界线走向。双方根据和平共处五项原则，本着公平合理和互谅互让的精神，通过友好协商，顺利地、全面地解决了两国边界

164

问题，双方对此都表示满意。两国边界的正式划定，是中尼两国友好关系进一步发展的里程碑。从此，中尼边界成为一条和平友好的边界，成为把两国紧密联系在一起的纽带。

二、毛主席与尼泊尔客人的一次重要谈话

1960年，外交部遵照周总理的指示抽调了一批应届毕业生去西藏学习尼泊尔文，我也是其中一员，成为共和国第一批学习尼语的学生。从此，我就同尼泊尔结下了半个多世纪的不解之缘。1963年11月，我在学习期间被借调到北京接待由比什瓦·班杜·塔帕率领的尼泊尔全国评议会代表团。尼泊尔的全国评议会相当于我国的全国人大，所以由朱德委员长出面邀请、迎接和正式宴请。由于代表团中不少议员不懂英语，由我给他们做尼语翻译。在北京访问期间，代表团参观了长城、故宫等重要名胜古迹，外宾们大开眼界，赞叹不已。他们说，中国真是名副其实的东方文明古国。宽阔的天安门广场和长安街，以及宏伟的人民大会堂等建筑，展现了中国的大国气派和首都北京的现代风采。

由于这是尼泊尔第一个访华的议会代表团，中央领导十分重视。在北京除朱德委员长会见、宴请外，刘少奇主席和周恩来总理都分别在人民大会堂会见了代表团全体成员。会见中，刘主席和周总理阐述了我睦邻友好的方针政策、大小国家一律平等的主张和支持尼泊尔维护其独立、主权和领土完整的立场，赞赏尼泊尔奉行和平、中立的独立外交政策和支持中国恢复在联合国的合法席位等。塔帕议长介绍了尼泊尔的无党派评议会制度，感谢中国对尼的支持和经济援助。刘主席和周总理的领袖形象和伟人风范给客人留下了深刻的印象。代表团结束在北京的参观访问后，先是乘飞机去沈阳，参观鞍钢，然后去南京、上海等地。

毛主席是在上海接见代表团的。我作为翻译同代表团被领进一间不太大的会议室，会议室中间是一张铺着白布的长桌，两边放了十几把靠背

椅。工作人员安排外宾和翻译就座。过了一会儿，毛主席进来了，代表团和工作人员都站起来鼓掌欢迎。毛主席同客人握手后，走到长桌中间预留的座位处，先双手示意请大家坐，然后自己坐下。他的右侧是塔帕议长，另一侧是英语翻译和郭沫若副委员长（他负责全程陪同代表团），代表团成员都坐在长桌两边的椅子上。我正好坐在毛主席对面几位不懂英语的议员座位后为他们用尼语翻译，离毛主席的距离也就二米左右。大家坐定后，毛主席请客人先讲。毛主席拿起放在桌上的中华烟，示意请议长和其他尼泊尔客人抽，塔帕议长表示不会抽，其他客人也没人抽。主席就自己抽出一支，点燃了抽起来。塔帕议长转达了马亨德拉国王对毛主席的问候，然后说他本人和尼泊尔人民都很崇敬毛主席，毛主席不仅是中国革命的伟大领袖，而且还是伟大的哲学家和诗人。听到这里，毛主席指着坐在旁边的郭老说："我不是伟大的诗人，我们伟大的诗人是他。"郭老忙摆手说："哪里哪里，还是毛主席的诗好。"当塔帕议长说到尼泊尔是个穷国，感谢毛主席和中国政府对尼泊尔的慷慨援助时，毛主席说：我们的援助很有限，中国还不富裕，将来发展了，才能提供更多的帮助。毛主席说：你们的国王是个好国王，同中国友好，顺利地解决了边界问题，还有珠穆朗玛峰问题。在谈到对外关系时，毛主席对尼泊尔客人说：你们也要搞好同南方邻居的关系。这句意味深长的话表明毛主席十分同情和理解尼泊尔作为一个地处中印两大国之间的内陆小国，在经济、外贸等方面都受制于印的艰难处境，凸显了毛主席伟大领袖的宽广胸怀，对尼泊尔客人触动很大。会见后，不少尼泊尔客人表示毛主席作为大国领导人如此了解尼泊尔的处境，令他们十分感动。会见中谈到的另一件重要事情是关于修建中尼公路。1963年中尼两国政府已签订关于修建中尼公路的协定，由中国政府向尼泊尔提供无偿经济技术援助。但由于尼境内靠近中尼边界的20余公里路段都是崇山峻岭，即使中方提供经济援助，尼方也没有能力修建。塔帕议长谈到尼方的困难，毛主席当即表示可以派工程兵部队去修。这就是3个月之后，中国派出"中国筑路工程大队"到尼泊尔修中尼公路的缘由，而我也再次被借调去做翻译工作。在谈到中尼公路时毛主席还说，我们还要修青藏铁路。那时中尼两国来往就更方便了。这是毛主席首次提出修青藏铁路的构想，这是一个既关系到西藏的发展和稳定，也关系到加强中尼关系的战略构想。令人欣慰的是，毛主席的这一构想在40年后终于变成了现实，它对西藏的加速发展和中尼之间的贸易和人员往来发挥了重要作用。

三、毛主席会见比兰德拉国王和王后

1973年12月，比兰德拉国王和艾什瓦尔雅王后对中国进行正式友好访问，我参加了在北京的接待工作。比兰德拉1966年8月第一次访华，毛主席在武汉接见了他，那时他的身份是尼泊尔王储。1972年1月马亨德拉国王病逝后，他继承王位，年仅26岁。1973年这次访问是比兰德拉作为国王对中国的首次访问，中方给予了热情友好的接待。毛主席在中南海亲切会见了国王和王后，周总理会见并宴请了国王一行。此外还给国王一行安排了专场文艺演出和游览长城、故宫等。毛主席会见比兰德拉国王是在12月9日。那天下午，国王和周总理在人民大会堂举行会谈。王后不参加同周总理的会谈，就安排到北京友谊商店购物。王后要买一些中国丝绸和工艺品，正在挑选时突然接到毛主席要会见的通知，立即匆忙赶往中南海。按惯例，毛主席会见外国元首，包括当年见过的美国总统尼克松、埃塞俄比亚皇帝海尔·赛拉西，都没有接见他们的夫人。艾什瓦尔雅王后是多年来毛主席会见的第一位元首夫人。

王后参加会见是一次非常特殊的安排，而且是应毛主席本人的要求临时安排的。这里还有一段故事。那天下午，毛主席通知要见国王，国王与周总理的会谈中断，立即前往中南海。毛主席在游泳池住所见到周总理陪同前来的比兰德拉国王并与他握手之后，环顾四周并问："王后呢？"工作人员赶紧说没有安排王后参加会见。毛主席很不高兴，说马上去把王后请

来，并关照摄影记者和摄像师说都不要拍了，等王后来了再拍。礼宾司紧
急派人赶往友谊商店，请王后立即去见毛主席。但王后说她必须回宾馆换
正装，于是车队由警车开道赶紧先从东往西回到钓鱼台国宾馆，再从西往
东赶到中南海毛主席会见处。在会见中，比兰德拉提出要加强两国贸易
关系的建议。毛主席表示，中国要把青藏铁路修到拉萨，还要与尼泊尔接
轨。周总理表示，全国只有西藏没有铁路，要从根本上改变西藏面貌，改
善人民生活，就必须修铁路。第二天，《人民日报》报道这次会见的标题是
《毛主席会见比兰德拉国王艾什瓦尔雅王后》，报道称："会见自始至终在亲
切友好的气氛中进行。毛主席满面笑容地迎接尼泊尔贵宾，同他们长时间
握手。毛主席同贵宾进行了一小时四十分钟的谈话。"报道还配发了毛主
席同国王握手和宾主坐在沙发上谈话两幅照片。

时光如水　岁月难忘

——亲历香港回归

张国斌

（前驻斯特拉斯堡总领事）

南湖游船，铮铮志士定伟业；神州大地，泱泱华夏再复兴。

时光荏苒，中国共产党即将迎来建党一百周年，作为一名老党员，作为一名外交官，我有幸参与并见证了中华民族复兴事业在中国共产党领导下取得的伟大成就，从维护民族尊严到保护主权完整，从经济文化发展到社会和谐稳定。我们在百年时间以前所未有的速度实现了新中国从站起来、富起来到强起来的伟大飞跃。

而在我的生涯中，亲身经历并感受最深的便是1997年7月1日，五星红旗在香港冉冉升起，中华人民共和国香港特别行政区政府成立，香港回归，而在接下来的20余年，香港在新中国的领导下稳步发展，经济繁荣，社会和谐。

李肇星任部长时，在为我写的《足迹》一书作序时曾说过："中国外交官，常常有缘见证甚至参与历史。"我想这是对外交工作最为精练的概括，作为一名参与过香港回归的外交官，再回首，亲历中华民族的百年盛典，见证历史的永恒瞬间，往事历历在目，内心依然激荡不已。

一、为领导人做联络员

1997年6月26日，我随时任副部长唐家璇抵港，旋即接到指示——为领导人做联络员。时间紧迫，任务艰巨，这一切使我感到既无上光荣又责任重大。

唐副部长特别叮嘱我要胆大、心细。他还再三嘱咐相关工作人员：香港回归是中国人民翘首等待了一百多年的大事，此次政权交接仪式是香港回归祖国在形式上最集中的体现，一定要在7月1日0时0分0秒让我们的国旗准时升起，国歌准时奏响，负责礼宾工作的同志不能有万分之一的疏忽！作为领导人的联络员，我愈发感到自己肩负着重任。

二、扮演领导人发言

从27日起，中英双方开始全体"走场"。礼宾司领导和有关同志与英方及有关人员在现场指挥、协调，按照领导人出席仪式的路线反复进行实地模拟，从领导人驻地到会展中心新翼，从会议厅到主礼台，直至各自发表讲话……完成每一道程序需要的时间都要精确到分秒。

29日晚9时，香港政权交接仪式的彩排正式开始，至此，我们的演练过程已与预定的安排所差无几。那晚，会展中心新翼五楼前厅灯火辉煌，中英双方的军乐团、仪仗队陆续到齐，不少记者也纷纷就位。待所有参加庆典活动的工作人员都各就各位，我们这些"领导人"则按照既定的路线开始"走场"。

当司仪宣布请领导人讲话时，我走上主席台。按照事先准备好的腹稿，我脱口而出："女士们、先生们、朋友们，你们好"，话毕，我猛然抬头，看见台下黑压压的记者群和此起彼伏的闪光灯，竟莫名地紧张起来，开口说话竟也有些词不达意了。情急之下，我赶紧掏出事先准备好的一本基本法"救场"，但终因紧张，一开口，竟把"基本法"念成了"根本法"。

事后，领导在看这段录像时，笑着对我说："小张哟，我看你有点紧张嘛。"

三、感受历史的一瞬

6月30日晚22时25分，我陪领导人从下榻的海逸酒店出发，乘船前往会场。那晚，香港雨雾迷蒙，但香江两岸却似繁星点点——香港同胞用最亮丽的彩灯、最艳丽的鲜花装扮自己的城市，迎接回归祖国怀抱的历史一刻。

22时50分，领导人一行抵达会展中心新翼，随后来到三楼，在那里会见了英国王储查尔斯。

23时42分，在会场西侧入口处，目送着几位领导人步入会场，我感到那庄严的历史时刻就要到来，心情激动得难以自抑。

英国王储查尔斯的讲话结束后，米字旗缓缓降下。

7月1日0时0分0秒，中华人民共和国国歌准时在会议大厅响起，五星红旗无比庄严地在会展中心升起。那迎风飘扬的红旗，就像午夜时分当空升起的一轮红日，东方之珠骤然发出耀眼夺目的光芒，惊醒了沉睡的黎明，将历史推入了一个新的纪元！

四、五星红旗冉冉升起

望着冉冉升起的中华人民共和国国旗和香港特别行政区区旗，我感到一股热血在周身涌动，一种豪情瞬间穿透了我的心灵。这是难忘的一刻，更是荣耀的一刻，相信此时无论是亲临现场，还是守候在电视机前，亿万中华儿女的心情一定与我相仿；百年梦圆，泪水将湿润多少人的眼睛？

1997年6月30日，在那个不眠之夜，香港历史翻开了新的一页。欢笑与泪水汇成激动的海洋，鲜花与灯火将这座城市的每个角落映照得通透明亮。

当我们以无比的热诚，满怀神圣的使命感和责任感，参与到如此伟大的历史时刻和场景中时，那一刻我们是幸运的。能在现场亲历那庄严的时刻，那一刻虽然短暂，但它给我们每个人带来的幸福感和自豪感，就像香江两岸不断绽放的礼花，将照亮我们的一生！

在人们欢庆回归的幸福时刻，庆典活动圆满、准时、顺利地进行，于我们这些奋斗在第一线的工作人员而言，却有种不同寻常的意义。

活动结束后，所有参加庆典活动的工作人员都感到十分自豪，因为我们的努力没有白费，许多同志几十天，甚至几个月来的努力没有白费。我们用自己的汗水与泪水，在那个庄严的夜晚，为祖国、为人民，交出了一份满意的答卷。同时，我们更感谢祖国和人民赐予我们的宝贵信任和珍贵的机会。正是人民的深深期盼，赋予我们工作到尽善尽美的坚定信念；正是祖国的殷殷重托，给予我们克服一切困难的强大力量。

如今，在中国共产党的领导下，中国迎来了实现中华民族伟大复兴的光明前景，现已全面建成小康社会，进而全面建设社会主义强国的新时代。而回归后的香港地区，在内地庞大资源和中央政府的政策支持下，二十多年来也依旧保持着国际金融、航运、贸易三大中心的卓越地位，创造了一个又一个经济奇迹。"十二五"规划首次将涉港澳内容单独成章，"十三五"规划更明确强调支持香港巩固和提升三个中心地位，支持香港参与"一带一路"建设。可以说，在过去，香港曾是中国内地与世界经济沟通的桥梁，而回归后的二十余年里，香港与内地业已进入合作发展的新时期。相信随着"一带一路"倡议的不断推进，香港作为中国内地连结全球的"超级联系人"的作用，将更为凸显；而随着粤港澳大湾区建设的起航，香港将携手内地共同绘制世界经济版图的新亮点。

文字在钢笔下游走，感情在内心中激荡，一幕幕画面跳脱出时间的长河，不断涌现在眼前。衷心祝福香港在"一国两制"下更好发展，祝愿祖国在中国共产党领导下国富民强，繁荣昌盛，早日实现中华民族的伟大复兴。

改革开放将我淬炼成光荣的中国领事官

张宏喜

（前驻坦桑尼亚大使、驻纽约大使衔总领事）

我从事领事工作22年，深感正是改革开放使我国的领事工作发生了巨变，也将我淬炼成光荣的中国领事官。

一、邓小平给我们上了一课

1978年11月5—9日邓小平访问泰国，我在驻泰国使馆参与了接待工作。泰国风俗每个男子一生要出家一次，王储即现在的国王哇集拉隆功恰于此时要举行剃度仪式。总理江萨很想请邓小平出席这一活动，但他知道中国共产党人不信教，而且认为邓小平是举世闻名的大政治家，担心他不会同意出席这类一般具有私家性质的活动。我们使馆也一直遵守党员不能信教不能参加宗教活动的纪律，从来不到这种场合，更不敢设想将此列入邓小平的访问日程。有人私下悄悄向翻译李茂试探，希望邓小平能出席，李茂报告后，邓小平当即应允。泰国上下沸腾了，朝野对邓小平越发敬佩，对我国的看法大为改观。

邓小平的行动教育了我们全馆同志，现在想来，这是邓小平用自己的行动给我们上了一堂生动的思想解放课，告诉我们搞外交要灵活，思想要解放，不可拘泥于原有的思维框框。

邓小平接着访问马来西亚与新加坡，14日返京。据《邓小平年谱》记载：14日以后，邓小平出席中央工作会议，"根据邓小平的提议……讨论从一九七九年起把全党工作重点转移到社会主义现代化建设上来的问题"。再过一个月，12月13日邓小平发表了著名的《解放思想，实事求是，团结一致向前看》的重要讲话。接着中共召开十一届三中全会，"实现了建国以来党的历史上具有深远意义的伟大转折，开创了中国社会主义现代化建设改革开放的新的历史时期。"我国改革开放的大潮从此展开。

邓小平访泰给我留下极深印象，自从那次目睹了他的伟人风采后，我一直努力学习他的理论，他的著作成为我常读的书，并用于指导自己的行动。

二、改革开放使领事工作发生巨变

1979年6月回国后，干部司通知我到领事司工作。

走进领事司，我这位新兵受到欢迎。这里有一批老领事干部成了我的入门老师。他们兢兢业业，坚守多年，对新中国的领事事业作出了很大贡献。老司长聂功成主编的《新中国领事实践》成了我的入门教材。

我到领事司前领事司只有4个处，50来人，改革开放后工作量突然增多，增设了第5个处。接着1个处1个处增加，现有10个内设机构。我在领事司那些年，国家两次进行机构精简，要求外交部及驻外使领馆都得精减人员与机构。但实际上领事司及使领馆的领事工作人员未减反加，不给编制就使用雇员，或请随任夫人协助上班。这是什么原因？是形势逼人，改革开放后出国人员逐年以两位数的百分比增加，据我国移民局统计，2019年中国有6.7亿人次出入境，不大力发展领事工作怎么能行？

哪个国家出国的人多，哪个国家的领事工作就忙。公元5世纪产生于欧洲的"领事"，天生就是为本国人出国谋生而设的，在国外的本国人为帮助同乡选出一个头就叫"领事"。改革开放后我国出国经商、留学、探亲、旅游等人员越来越多，这种形势必然会逼着领事工作改变原有的陈旧观念，进行改革，向前发展，包括增加人手与采用先进设备。1997年我离开领事司时，该司人数在外交部地区业务司中首屈一指。

发展领事工作需要投入，但在我担任领事司领导时经费不足，现在有了充分保证。今日之中国亦非昨日之中国，国家实力的发展为我们的领事工作提供了雄厚的经济基础与采用先进手段的有利条件。

外交部领事司领事保护中心的成立，使我国的领事工作和领保工作进入新时期。现在我国每年能处理几十万大小护侨案件，领事保护中心一年到头每天24小时值班，随时与我国驻外使领馆保持联系，每个有需求的个人、家庭、单位，遇有紧急事项都可随时向中心电话呼救。对于突发事件，有不同等级的应急机制，我国公民无论走到世界的什么地方，祖国都与他们心连心。满足人民出国的正当需求，使国人处处安全，是我们老领事工作者梦寐以求的，没有党的领导，没有国家的发展，怎么能有这一天！

三、经过自身努力交出了及格答卷

其实，我就是领事司人员扩编扩到那里的。1982年10月我被提拔为副处长，这是在邓小平指示干部要年轻化之后发生的事情，也可以说是改革春风把我吹到副处长的位置上的。

从此开始，11年中我从一般干部到司长，晋升了五级。别人以为好事都落在我头上了，可我觉得每晋升一级就感到危机增加10倍。

1982年我当副处长后一个月，在一次会议上围绕是否恢复我国原来的双重国籍政策与法律问题发生了激烈争论。其他部门的同志认为要改革开放，引进外国技术与资金，离不开发挥华侨华人的作用，而我们废除双重国籍把华侨华人区分开，严重挫伤了华人的感情，对改革开放极为不利。外交部当然反对，因为我们在这个问题上是与东南亚国家有过协议的，使他们减少甚至消除了对我国的疑虑。现在怎么可以轻率改变？我们外交部的同志十分着急，但又毫无办法。我是与会者，溜出会场后用半个小时，以"外交部部分与会同志"的名义，匆匆忙忙给邓小平写了一封不到700字的信，申诉了我们外交部同志的意见。两天后邓小平批示说："对外籍华人的政策和讲话，要十分慎重。这是一个十分敏感的问题，特别是东南亚。外交部同志的意见是正确的。"此事已于2004年在《邓小平年谱》中公开，所以已不属机密，现在可以说了。当时不知道邓小平能否看到，能否同意，如不同意会不会追究我，会给我带来什么后果，这些根本没有想。

1997年香港回归前，国家把各种事情都想到了，但忽略了一件事，那就是几十个外国驻港领事馆怎么办？按很多人的想法照旧就行了，无须做什么事情。但我向上级提出，驻港外国领事馆是外国与英国签订协议设立的，香港回归后怎么能够允许两个外国达成的协议，在我们管辖的领土上设领馆，那岂不是我们并未把香港收回吗？所以我们立即向部建议，在领事司成立处级专门小组，紧急处理这个问题，于回归前，同有关国家逐一重新谈判，签订协议，否则回归后对方不能在港执行领事职务。按当时的规定处级机构不得随意设立，必须层层上报审批，但干部司、部领导接到我们的报告后，以特特急办理无任何耽搁。我们则日夜加班工作，赶在香港回归前与所有国家一一谈判解决了这个问题。

在纽约任总领事四年最惊心动魄的是遇到"9·11"事件，亲眼看到飞机撞世贸大楼。当时很多事情根本来不及请示，我当即作出决定的事情很多。该请示的我没有任何耽搁。经这么多年的检验，我认为我当时做了所有该做的事情，没有什么失误。

纽约归来，我在最后一份离任报告中写道："希望我是最后一位外语不过关的共和国驻外大使，几十年了，应该培养出既懂外交又外语很好的众多大使了。我是中文系毕业，英语属短训班水平，对外离不开翻译，因此我一直认为自己是一位'不合格'的外交官。"但我又认为，我工作勤奋、爱动脑筋、团结同志，能以长补短，所以我给国家交了一份及格答卷。

　　我很为赶上好时代，成为中国外交战士而感到幸运，更为成为光荣的中国领事官而自豪！

从我的几个"第一次"
看我国多边外交的发展

张卫东

（前驻密克罗尼西亚联邦、冰岛大使）

1982年，我从北京外国语大学毕业后进入外交部，经过外交学院业务班学习一年，分配到当时分管国际军控与裁军事务的国际司四处，正式开始了我的外交生涯。20世纪80年代，国际形势发生重大变化，中国外交经历了严峻考验，走过了不平凡的道路。我有幸在这个时期加入到中国外交队伍里来，耳闻目睹并参与了一些多边外交工作，得到了锻炼和提高。回顾过去，我深深感到在党中央、国务院和部党委的领导下，我国多边外交经过了不断发展的过程，多边外交人员为此作出了积极贡献。从我参加工作后经历的几个"第一次"，可窥一斑。

一、第一次穿西装

20世纪80年代初，我国改革开放起步不久。我国外交也刚刚步入改革进程，对外政策和做法也在逐步调整，外交人员服饰开始逐渐与国际接轨。受历史因素的影响，改革开放初期，我国外交人员着装与国际上大多数外交官的服饰相异，男士是清一色的中山装。据老同志讲，1980年8月，外交部出台了相关文件，对外交着装要求进行了调整，开始与国际接轨，男士除穿中山装外，也可着西装，但大家还都习惯穿中山装。我记得1983

年上半年，我入部后第一次参与接待外宾，穿的还是中山装。那时部里有服装借用服务，参加外事活动，参加对外活动没有规定着装，可凭领导批条，选借服装，多数还是中山装。到1983年下半年，穿西装的同志才陆续多起来。那年5月，部里印发了《关于参加外事活动着装问题的几点规定》，重申"男士除穿中山装外，也可着西服或民族服装"，"如东道国规定着礼服或民族服装，中方男士可穿中山装"，强调服装应"美观"，这对国际着装规范中的不同场合着装有了初步辨识并进行了规定，中国外交人员服饰开始多元化、国际化。特别是1983年11月，我国领导人访问日本，身着西服亮相，"震惊"了日本和世界。中国外交领域的正式服装逐渐被西服替代。1984年2月，我第一次参加"出席日内瓦裁军谈判会议代表团"，走出国境，穿的就是西装。记得第一次穿西装就像"大姑娘坐花轿"，很不习惯，也很不熟练。我还专门跑到出国学习回来休假的同学家里去学习扎领带。令我印象特别深刻的是礼宾司的一位老领导亲自为我纠错。那天，我穿着崭新的西装，一排扣子整齐地全部系上，我感觉很正式，很规范。那位礼宾司领导亲自给我解开了最下面的扣子，并指导我说，西装扣子不全系上，才合乎规范礼仪。

外交服饰的调整，不仅是我国对外礼宾礼仪的变化，也是我们改革开放，逐步与国际接轨，融入国际社会的表现，有利于我们向国际舞台迈进。我在日内瓦出席会议期间，入乡随俗，根据不同场合，身着相应的服饰参加外交活动，与各国代表打交道更加融洽，对广泛开展多边外交大有裨益。

二、第一次在飞机上过年

1984年2月3日，大年初二，我国传统佳节春节刚过，我们出席日内瓦裁军谈判会议代表团一行就乘中国国际航空公司的航班飞向瑞士。在飞行途中，服务员端来了热腾腾的水饺。这是我第一次出国，第一次在飞机上吃饺子过年，倍感激动，至今印象深刻。

日内瓦裁军谈判会议（Conference on Disarmament in Geneva，简称裁谈会）是当前国际社会唯一的多边裁军谈判机构，其前身是1959年成立的10国裁军委员会，曾先后改称18国裁军委员会、裁军委员会会议和裁军谈判委员会。1980年2月开始，我国正式参加该机构并出席历次会议。1983年我国派出专职裁军事务大使常驻日内瓦，首任是钱嘉东大使。1984年2月我第一次出差去参会，正赶上联大刚通过决议，裁委会改称裁军谈判会议。裁谈会一年开春季和夏季两次会议，召开时间都是经会议讨论一致通过。春季会议大都在我国春节前后召开。1984年，我第一次没过完春节假日就离开家出国开会，一开始还不太理解。老同志告诉我，多边外交的特点就是各国一旦一致通过开会时间的决定，任何国家的节假日都不会影响会期。为了国家外交工作，我们参加多边会议的同志甘于奉献，不辞辛苦，经常牺牲节假日。对此，我深受感动和教育。那年，我儿子刚于1月10日出生，我初为人父才20多天。领导曾关心地询问我是否需要留下在家照顾妻子和儿子，换人出差。我与父母和妻子商量，他们坚决支持我服从组织安排，继续如期出差。妻子说她能克服困难，照顾好孩子，让我放心，好好工作。那一次，为节省往返经费，我坚持开完春夏两季会才回国。

在我国多边和双边外交领域，"为国家，舍小家"的情况很多。有人"忠孝不能两全"，亲人去世都不能离开工作岗位，回国见最后一面。我国外交事业的发展，离不开各个时期外交人员的无私奉献，他们时时刻刻牢记和践行着"忠诚、使命、奉献"。

三、第一次坐在国家名牌之后

国际会议会场内，各国代表座位的最前面摆放着该国名牌，代表依次坐在后面。1984年2月7日，裁军谈判会议春季会议开幕。我第一次走进裁谈会的会场——日内瓦万国宫理事大厅，坐到写有"CHINA"（中国）的名牌后面。那时我还是个年轻的较低级的代表团成员，团长和高级团员坐前几排，我依次坐后排。但是，看着前面的国家名牌，坐下的那一刹那，我深有感触。那小小的木牌，是神圣祖国的标志。坐在它后面，我就是国家代表的一分子，我的一言一行，都会影响祖国的形象。我感到光荣和自豪，也感到责任和使命。

那一年，国际局势复杂动荡，各国更加重视国际上唯一的国际多边军控谈判机构。会议召开前不久，美国按照其"双轨决定"开始在英国、联邦德国、意大利部署新的导弹，苏联宣布采取反措施，拒绝与美就核问题继续谈判，美苏双边关于核裁军的接触完全断绝。各代表团对这种危险局面无比担忧，要求美苏体现诚意，充分利用裁谈会进行接触和谈判，推动裁军进程，防止核战争。美苏两国把对峙气氛带进了会场，相互指责，会场布满火药味。在这种形势下，那次会议上，扯皮多，实质谈判少，进展甚微。

我国代表团积极开展工作，不仅注意深入了解情况，也主动参与讨论，发表意见和建议。虽然我国加入裁谈会只有3年，我们边干边学，参与的程度逐步提高。那次会议上，我国代表团提出会议工作文件两份，书面案文和建议近十份，为维护国家利益和国际公平正义、推进国际裁军与和平进程，作出了积极贡献。

日内瓦是我本人第一次走出国门参加多边外交工作的始发地。而我国的多边外交与日内瓦也有着不解之缘。1954年4月，周恩来总理率团出席旨在和平解决朝鲜问题与恢复印度支那和平问题的日内瓦会议，推动达成关于恢复印度支那和平的协议。那是新中国首次以五大国之一的身份登上国际舞台，开启了新中国多边外交的先河。

我们利用会议休息之时，前去参观了周总理率团出席日内瓦国际会议时下榻的地方，聆听老一辈外交官讲述中国多边外交那光辉的第一页的故事。

新中国成立70年特别是改革开放以来，我们对多边外交日益高度重视，开展多边外交的广度和深度不断增强，从旁观者、跟随者转变为具有创新力的参与者、引领者。我们弘扬中国理念，提出中国方案，推动全球治理，提升了中国国际地位和影响。我国积极倡导和平共处五项原则、坚持走和平发展道路等主张，受到发展中国家的支持和欢迎；我国始终坚定致力于维护世界和平与安全，积极承担相关责任和义务。党的十八大以来，我国领导人出席一系列国际多边会议，提出一系列新思想、新理念、新主张，积极引导国际体系变革方向，推进人类命运共同体建设。中国从未像今天这样接近世界舞台的中央。

党的十九大报告指出，当前，中国特色社会主义进入了新时代，这"意味着近代以来久经磨难的中华民族迎来了从站起来、富起来到强起来的伟大飞跃，迎来了实现中华民族伟大复兴的光明前景"；"意味着科学社会主义在21世纪的中国焕发出强大生机活力，在世界上高高举起了中国特色社会主义伟大旗帜；意味着中国特色社会主义道路、理论、制度、文化不断发展，拓展了发展中国家走向现代化的途径，给世界上那些既希望加快发展又希望保持自身独立性的国家和民族提供了全新选择，为解决人类问题贡献了中国智慧和中国方案"。正是在这一大背景下，我国多边外交取得了巨大成绩。

在建党100年的喜庆时刻，回忆自己在多边外交领域蹒跚学步阶段的情景，看到今日中国多边外交的大发展，心情格外激动，浮想联翩。新中国外交70多年征程筚路蓝缕，多边外交作为我国独立自主和平外交的一个重要组成部分，取得今天的成绩，也很不容易。当前，世界正在经历百年未有之大变局，中国外交也迎来大调整、大变革和大发展的重要阶段。我深信，在以习近平同志为核心的党中央领导下，多边外交人员必将全面贯彻习近平外交思想，不忘初心，牢记使命，勇于担当，应对挑战，推进我国多边外交迈上新台阶，为促进人类和平与发展事业作出新贡献。

中马友谊坞

赵桥梁

（前驻巴基斯坦使馆、克罗地亚使馆参赞，

驻拉瓦格领事馆馆长领事）

马耳他大港的6号干船坞长360米，宽62米，深12.5米，正面有一座970吨重的钢制大坞门，可以卧倒启闭，能够将10米深的海水阻挡在坞门外，保证船坞作业的安全。码头上耸立着3座上海港机厂生产的92米高、150吨大型吊机。干船坞能够修理30万吨级的超大型油船，就算是最大的美国"尼米兹"级航母也能轻松装下。

这就是40多年前，中国向马耳他提供1亿元人民币无息贷款、中国工程技术人员与马耳他工人耗时6年建成的干船坞。这项工程是中国当年仅次于坦赞铁路的援外工程。马耳他财政部常秘卡鲁阿纳说："6号干船坞是中国政府对马耳他慷慨援助的典范和中马友谊的见证，40多年来为马耳他经济发展发挥了不可替代的重要作用，至今仍是一项工程建设的壮举。"

一、明托夫访华，中国决定援助马耳他

1964年，马耳他正式宣布独立。1971年，马耳他工党在大选中获胜，多米尼克·明托夫出任总理。工党奉行独立、不结盟政策。马耳他政府计划在7年中逐步收回英军和北约在马耳他的基地，不再依靠每年几百万英镑的基地出租费用生存，而是准备走符合自身经济发展的道路。马耳他独

立后的最大困难是如何将军港经济进行转型。马耳他位于地中海中央，历来有"地中海心脏"之称。由于地理位置的便利，新政府希望将修船业作为马耳他重要的工业支柱产业。

明托夫总理非常重视与中国发展关系，在执政的第二年，也就是1972年1月31日，马耳他与中国建立了外交关系。同年，明托夫总理率团访华，周恩来总理十分重视，亲临机场迎接，像接待其他大国总理一样，当明托夫走下舷梯时，周总理迎上去热情握手寒暄，在嘹亮的两国国歌声中陪同明托夫走过红地毯，检阅三军仪仗队，向热情欢迎的人群招手致意，气氛热烈。明托夫喜笑颜开，受到一个社会主义大国高规格接待，似乎有些意外，感激之情，溢于言表。

周总理在人民大会堂与明托夫举行了会谈。在会谈中明托夫介绍说：马耳他位于地中海的中央，历史上长期受殖民统治，一直是西方强国的军事基地，二战后获得独立，但仍未摆脱殖民地状态，经济来源主要靠英军基地租金和为基地服务，人民生活难得改善。马英两国政府达成协议，英军撤离马耳他、关闭所有英国军事基地。基地租金没有了，为基地服务的居民也将失业，政府财政拮据，居民生活困难。但现在出现了新的机遇，中东石油资源极其丰富，西方大国大量投资开采石油，并源源不断地运回欧美各国。因而穿行地中海的大型油轮和货轮越来越多，载重吨位越来越大，当前20万吨、30万吨油轮比比皆是，50万吨、60万吨油轮也在积极发展中。这给马耳他提供了一个具有生存意义的商机。马政府计划修建一座30万吨干船坞，以便承接大型油轮货轮的检修。此外，还计划建设一些轻工纺织和食品加工项目。这些计划项目需要的资金量较大，马方经济困难，请求中方予以支援。

明托夫请中国援建一座30万吨级的超级大船坞，为此希中国提供1亿元人民币的无息贷款。对于1975年的中国来说，这是一笔巨款。

上午会谈结束后，周总理指示我们要好好研究马方的要求。

总理听取了交通部有关专家的意见，认为当时我国仅有2.5万吨干船坞的建设经验，但建设马耳他30万吨干船坞在技术上是可以做到的，是有能力承建的。

周总理第二次同明托夫总理举行会谈时表示，我十分同情你们当前的处境和困难，你们请求我们援助是可以理解的，我们愿意尽力帮助马耳他发展民族经济，巩固独立，解决当前的困难。我们现在仍是一个发展中国家，过去和你们一样遭受过殖民主义的祸害，解放还不久，正在进行社会主义建设，经济上还不富裕，财力物力有限，但我们愿尽力帮助你们，毛主席十分重视对你们的援助，决定给予一亿元人民币无息长期贷款，专门用以承建大型干船坞项目和其他项目。至于具体项目和有关事宜，我们将尽快派出专家组赴马耳他考察，同马方商定。明托夫听后表示完全同意，心满意足，喜出望外。

明托夫在京期间会见了毛泽东主席，并参观了故宫长城等名胜古迹。明托夫对中国古老文化和礼仪之邦，赞不绝口。随后周总理陪同明托夫一行乘专机赴南京访问，在南京参观中山陵、紫金山和雨花台等地，晚上江苏省革委会主任兼南京军区司令员许世友等党政军领导宴请明托夫一行，宴会结束后举行文艺晚会。

在南京访问结束后总理又陪明托夫到广州访问，4月的南国城市，春光明媚，百花盛开，明托夫一行参观了黄花岗烈士陵园和毛主席创办的农民运动讲习所。通过参观，明托夫一行对中国革命历尽艰辛、艰苦奋斗、流血牺牲取得的胜利表示赞叹。与此同时，工作组已将协议中、英文本准备好，双方在广州宾馆举行了签字仪式。晚间广东省革委会主任举行晚宴为明托夫送行。此次访问即将结束，明托夫心情很激动，在致辞中热情赞扬中国革命和建设取得的伟大成就，一再感谢对他们的无私援助，感谢周总理的盛情款待。第二天一早总理陪送明托夫前往深圳，从罗湖口岸出境。明托夫满怀感激之情经香港回国。

二、援建项目考察

在协议签订一个多月后，中方由张文成（时任外经部副局长）、刘济舟（时任交通部总工程师）牵头，有港湾、轻工、纺织、机械、建材等专家组成的考察组，赴马耳他考察和商谈。中方考察组受到马耳他政府热情友好接待和全力配合。

明托夫受到周恩来总理的优礼相待，感念在心。中方考察组赴马耳他考察时，受到了明托夫总理的破格接待，当考察组来到总理府门前时，明托夫总理从大楼里走出来，在大理石台阶上迎接考察组，喜笑颜开地握住了张文成的手，热情亲切地说：你们这么快就来到了我们的国家，我代表马耳他人民欢迎你们。他同考察组成员一一握手，带领大家到会客厅里。他还亲自主持马方官员与考察组的会议，一起商量决定考察内容、方式和日程。当场指示马方官员安排好考察组的生活，要保证考察组的安全。在考察过程中，明托夫十分关心考察组的生活，还有一次亲自开车把考察组成员接到他在郊区的别墅里，设家宴招待，他的夫人和女儿（在英国留学回国度假）亲手做菜做饭，明托夫和考察组成员坐在一起，边吃边谈，有说有笑，亲如一家。

考察工作在马方官员的配合下顺利展开。重点是30万吨大型干船坞及码头项目。与马方达成共识后，报经国务院批准，中方承建30万吨船坞及码头工程，同时修建巧克力厂、玻璃工艺品厂、纺织厂、水泥电杆厂。中国驻马耳他大使刘溥代表中国政府与马耳他外交国务秘书亚历克·道格拉斯–休姆爵士签订了议定书。

马耳他在西方发达国家的门口，历史上是军事战略要地，现今又是世界能源运输必经之地。中国作为一个发展中的社会主义大国，在马耳他援建一座大型干船坞和码头工程，自然会触动一些国家敏感的神经。果不出周总理所料，协议一公布，立即引起西方媒体的关注，一时间成为西方评论的话题，有的从政治上提出质疑，有的从技术上表示怀疑。但地中海周边的发展中国家，却是一片赞扬声，他们认为中国是第三世界的朋友，援助马耳他证明中国将继续执行支援发展中国家的政策。

三、30万吨干船坞工程建设

建设30万吨大型干船坞及码头工程，不仅规模大，技术复杂，大型设备制造难度也很大。中国当时只有2.5万吨干船坞，承建马耳他干船坞工程的确需要勇气，因为中国自己都没有建造30万吨级干船坞的实际经验，况且对当地各种技术条件都不了解，许多技术问题要依靠国内的社会主义大协作方能解决。但中方有关单位和专家们怀着强烈的爱国心和革命精神，有信心完成援建任务。

30万吨干船坞于1975年破土动工。在当时，这个级别的干船坞属于世界级的巨型船坞，特别是干船坞建在裂隙溶洞发育的石灰岩地基上，极大地增加了设计和施工的难度。在开挖坞室的过程中，曾遇到3条大裂隙和串球状溶洞，水柱高50—60厘米，日涌水量高达3.5万吨。当坞坑涌水量最大、施工遇到巨大困难的时候，西方一些国家的官员、工程技术人员纷纷到船坞工地"考察""参观""关心"我们的施工建设，然后回去放言中国人"肯定失败"。

中国援建工人牢记周总理的教导，怀着强烈的爱国心和责任感，为了祖国的荣誉，发扬了艰苦奋斗、无私奉献的精神，反复研究、实践，不断总结，解决了一个又一个的难题。为了建造这座大型船坞，施工人员搬走了半座石山，然后再挖出坞坑，总共掘去70万立方米的石头，又浇注了10万平方米的混凝土加固。施工中每遇重大困难或关键环节，中方官员、专家、工人齐上阵，不分昼夜，奋力拼搏，直至取得成功。当马方工人、官员得知中方人员每日加班加点，纯系义务劳动，完全是为了加快船坞建设进度时，称赞中国技术人员和工人是"世界上最诚实的人"。

　　对于大型关键性设备，中方在国内组织技术攻关试验。钢制自动卧倒式坞门（单面重970吨）、150吨重的大型门式吊机（当时国内只能制造30吨的）和大功率（1000千瓦/小时）立式轴流式水泵（当时国内只能制造小型的），经中国专家精心设计、反复试验，取得成功，送到马耳他安装，质量都达到了设计要求。为了确保试验成功，中国花费了大量的试验和设计费用，这些费用都没有向马方收取。这足以证明，中国对马耳他援助是无私的。

　　中国外交部、外经部经联合检查验收，认为施工各项技术指标均符合设计和规范要求，工程质量良好。一年之后的1981年10月，两国政府正式办理移交，马耳他总理明托夫称中国是马耳他的真正朋友，感谢中国政府给予的慷慨援助，盛赞中国技术人员、工人忠于职守，品德高尚，无私地奉献了自己的智慧和劳动，流血、流汗，甚至献出了自己宝贵的生命。

　　1974年，上海港口机械制造厂的装配钳工徐会仲前往马耳他，参加干船坞建设工作。他被掉下的大型起重机螺母击中，不幸遇难，时年47岁。1979年4月23日马耳他共和国总统追授他"共和国功臣"勋章。工程师谷岩昭于1974年11月19日来到马耳他，任30万吨干船坞建设工程副总指挥，因积劳成疾，患肝癌于1979年不幸逝世，时年46岁。

　　马耳他政府和人民对30万吨干船坞十分满意，称这座船坞为"金矿"，干船坞成为当时马耳他最大的国有企业，就业人数1700多人，在马耳他经济、政治生活中具有较大影响。这座"金矿"为马耳他带来了财富的同时，也为中马长期广泛合作奠定了坚实基础。我们要深切缅怀为开拓中马关系作出历史性贡献的两国老一辈领导人，也要向为马耳他干船坞作出贡献的工程技术人员表示敬意。

亲历逆境外交风雨　见证中加关系冷暖

赵振宇

（前驻巴布亚新几内亚、牙买加大使）

20世纪80、90年代，我曾三次在中国驻加拿大使领馆任职，既经历过顺风顺水的顺境外交岁月，也经历过逆风逆水的逆境外交风雨，更有幸从一个侧面见证了中加关系打破僵局、走出低谷、全面恢复的过程。

一、亲历逆境外交风雨

1983年6月，我第一次赴驻加拿大使馆常驻，先后任三秘、二秘。时值中国改革开放之初，开始对内把工作重点转移到社会主义现代化建设上，对外奉行独立自主的和平外交政策，开展多边外交。中国加强了与加拿大的政治交往，扩大经贸合作，政经并重，深化对加关系。加政府出于自身需要，重视对华关系，发表了"加拿大对华战略"政策声明，表示愿加强与我国磋商和合作，扩大两国的经济合作和贸易往来。

在任4年，我目睹了两国关系中一系列具有积极意义的事件：领导人互访不断、我国驻多伦多总领馆开馆、家人团聚备忘录生效、双方互派记者、多对省市结好、经贸联委会成立、加向中方提供发展援助等。尤其是双方频繁的高层往来，引领两国关系在多领域、多层次向前发展，我经历了顺境外交。

1990年3月我第二次赴加，任驻多伦多总领馆一秘衔新闻领事，却遭遇了逆境外交。这源于不久前发生在北京的那场"政治风波"。风波之后，以美国为首的西方国家对我国采取了一系列严厉的制裁措施，使中国外交面临前所未有的严峻形势，对外关系跌入新中国成立以来的最低点。

作为西方七国集团成员，加方对我国反应强烈，宣布参与对我国的制裁行动：中止与中国部长以上的高层接触；中止双方军事交往；取消对中国的发展援助项目；制定"特殊移民政策"，允许在加中国留学人员申请永久居留权；等等。中加两国自建交以来稳步发展的双边关系顿时陷入严重僵局。

我于3月下旬抵达多伦多。多市系加拿大安大略省首府，也是全加的经济、文化、金融、新闻和交通中心。它虽不失往日的繁华，但春天的气息却渺无踪影，使人感到清冷，一如中加两国之间的关系。

由于加方中止了与我方的高层接触和政治交往，并将经贸合作及其他领域的交流与人权问题挂钩，总领事与领区内地方政府上层以及联邦、省、市议员的接触严重受阻，各分管领事的对外交往也陷入停顿。加各界头面人物，均与我们保持距离，唯恐避之不及，有的则对我们敬而远之。总领馆呈现一派门可罗雀的冷清场面，与风波之前那种门庭若市的景象形成了鲜明对比。而且流亡美国的"民运"头目轮番窜到多伦多活动，与当地"民运""藏独""台独"分子合流，经常聚集于我国总领馆门前示威鼓噪。每逢此时，各种传媒最为活跃，也是我作为总领馆发言人紧张应对、分外忙碌之日。

面对如此逆境，我们设法通过多种关系或用其他方式迂回约见各界人士。我每天陪着总领事频繁会客，与对方坦诚交流，答疑解惑。交谈中，我们针对加拿大人的普遍关切，强调中国改革开放的政策不会变，呼吁共同为中加关系走出低谷而努力。经过数月苦口婆心的沟通，不少人逐步恢复了理性，态度也渐趋平和，并愿意倾听我们的声音。

在逆境下完成外交使命，更能激发我们的斗志。在总领事的带领下，各位领事积极献计献策，都想尽快打破中加关系的僵局。但我们知道，要改善中加关系，关键是必须恢复两国的高层往来。

在中央的统一领导下，经国内各方和驻加使领馆的齐心努力，从1990年下半年起，中加关系出现小幅松动：双方副部级官员开始零星互访；推迟了的加对华发展援助项目陆续启动；加方叫停对我国留学人员的"特殊移民政策"。但其时双边关系的改善是有限的，且仅停留在工作层面上。

二、见证中加关系走出低谷

1993年3月中，驻加使馆突然传来消息：总部设在多伦多的加拿大古德曼律师事务所有意邀请朱镕基副总理出席该所于5月中旬在多伦多举办的"古德曼贸易论坛"并发表主旨演讲。该律师事务所由加拿大枢密院成员、皇家大律师埃德温·古德曼创建于1948年，是加拿大最大的律师事务所之一，享有较高的国际声誉，与加国内外许多大公司和大企业有着密切的业务联系。

古德曼律师事务所每年在多伦多举办一次"古德曼贸易论坛"，就加拿大和全球经济形势进行研讨，通常邀请一位加拿大或有关国家领导人发表主旨演讲，意在推动加国内大企业广泛参与国际经贸合作与交流，与会者均为大企业、大公司的决策者。据了解，古德曼律师事务所邀请朱副总理前来多伦多，具有官方背景。加外交部主管官员曾透露，加政府支持该律师事务所邀请朱镕基副总理来访，届时将会安排加领导人会见。

一个月前，加政坛刚发生一件事：马尔罗尼总理宣布将于当年6月同时辞去保守党领袖和加总理职务。加方中止与中方的高层接触已近4年时间，现在加总理辞职在即，莫非他想在去职之前，主动作出积极姿态，迈出改善对华关系的重要一步？朱副总理应该接受古德曼律师事务所的邀请吗？总领事就此议题召集我们讨论。

最终我们统一了认识：当前中国外交压倒一切的任务是，迅速打破西方对我国的制裁。对中加关系而言，当务之急是，实现我国领导人访加，迅速促成两国高层往来，使双边关系正常化。机会可遇不可求，在特殊情况下，我们不必拘泥于常规。至于双方的会见成果，只要朱副总理能顺利访加，与加总理进行高层对话，其本身就是一项打破僵局的重要成果。而且，在当时的政治气候下，中加关系能有所突破也有助于我国从整体外交上打破西方对华制裁。

领馆的看法与使馆的意见不谋而合。在中央的正确决策下，国内决定朱镕基副总理接受加方邀请，于1993年5月16日抵温哥华，再访问渥太华、多伦多、蒙特利尔等市。主要行程为：在温哥华，加联邦众议长弗雷泽机场迎接。在渥太华，马尔罗尼总理单独会见朱副总理，就共同关心的问题交换了意见，并设家宴款待朱副总理。加总督纳蒂辛会见朱副总理，双方进行了友好交谈。在多伦多，古德曼律师事务所举行晚宴，欢迎朱副总理，加农业部长和多伦多市长出席。加工业科技和国际贸易部长威尔逊与朱副总理会谈，并举行欢迎宴会。朱副总理出席"古德曼贸易论坛"，发表题为《中国的改革开放与中加关系》的主旨演讲并回答提问。朱副总理脱稿演讲，内容丰富，针对性强，与会工商企业界领袖反响热烈，掌声不断。朱副总理还接受了加拿大广播公司、加拿大电视台和华人媒体的联合采访。

从上述日程可以看出，加政府接待朱副总理的礼宾规格非常之高，安排会见的加政要，与我国家领导人正式访问无异，显示加方对朱副总理到访的重视。

值得强调的是，马尔罗尼总理单独会见并宴请朱副总理，有助于加方消除对我国的疑虑。朱副总理广泛接触加工商界人士，介绍国内改革开放形势，获得广泛好评。朱副总理接受媒体采访，使加民众4年来首次听到来自中国政府高层的声音，收到良好效果。

我和驻加使领馆的同事们对朱副总理此访感到极为振奋。此次看似不拘一格的访问，打破了坚冰，实现两国高层对话，推动两国关系走出了低谷。

三、喜见中加关系全面恢复

朱副总理此访之后，中加部级团组互访渐趋活跃；加方中止的与我军交流项目随之恢复。加政府提出了对外"发展经济伙伴关系、和平与安全、法制与人权、环境与发展"四大支柱，表示加对华政策将遵循此原则，强调"经济伙伴关系"是加对华政策的核心。1994年，两国贸易总额达32.3亿美元，比上一年度增长25.4%。

中加高层交往也接踵而至。其时，我已调回外交部美洲大洋洲司，在国内继续参与对加工作。1994年4月，加总督纳蒂辛对中国进行国事访问；同月，邹家华副总理正式访加。这标志着中加关系实现全面恢复。

1994年11月，加总理克雷蒂安首次率历史上规模最大的"加拿大国家队"正式访华，代表团中包括10位省长中的9位，和350余名企业家。两国签订经贸合同和意向性协议总金额达70多亿美元，充分显示了加各界，特别是工商、企业界对进一步发展对华关系的积极性。克雷蒂安在致辞中说，近年来中加两国关系发展很好，高层互访不断，中国即将成为加拿大第三大贸易国，相信此访必将进一步推动中加两国关系的全面发展。

1995年10月，李鹏总理对加拿大进行正式友好访问，这是中国10年来对加进行的最高级别的访问。1996年4月，全国人大常委会委员长乔石对加进行正式友好访问。同年11月，加总理克雷蒂安对中国进行工作访问。

1997年7月，我又重返加拿大，任驻加使馆政务参赞。11月，国家主席江泽民对加拿大进行国事访问，分别会见加总督勒布朗、总理克雷蒂安和参众两院议长等主要领导人。江主席与克雷蒂安总理就建立中加跨世纪全面合作伙伴关系达成共识，为中加关系的长远发展明确了方向。

1998年11月，加总理克雷蒂安再次对中国进行正式访问。两国政府签署了面向21世纪环境合作框架声明和关于林业合作的谅解备忘录；两国企业代表签署了总值7.2亿加元的47个商业合同、谅解备忘录和意向书。

1999年4月，朱镕基总理对加拿大进行正式友好访问。我有幸在相隔6年之后，再次参与接待朱总理访加。两国总理会谈之后，共同出席了《中加环境合作行动计划》《中加关于打击犯罪的合作谅解备忘录》《中国从加拿大进口动物制品议定书》的签字仪式。

截至朱总理访加，中加领导人已实现连续6年互访，充分体现了中加关系的密切程度和双方加强交往的强烈愿望。两国为建立跨世纪全面合作伙伴关系迈出了更加坚定的步伐。

奉献篇

难忘的使德近九年

梅兆荣

（前驻德国大使）

我于1988年6月4日赴波恩任驻德大使，16日递交国书。1989年政治风波后，欧盟及其成员国在美国带领下对华实行"全面制裁"。担任大使近九年里，除第一年风平浪静、一切顺利外，后八年始终处于尖锐激烈斗争的风口浪尖。直到1996年11月，以德国总统赫尔佐克访华为标志，中德关系才"雨过天晴"。

一、难忘的经历

出使德国近九年，有三件事令我终生难忘。

一是打破制裁。西方制裁我国的核心借口，是所谓的北京政治风波和人权问题。讲清中国的真实情况和阐明我观点，批驳污蔑不实之词，争取两国关系尽早恢复正常，是当时的首要任务。无论是与官方和议会交谈，还是在公众场合，短兵相接的思想交锋成了家常便饭，制裁与反制裁的斗争始终十分尖锐复杂。国内遵照邓小平的指示，冷静观察，沉着应对，坚持改革开放，以经济建设为中心，做好各方面的工作。经过不懈努力，经济明显发展，国力不断增强，社会稳定，民族团结，国际影响力稳步上升。在此情况下，西方反华势力日渐认识到，中国共产党扎根于人民，不同于东欧国家，不可能一下子推倒，便决定改变策略，即通过接触与合作，在"拥抱中"小步子渗透和演变中国。加之德国各界对我国了解增多，一些友华人士开始发声。总之，出于自身利益需要，西方国家对华政策逐渐改变，至1995年"制裁"措施逐个取消，只保留"武器禁运"这一个"烂尾"至今。1993年，科尔政府出台以中国为中心的"亚洲新战略"，提出要与中国"政治上对话""经济上合作"。1994年这一"亚洲新战略"被欧盟接过去，成为欧盟的对华政策。但不同的政客对"政治上对话"的内涵各有理解，友华人士希望借"对话"来增进相互了解，从而缓解对华制裁的僵局，而一些反华的政客则借"政治对话"来对华施压，影响中国的政治制度，即小步子演变中国。对"经济合作"的理解，似乎有较多的共同点，即从中国这个大市场捞取经济实惠。

二是涉藏斗争。德国是西欧国家中最早挑起西藏问题的，而且与德国内部存在着不同意见有关。1987年7月科尔总理访华主动提出希望去西藏看看，并暗示愿为这个贫困地区提供发展援助，但时任德国外长、自民党主席根舍受德国"西藏帮"的影响持反对意见，因此出现了如下怪现象：陪同科尔访华的外交部国务秘书在完成北京的访问日程后即借口国内有急事而提前回国，即不陪同去西藏；德国驻华大使则以心脏不好为由也不能去西藏；派了使馆公使陪同科尔去西藏，但到南京后这位使馆二把手却因"午睡"错过了上专机的时间。在飞往拉萨的专机上，科尔总理的外事顾问特尔切克，告诉我德国国内围绕科尔访西藏问题出现了强烈的"抗议"声浪。抵达拉萨后，科尔出于对国内形势的考虑，"婉谢"班禅向他面赠藏毯，这意味着拒见班禅。但结束访藏后，科尔仍在公开讲话中盛赞西藏保护了当地的特有文化，认为西藏在各方面取得了巨大进步，"西藏是中央政策的受益者"。

1987年秋，绿党议员凯莉在深夜11时仅有26名议员在场的情况下，强行推动联邦议会通过一项涉藏反华决议。科尔政府不同意该决议，指示其驻华大使向我阐明德政府的立场。作为西欧司司长，我为此拟了一个全面的关于西藏问题的口径，主要指出过去在达赖统治下西藏实行的是政教合一的农奴制，藏族人民没有基本人权；1959年通过改革，西藏百万农奴得到解放，获得了人权，西藏经济发展，藏族人民的生活得到明显改善；达赖过去也是最大的农奴主，现在是披着宗教外衣从事分裂祖国的政客。该口径逐点批驳了德议会决议的污蔑不实之词。

但随着时间的推移，德国各党都有人就西藏问题加入反华喧嚣行列，致使斗争愈演愈烈，顶峰是1996年6月联邦议会通过决议，公然要求中国政府与"西藏流亡政府"进行"谈判"。德国时任外长、自民党人金克尔在议会辩论中竟表示完全支持议会决议，声称该决议包含了德政府西藏政策的基本要素。为此，中方作出了强烈抗议，并推迟金克尔原定是年7月访华的计划。金克尔恼羞成怒，下令中断两国部级以上互访。科尔总理不满金克尔的做法，批评他损害了政府的对华政策，德国经济界也强烈不满并施加了压力。双方关系冷却了三个月之后，德国外交部向我试探是否可恢复两国外长在联大会议期间会晤的传统，以实现两国关系转圜。我方同意，但条件是金克尔必须澄清他在西藏问题上的立场。之后我与德外交部两位国务秘书经过多次商议，德方按我方意思为金克尔起草了四点声明并征得我同意。该声明的内容是：德国政府奉行一个中国的政策；西藏事务是中国的内政；两国关系应建立在相互尊重、求同存异、互不干涉内政和平等互利的原则基础上；解决人权问题分歧的途径应是在平等和相互尊重的基础上开展对话，而不是进行对抗。在金克尔向钱其琛外长宣读了上述四点声明之后，该四点声明公开发表，我方同意金克尔于是年10月访华，为赫尔佐克总统11月访华做准备。赫访华成功，标志着两国关系"雨过天晴"。

另一个难以忘却的经历，是就德国总统魏茨泽克1990年10月4日会见达赖一事进行的交涉。10月3日夜12时，德国在柏林前帝国大厦举行宣告德国重新统一的庆典仪式，德方主要官员均不在波恩，我经多方努力都未能约上总理府或外交部的主管官员，不得不借当晚出席在柏林举行的上述庆典之机找德方进行交涉。国内指示我务必在10月4日凌晨1时前报回交涉结果，因为国内要决定当天由哪位领导人出面接受德驻华大使递交宣告德国统一的信函，以及在何级别上出席德驻华使馆庆祝统一的盛大招待会。我从波恩驱车6个小时赶到柏林，参加当晚12点开始的宣告仪式以及其后的盛大招待会。我想方设法找科尔总理的外事顾问特尔切克交涉，但他正在陪同科尔总理，急匆匆地要走，见到我便摇头表示无法接谈。我在人群中寻找德方主管官员，最后见到联邦政府新闻发言人约尼·克莱因，向他进行了交涉。克莱因对华态度友好，对魏茨泽克将会见达赖表示强烈不满，说此人总是和科尔总理"对着干"，但告诉我总统的决定无法阻止。此时距国内要求答复的时限已不到半个小时，赶到柏林办事处发报已来不及。我只好掏出事先准备好的硬币，通过街上投币式公用电话将交涉结果第一时间口头报告国内。当时我满腔愤慨，中国一贯支持德国统一，德国总统却过河拆桥，刚实现国家重新统一，就开始分裂中国！

三是打掉德国售台武器交易。1992年底至1993年初，德国联邦经济部长、自民党主席穆勒曼极力主张售台10艘潜艇。台湾当局许诺，如德批准该军售，将向德提供大量民用订单。这对德国诱惑力很大，因为当时德造船业十分萧条，为挽救造船业和保住军工技术不流失，迫切需要这一大单。但此事关系到中德两国关系的政治基础，而且此前不久法国刚刚售台60架"幻影2000"战机，如德国再撕开一个口子，整个西欧都将效仿。

根据国内指示精神，也忆起20世纪80年代初荷兰售台潜艇的教训，我动员全馆力量，从联邦政府、有关州政府以及联邦议会各议会党团，到有关造船厂和相关经济界人士，全方位做工作。一是从法理上指出，向一个国家的地方当局出售武器反对该国中央政府，将是干涉别国内政、违反国际法的行为，必将严重损害两国关系。二是指出二战后德国曾作出不向局势紧张地区售武的法律规定，如德方现在批准向台售武，不仅违反德国自己的法律规定，而且要对挑动台湾海峡局势紧张承担责任。三是指出中国一贯支持德国统一，德方现在若忘恩负义，过河拆桥，将在中国人民心目中丧失信誉，严重损害德国形象。这一论据是我从已任德国副议长的前联邦政府新闻发言人约尼·克莱因的一次谈话中得到的启发。当时他说，"中国一向支持德国统一，如果现在我们参与分裂中国，那将是不道德的行为"。四是广泛深入地做经济界的工作，特别是一些与中国关系密切的大企业，着重指出，若德对台售武，中方将不得不对德实行制裁，即使与售台武器无关的企业也将受损，为此希望他们为自身利益而对政府施加影响，不批准售武。五是建议国内迅即出台对法惩罚措施，表明我方的惩罚警告不是虚张声势，起到杀鸡儆猴的作用。经过约3个月的交涉和工作，德国联邦安全委员会在科尔总理主持下通过了不向台湾地区售武的"原则决定"。我方也履行承诺，将已与法方大体谈妥的广州地铁项目给了德国，还购买了一批德国东部生产的列车车厢。

二、与科尔总理深交

我任驻德大使期间，深感德国老百姓对中国缺乏了解，但并不因此而对中国有什么反感。问题在政界，有些人对华有偏见，甚至在同一个党的领导层也有不同的对华态度，他们相互之间有时还针锋相对。科尔总理的对华态度友好、坚定，我与他于1974年相知但不相识。当时我在驻联邦德国使馆工作，科尔任基民盟主席和莱法州州长。他主动提出访华愿望并派其政治秘书特尔切克同我联系。访问非常成功。我和科尔是在1984年科尔作为联邦总理第一次访华时相识的。我时任外交部西欧司主管副司长，为此访会谈的实质内容做了具体准备并全程陪同。访问硕果累累，特别是围绕上海宝钢冷轧项目，德日两家竞争激烈。在科尔的推动下，德方企业降价1亿美元，邓小平同志敲定与德合作，击败了日企。

科尔离京时，我去机场送行，他在登机前对我说："我知道你默默无闻为此访成功做了很多工作，非常感谢你。"之后，我陪同我国领导人访德时都参加双方领导人小范围会谈并做记录。我出任驻德大使后向科尔做上任拜会时，他明确表示："如你在其他部门遇到困难，可直接找我。"当时科尔对自民党掌管的外交部信不过，常派其外事顾问直接与几个大国沟通。观察到这一特点，我始终与总理府和外交部都保持密切联系，而与总理外事顾问交涉往往更能解决问题。随着时间的推移，科尔对我产生了一种信任感，觉得直接找我谈他关心的问题更能解决问题。

1989年8月，我应邀出席联邦议会举办的露天消夏酒会，正值西方刚开始对我国实行"制裁"，有些人为了避嫌而回避与我接触，唯科尔主动走过来与我交谈，还对我说："我们家里有老鼠，现在我放了两只猫，情况好了。"我当时不解其意，但不敢追问。两年后我问科尔此话何意，他说，"老鼠是指党内有人要推翻我"，我也没有进一步追问。过了一年，我去科尔家作客，两人边谈边喝他家乡的葡萄酒，我问他当时谁要推翻他，他径直告诉我：魏茨泽克总统。

1995年，我与科尔总理的时任外事顾问比特里希就国际局势交换看法，谈话结束时比特里希突然告诉我，基民盟内有人要求科尔总理会见达赖，科尔指示他征求梅大使的意见。我瞬间意识到，我的反应和表态将对科尔的决定起关键作用，必须坚决打消他会见达赖的念头，但要晓之以理，动之以情。于是，我先是指出达赖是披着宗教外衣的民族分裂主义者，并阐述了中国政府对外国政要会见达赖的立场，表示坚决反对科尔会见达赖。然后以个人看法说，科尔总理多年来对华友好，在中国已积累了很高声誉，如果现在会见达赖，过去所做的一切将前功尽弃。请总理三思而行。现场做记录的总理府处长送我出门时告诉我，将把我说的话原原本本直接报告科尔总理。不久，这位处长电话告诉我：科尔决定不见达赖。若干年后，偶然在瑞士见到已退休的比特里希谈起此事时，他说："科尔当时让我征求你意见，后来又决定不见达赖，都是他信任你的表现。"

三、几点感想

我任驻德大使近九年，由于当时的形势，大部分时间充斥着斗争，主要是围绕"制裁与反制裁"以及人权、涉藏和售台潜艇三大问题。但外交工作不只是"斗争",实际上更多的是做相互沟通、促进了解和理解的工作,起推动互利合作的桥梁作用。但就外交斗争这一面而言,有两点感悟或体会尤其深切。

一是要忠于祖国,对党和国家的事业有坚定的信念。作为外交官,如果对祖国的事业和党的政策缺乏信心,就不可能理直气壮地为维护国家利益挺身而出。对外表现软弱窝囊,对方只会瞧不起你,甚至会得寸进尺欺侮你。当然也不能妄自尊大。此外,中国的和平发展举世瞩目,大国、小国对我国强大起来的反应不尽相同,我们面对的环境和对象也错综复杂。因此,无论是斗争还是做工作,都要区别对待,注意针对性。也就是说,必须保持坚定的政治定力和自信,同时也要谦虚谨慎,切忌讲大话;既要敢于斗争,又要善于斗争,注意策略运用。

二是要不断地培养和提高各方面的能力。不论是做耐心细微的宣介工作,还是进行短兵相接的交锋,都要有说服力,即要有事实依据和强有力的逻辑性。为此,必须熟悉相关情况和积累必要的专业知识。还要学会对方容易接受的语言和方式,善于击中对方的要害。为此,事先必须做好相关的调查研究工作。机遇之窗转瞬即逝,必须提高政治敏感,培养瞬间抓住要害,即时作出恰当反应的本领。总之,要通过勤学苦练,深入思考,脑子里装满对各种问题的应对之策。就像美国西部片子里的牛仔那样,腰间挂满子弹,关键时刻迅速出手,一击中的。

中非风雨同舟兄弟情

——记中国为多哥重建被洪水冲垮的三座桥

杨 民

（前驻多哥、马达加斯加大使）

2008年7月，一场特大洪水冲毁了多哥国家1号公路75公里处的阿马帕佩大桥和18公里处的多布雷科佩桥，损坏了60公里处的利利波贝桥。多哥总统福雷致信中国国家主席胡锦涛，希望中国政府帮助多哥修复被洪水冲毁的三座桥。在胡主席关心下，中国政府迅速作出响应，根据多方请求和中国驻多哥大使馆建议，同意提供无偿援助为多哥重建被洪水冲毁的三座桥。

中国政府为多哥重建三座桥是在多哥发生洪灾后雪中送炭之举，帮助多哥摆脱了国计民生因三座桥垮塌遭遇的困境，充分体现了中多人民和中非人民风雨同舟的兄弟情，得到了多哥高层领导、社会各界和普通民众的高度赞扬。这一成为中多友好史上佳话的事件发生在我担任中国驻多哥大使期间。

一、胡锦涛主席迅速回应福雷总统援助请求

多哥总统福雷已答应出席2008年8月8日北京奥运会开幕式。可是，就在离开幕式只剩一周、福雷总统即将启程去北京的时候，7月31日福雷

总统紧急约见我，请我报告胡锦涛主席，因为多哥发生严重水灾，他不得不取消前往北京参加奥运会开幕式的行程，他衷心祝愿北京奥运会取得圆满成功。

8月5日，福雷总统请中国大使馆转交他写给胡主席的一封亲笔信，信中除了说明他因洪灾不能出席奥运会开幕式，还介绍了洪水冲垮多哥多座桥梁，致使国家1号公路被切断，给多哥国民经济和百姓生活造成严重后果，请求中国政府帮助多哥修复被洪水冲毁的三座桥。

8月13日，我按照国内指示约见福雷总统并告诉他，胡主席收到了他的信，对总统不能出席开幕式表示理解，对多哥人民遭受水灾表示同情和慰问，中方愿积极考虑向多哥提供救灾援助。中国政府将在近期派专家到多哥考察修桥方案。

福雷总统对胡主席的回应感到惊喜和满意，请我转达多哥政府、人民和他本人对胡主席、中国政府和人民的感谢。总统说，胡主席如此迅速地对他的信作出积极回应，中国政府如此及时地满足多方援助需求，使他深受感动，这充分体现了中国政府和人民对多哥政府和人民的兄弟友好情谊。

二、三座桥能否修复关系到多哥国计民生

福雷总统在向我解释为何请求中国修桥时说，水灾对多哥交通基础设施造成了很大破坏，不仅造成人员伤亡，灾民无家可归，还冲坏了国家1号公路上的桥梁，导致南北交通严重阻塞，使多哥的经济雪上加霜。多哥北方人民本来就贫困艰难，交通阻塞导致基本生活品不能运到北方，商品价格上涨，进一步加剧了北方人民的痛苦。首都洛美港是本地区货物集散地，由于国家1号公路受阻，洛美港失去了许多客户，对多哥经济是沉重打击。

国家1号公路是多哥南北交通干线，承担着多哥公路运输总量的62%，

是首都洛美港货物运往西非内陆国家的重要陆路通道，关系多哥经济命脉。多哥食品公司总经理巴多胡对我说，国家1号公路三座桥被冲垮后，多哥北方邻国布基纳法索、马里、尼日尔的货物已经改从科特迪瓦和加纳的港口转运了，对多哥经济产生严重不良影响。多哥人希望中国政府能帮助多哥修复三座桥。

国际著名的马士基海运公司驻多哥代表佩特森专门约见我，他说，阿马帕佩桥垮塌后，海运公司只好把原来经洛美港转运的布基纳法索、马里、尼日尔等内陆国家货物分别改从科特迪瓦的阿比让港和贝宁的科托努港转运，洛美港装卸货物因此剧减，肯定会影响多哥经济。

三、中国以最快速度帮助多哥修复三座桥

在7月27日三座桥垮塌当晚，多哥总理马利打电话向我求助，他说国家1号公路上最大桥梁阿马帕佩桥刚被洪水冲垮，要求通过我请在多哥的中国工程公司帮助修复。我立即让在多哥的中国成套范经理、安徽建工章经理、福建建工杨经理去现场察看，并核实他们能否修复垮桥。三个中国公司经理查看后告诉我，由于垮桥处河面跨度太大，他们均无技术力量和机械设备完成修桥任务。

于是我立即转而打电话给国内中国路桥副总经理文岗（后任中国路桥总经理、董事长），请中国路桥派专家来多考察并提出修桥方案。我对他说，如果中国路桥能帮助多哥修复桥梁，将有助于中国路桥在多哥树立良好形象并顺利进入多哥市场。文岗当即决定派公司的沈学军率领专家组从刚果（金）来多哥考察并提出修桥方案。

当8月5日福雷总统向胡主席发求助信时，我已经得到了中国路桥专家组初步修桥方案。7日，大使馆把福雷总统求助信报回国的同时，建议中国政府积极回应多哥请求，尽快帮助多哥修复桥梁，以体现中非患难见真情的兄弟关系，达到加深中多政治互信，促进互利合作的效果。

8月15日，沈学军带领中国路桥专家组进一步勘查垮桥情况，提出了中国路桥从邻近国家调运施工设备到多哥，先在垮桥旁建一座能通过60吨卡车的临时桥，然后动工修建永久桥。9月3日，我带沈学军向福雷总统介绍了中国路桥修桥方案，总统听后非常满意，称赞中国政府对多哥援建桥梁要求反应如此迅速，工作做得又快又好。

9月底，中多两国政府换文确认，中国政府同意为多哥援建三座桥，修桥工程交由中国路桥设计和承建。11月初，中国路桥与多方签署了项目施工合同，预定工期1年。第二年1月三座桥建设正式开工，同年9月底三座桥工程提前40天安全优质完成。

四、其他国家对多哥求助没有实质回应

在洪水冲垮国家1号公路三座桥后的第三天，多哥总理马利集体会见包括我在内的各国外交使节和国际组织代表，通报了洪灾灾情并请求援助。多哥安全部长蒂蒂皮纳向各国外交使节和国际组织代表表示，灾情十分严重，多哥无力应对，希望各国能帮助多哥修复垮桥。形成鲜明对比的是，除了中国政府对多哥求助呼吁迅速回应外，其他国家和国际组织没有实质性回应。

多哥政府最先向始建阿马帕佩桥的法国紧急求助，法国虽然表示愿意帮助多哥修复桥梁，也曾经派法国驻加纳的工兵到多哥勘查，但最终表示无能为力，无功而返。

多哥新总理洪博对我说，世界粮农组织曾委派一家瑞士公司来多哥商谈修桥事宜，但是没有任何实质性步骤。国际货币基金组织驻多哥代表对帮助多哥修桥没有任何表示，却问我中国为多哥修桥使用什么资金，他担心使用商业贷款会增加多哥债务负担，我说中国政府用无偿援助帮助多哥修桥，他便无话可说。

五、充分体现中非人民风雨同舟兄弟情

2009年10月7日，盛大的三座桥竣工仪式在国家1号公路75公里处举行，多哥总统、总理、宪法法院院长、19名部长以及当地官员、酋长和居民等5000多人出席。福雷总统和我为三座桥竣工通车剪彩，多哥公共工程部长卡杰和我分别致贺词，当地省长致感谢词。

福雷总统在仪式上对我说，他本人和多哥政府十分感谢胡锦涛主席和中国政府为多哥修复被洪水冲垮的三座桥，这为多哥解决了很大的困难。福雷总统高度赞扬中国路桥工程技术人员吃苦耐劳，用很短时间高质量完成工程，建成了如此漂亮的桥梁。卡杰部长在致辞中说，三座桥的竣工是中多合作成果的体现，有利于振兴多哥经济，请杨大使转达多哥政府对中国政府的诚挚感谢。

无论是多哥高层官员、社会各界还是普通百姓，都对中国援助多哥修复三座桥给予高度评价。福雷总统在2009年初新年团拜会上特别感谢中国及时援助多哥修复三座桥。洪博总理对中国路桥的工程质量和效率表示高度赞赏。邦福议长表示，中国政府的宝贵帮助为多哥解决了重大困难。他察看三座桥工地时，看见中国路桥工程技术人员十分敬业，技术精湛，工程进度和质量令人满意，他对此表示敬佩。

多哥外交与合作部长奥欣说，中国为多哥修复三座桥对多哥帮助很大。中国了解非洲的需要，给了多哥实实在在的帮助，赢得了非洲国家的信任。多哥总统外交顾问埃萨夫说，洪水冲毁了国家1号公路三座桥后，中国政府如此迅速和高质量地修复桥梁，解决了多哥国计民生方面的最大难题，给了多哥最大的帮助。

多哥安全部长蒂蒂皮纳说，中国政府很快应多哥请求帮助多哥修复三座桥，这件事如果让法国人做，他们会提这个条件那个条件。中多之间的合作是真正的双赢，而西方国家同多哥的合同，只有西方国家一赢。多哥

军队总参谋长阿耶瓦说，多哥找了西方国家，他们提出的造价很高，工期很长，不能及时修建。中国政府很快就帮助多哥修好了三座桥，真是救了多哥。

多哥新闻部秘书处处长道提说，所有多哥人都对中国在多哥最困难时及时援助修复三座桥心存感谢。连小孩子都知道三座桥是中国帮助修建的，三座桥是多中友好合作的典范。多哥卡车司机协会会长专门写信给我，表达在国家1号公路上跑运输的卡车司机对中国帮助多哥修复三座桥的感激之情。

阿德蒂科贝镇距离首都洛美18公里，距离被洪水冲垮的多布雷科佩桥5公里，居民主要从事农业和农产品贸易，是洛美蔬菜水果供应者。阿德蒂科贝镇的酋长邀我前往该镇参加一个隆重的致谢仪式，酋长在感谢词中说，当时洪水冲毁了多布雷科佩桥，淹没了镇上大片地方，给居民生活和生产造成很大困难，农产品贸易被迫中止。中国政府用不到一年时间帮助多哥把新桥建好，方便了当地民众，他代表当地居民向中国政府表示深切感谢。

六、援助带动互利合作的成功范例

中国路桥以中非合作大局为重，具有正确义利观。三座桥作为援外项目资金没能很快到位，中国路桥本着国家利益至上、服从外援大局的精神，自行垫资，克服困难，精心施工，严格把关，安全优质高效地完成了中国政府援建多哥三座桥工程，为祖国和人民争得了荣誉，为中多、中非合作作出了贡献。

中国路桥副总经理文岗曾专为落实三座桥工程访问多哥，我陪同他拜会了福雷总统，文岗向总统表示，中国路桥一定按期、保质完成三座桥修复工程，并愿积极参加多哥其他项目建设。福雷总统说，多哥发生严重水灾后，中国政府派中国路桥为多哥实施修桥工程，他非常感谢中国政府提供的帮助。

中国路桥垫资实施三座桥援外项目，虽然工程款较晚到位，经济上受到一些损失。但是，中国路桥修复三座桥之后，一举赢得了多哥政府的信任。不久之后，多哥政府把利用中国政府优惠贷款实施的洛美绕城公路项目和1号公路改造项目交给中国路桥承建。在福雷总统亲自过问下，中国路桥还在多哥中标获得了多个第三方出资的工程项目。此前一直想进而未能进入多哥市场的中国路桥，终于成功进入了多哥工程承包市场。这是中国企业以经援项目铺路拓展互利合作的成功范例。

亲历利比里亚流血军事政变

陈来元

（前驻莱索托、纳米比亚大使）

自1982年12月至1987年4月，我曾在中国驻利比里亚大使馆工作。工作期间，我亲身领略了该国动荡不安的政治局势，特别是遇上了一次已经成功但最终归于失败的流血军事政变。这次政变虽一时被平息下去，但从此利比里亚开始了更加动荡的政局和长期的流血冲突。这次政变距今虽已时隔30多年，但当时的一幕幕情景在我脑海里仍记忆犹新。

一、广播中传来政变成功的消息

1985年11月的一天清晨，我起床后习惯地打开了放在床头柜上的收音机。凝神一听，利比里亚国家电台正播出一条令人十分震惊的新闻：利比里亚武装部队参谋长奎翁巴将军发动军事政变成功，推翻了国家元首塞缪尔·多伊领导的军政府。政变领导人奎翁巴将军向全国发表讲话，称多伊政府是一个腐败的政府，弄得国内民不聊生，它已不能代表人民，也不能继续领导利比里亚这个国家。因此，利比里亚的爱国军人起来将它推翻。奎翁巴将军还要求全国人民保持镇静，支持新政权，共同建设自己的国家。

驻在国发生军事政变的消息立即在大使馆传开。我和使馆的同志们顾不上吃早饭，马上出去观察形势，了解各方人士及广大公众对这次政变的反应。我们到了大街上，只见到处已是人山人海，男女老少笑语欢声，载歌载舞，庆祝政变获得成功。

这次军事政变是利比里亚历史上的第二次军事政变。事虽来得突然，但并非偶然。第一次军事政变发生在1980年4月12日。这一天，担任保卫总统府重任的军士长多伊，率领手下16名士兵在总统府发动军事政变。他们冲进了总统办公室。但面对他们平时十分敬畏、此刻又对他们软硬兼施的总统，多伊害怕了，后悔了，动摇了，不敢下手。正当多伊犹豫不决时，参与政变的士兵奎翁巴挺身而出，对多伊和其他士兵说：事已至此，只有一条道走到底，立即把总统杀掉，大家才有出路。如果今天放了总统，明天我们17个人就只有死路一条。在奎翁巴的这一提醒及其果敢精神的鼓舞下，多伊终于横下一条心，下令开枪将托尔伯特总统活活打死在总统办公室里。随后，多伊又通知平时与总统关系较密切的七八名部长到总统府"开会"，当他们陆续到达总统府后，多伊立即将他们一一逮捕，押送到海边，绑在沙滩上的木桩上统统开枪打死。

这第一次政变就这么轻而易举地成功了。奎翁巴在紧要关头砥柱中流，发挥了主心骨的关键作用，故在政变后成了多伊军政府中的第二号人物，掌握着军队的实际指挥大权。开始两三年，多伊与奎翁巴的关系还算不错，但后来两人逐渐发生了政见分歧。主要是多伊专权腐败，贪图享乐，置人民疾苦于不顾。而奎翁巴则比较清正廉洁，想为人民办点好事、实事。

对于多伊的腐败和奎翁巴的廉洁，我本人也有切身体会。我在利比里亚首都蒙罗维亚的一家汽车修理厂，就亲眼见过多伊乘坐的汽车是一辆黑色奔驰1000加长超豪华型防弹轿车。又听一名马来西亚商人说，他在利比里亚采伐木材，除向当地有关部门按合同付款外，还要在合同外向多伊夫人交钱，每采伐一立方米木材就要向她支付5美元。而奎翁巴确实比较清廉。他贵为军政府中二号人物，又掌握军队实权，可谓权倾朝野，但他举行婚礼却一切从简，悄然无声，连驻利比里亚的外交团也没有通知。事后，我馆刘溥大使让我去送给他一件礼品。我记得是一幅画，用礼品纸包好后给他送去。我原以为他一定住在一幢像样的别墅里，想不到他就住在军营一栋极普通的平房里，陈设也十分简陋。实际上，他平时都和士兵摸爬滚打在一起，深受士兵爱戴。

奎翁巴对多伊的腐败日益不满，多次向多伊苦谏，希望多伊以国家大局为重，廉政爱民。但多伊不认为他有什么不对，对奎翁巴的话就是听不进去，仍然我行我素，二人矛盾激化。在这样的情况下，军权在握的奎翁巴发动一场政变推翻多伊，就是不可避免的了。

二、奎翁巴麻痹轻敌使政变遭到失败

奎翁巴发动政变，得到了大多数军人和广大人民群众的支持。但与此同时，他也被一时的胜利冲昏了头脑。他只看到在首都他身边的军队一举拿下了广播电台，又包围了总统府，全国都知道他已政变成功，百姓万人空巷上街庆祝，而忽视了参与政变的军队尚未攻占总统府，更未调集首都以外的军队开赴首都支援他，巩固政变胜利成果。他只忙于接受群众的欢呼，而忘记了立即采取措施，不给多伊组织反扑的机会。结果，被困在总统府内的多伊，一面利用建筑物的优势，组织总统府卫队阻挡奎翁巴部队的进攻，另一面以利比里亚武装部队总司令的名义，向驻守在首都郊外巴克莱训练中心的部队指挥官下达命令，要他火速率其部队解救总统府之危，并重新夺回广播电台。

驻守巴克莱训练中心的指挥官与多伊平日关系不错，加之多伊以高官厚禄许之，立即率其所辖的两营部队直扑首都蒙罗维亚。首先以绝对优势兵力打败了守卫电台的政变部队，夺回了电台，并在电台反复播放多伊在总统府预先录制好的录音讲话。多伊在录音中对全国军民讲，奎翁巴发动的政变已经失败，他自己安然无恙，仍是利比里亚的国家元首。他号召全国军民与政府站在一起，彻底粉碎这场政变。接着，巴克莱训练中心的部队又乘胜攻击包围总统府的政变部队。包围总统府的政变部队从广播中听到政变已经失败的舆论宣传，知道电台已失守，士气受到影响，在总统府卫队和巴克莱训练中心部队的内外夹攻下被打垮。就这样，奎翁巴发动的这场政变最后以失败而告终。

三、宵禁期间我每天都在枪口下工作

就在多伊挫败奎翁巴政变的当天，利比里亚国家广播电台宣布在全国实行宵禁。禁令称：从晚上6点到次日早晨6点，不论是利比里亚人还是外国人，包括各国驻利比里亚的外交人员在内，都必须待在房屋里，不得外出。若在晚6点至早6点期间发现有人在室外，一律格杀勿论。与此同时，首都蒙罗维亚城内的主要路口及从首都通向机场及外地的各个交通要道全都布满了岗哨，由荷枪实弹的士兵把守。我清楚记得，从首都蒙罗维亚到郊外罗伯茨国际机场的路上就布了4道岗哨。

当时，我是大使馆的二等秘书，主管外勤、礼宾、文化事务、侨事等诸多工作，加之当时驻在国电话线路经常不通，对外联络、办事、采买等事务主要靠自己出去跑，外出办事是我每天必不可少的任务。别人几天不出去不要紧，而我一天不出去也不行。外面这么乱，又必须往外跑，只有靠自己胆大加小心了。另外，我每次出去都在车上多带一些小瓶白兰地酒、折叠纸扇、清凉油之类的小礼品，以此"逢山开路，遇水搭桥"。我外出办事当然不会在早上6点前出发，但下午外出办事就不能像平时那样，早一点、晚一点回来都没有关系了，而是要掌握在5：30左右必须回到使馆。

有一次，我到机场去接新派馆员王晓同志，按飞机正常到达时间，下午5：30左右将人接到使馆应无问题。但不巧飞机晚点，我只好为他在机场旅馆安排好房间，再与有关航空公司设在机场的办公室联系，给值班人员写了一张字条，告诉他们我馆新来馆员的姓名和我为他安排的房间号码，请他们帮助在机场接一下他，再领他到机场旅馆住下，并请他们务必告诉他下午6点到早上6点这段时间不能到室外活动，第二天上午我再到机场接他回使馆。安排好一切后，我则赶快驱车返回使馆。经过4道岗哨，到达使馆已是5点50分，离那个"格杀勿论"的时间还有10分钟。真的好悬啊！那时整个利比里亚电话线路都不畅通，更无手机，我与使馆失去了联系，必须返回使馆，不然使馆不知我在外面出了什么事，得急死人。但大使馆的人在5点半时还见不到我把王晓接回使馆，都走出办公楼到院子里焦急地等着我，并为我们捏一把汗，生怕我们在路上出什么事。我回到使馆并告诉大家，由于飞机晚点，我未接到王晓同志，但我已经在返回使馆前在机场为他安排好了一切，这样大家也就都放心了。第二天早上，我再次去机场将王晓接回。

要在平时，我坐在挂着外交车牌的外交车上，外出办事都是一路上畅通无阻的。但在政变期间，情况却大不一样。不管你是什么人，坐什么车，经岗哨时一律都要停车、下车，接受检查。我们使馆位于首都蒙罗维亚的城边上，进城、返馆都要经过三四道岗哨。车子靠近岗哨时必须开得很慢，到了岗哨前必须停下，人下车，拿出身份证接受检查。当车子缓缓驶向岗哨时，几个士兵的枪口一齐对着车头；我走下车后，又将枪口一齐对着我，其中一人则过来检查我的证件。我说明我是中国外交官，同时拿出外交官证，又拿出早已准备好的小瓶酒、折叠扇之类的小礼物相赠，这样我就可较快地被获准放行，打开汽车后备箱检查有时也可免去。

在实行宵禁的十多天中，我每天至少要进城或去机场一趟，来回都要经过三四道岗哨，那乌黑的枪口每天总有十次、八次对着我的胸膛。说实在的，当时我并没有觉得害怕，总认为我是一名外交人员，而且是一名中国外交官，只要我不做违规的事，当地士兵绝不会伤我。这话在理论上讲当然是对的。但实际情况呢？子弹已经上了膛，那乌黑的枪口老是对着我，若是哪天哪个士兵万一在不经意间扣动扳机，那麻烦不就大了？现在回想起来，还真有点后怕哩。

险情面前

郭天禄

（前驻外使馆外交官）

根据川航机组真实故事改编的电影《中国机长》看得人惊心动魄，热泪盈眶。

我试图尽快走出电影回到平和安静的现实中，但没有成功。一个个令人刺激、震撼而又后怕的镜头竟和我十多年的外交信使生涯的诸多情节重叠、幻化、融汇在一起，心境的波涛翻腾不已，自己和信使战友经历的险情一桩桩、一件件跳了出来。

一、危难方识信使心

十多年前，外交信使阿明和小高遇到了同川航3U8633航班极为相似的状况。

是日，天朗气清，明、高搭乘TG682班机由曼谷赴河内执行任务。飞机平稳离开地面直冲蓝天。20分钟后，飞机接近平稳高度，面带微笑的泰航空姐开始服务，将一杯杯饮料送到乘客面前。

突然，一声巨响像长空霹雳把乘客震得目瞪口呆，飞机急剧下沉像坠入万丈深渊，又如打秋千般地摇晃颠簸，备餐间里的刀叉盘碟啪啪作响，乘客水杯中的水四处飞溅，人们的五脏六腑好像错了位。紧接着，又是一声巨响，团团白雾如决堤洪水冲入机舱。刹那间，机舱内冷似冰窖，寒气刺骨，人们哆嗦着，大口大口地喘着粗气，老人们憋得满脸青筋，孩子们哭叫两声后再也哭不出来了。明、高二人强忍着严寒和几乎无法承受的低气压，一只手下意识地将邮袋拖进身边，另一只手使劲去够已经脱落下来的氧气面罩，然而面罩放到嘴上根本吸不到氧气（氧气面罩间歇性充气，能维持人的最低需求）。飞机在继续颠簸，在急剧下沉，白雾仍不停地涌进机舱，寒风呼啸着将机舱内的布帘撕裂，餐巾纸、报纸杂志夹杂着旅客的衣物满机舱飞舞，向后舱冲去。此时此刻，已经听不到乘客的动静，信使自己也感到无法忍耐，到了很快要窒息的程度了。凭着意志和多年的经验，他们判定飞机一定出大事了，很可能驾驶舱的挡风玻璃炸了。若如此，风力和寒气将置驾驶员于何种情况可想而知。如他们忍耐不住，失去控制，无法驾驶，后果将不堪设想。信使二人虽难镇定自若，但头脑还算清楚。他们将邮袋夹在两腿之间，尽力护住邮袋。

大约15分钟后，温度回升了，气压渐渐正常，五脏六腑慢慢回到原来的位置，呼吸也不那么难受了。回头看看旅客千姿百态，有的张着嘴，有的闭着眼，有的扒着，有的抱住头。只有空姐一个个背着活动的氧气瓶忙碌着。这时机长才用惊魂稍定的语气广播说："飞机已得到控制，正飞向曼谷机场准备降落。"

又过了半小时，飞机着陆了，停机坪上5辆消防车和一辆救护车严阵以待。我们两位信使提着邮袋疲惫地走下飞机。当机上乘客又喊又叫、惊慌无措的时候，两位中国信使镇定自若、冷静观察。泰航空姐对此敬佩不已，临下机前对他们说："You two are great！"（你俩真不简单！）

劫后余生，老外们不分你我，相互拥抱着。大家涌向机头，纷纷拿出照相机、摄像机，对着驾驶舱一个劲拍照。驾驶舱右侧靠后一块挡风玻璃没了，只留下一个直径80厘米的大洞。信使也拍了一张照片以作永久的回忆。

事后得知，飞机出事时已达7000米高空，舱外温度零下40℃，机长已向地面报危。在失控、失重、失压、低温、强风、缺氧的情况下，飞机能安全降落，乘客无人伤亡，这在航空史上也是一个奇迹。

二、千难万险若等闲

外交信使在工作中难免遇到险情。一般认为，险情是指在信使文件传递过程中，对信使文件和信使人身安全造成严重威胁的外部环境。其特点是事发突然，时间紧急，应对时间仓促，后果难测。

在信使生涯中，不碰到险情的情况极为罕见。其因盖出于职业的特殊性。信使乘机出行的频率远远高出其他行业。一个五年以上队龄的信使，飞行里程可能要达百万公里以上，要遇到数百次飞机起降，要多次跨越气流多变区。另外，信使乘坐的飞机机型，除安全系数相对较高的大型飞机外，还要乘坐不同类别的小型飞机，有时不得不乘坐非常破旧的飞机。

信使遇到的险情五花八门，有政变、遭人绑架、被敌暗算，有飞机失控、被劫持、遭遇雷电、发动机着火、机舱玻璃爆裂等，惊心动魄。没有身临其境，人们很难理解与死神擦肩而过的感受。

老罗同志乘坐的飞机自沙迦机场起飞不久，一个发动机着火。按规定，加满油的飞机必须把油撒空后才允许降落。飞机在海面上低空盘旋着，一圈又一圈，撒油持续了20多分钟。罗后来回忆说，那是长过20小时的20分钟，是一种折磨，因为你不知道结果如何。机舱内有人祈祷，有人惊恐，但我们首先想到的是文件如何处理，是保证绝密件的绝对安全。当然也想到死，想到家人，但从事了这个职业，也就有了一种豁出去的感觉。不少遭遇险情的信使都与老罗有同样的想法，都有一种豁出去的劲头。

险情有时竟鬼使神差般地连环发生，很有点儿大年小年的味道。比如有一年的夏季三个月内连续发生了三次大的险情：机舱静电爆炸，险些酿成大难；起落架爆胎失灵，飞机冲出跑道；万米高空一个发动机着火。险情有时又好像调皮的顽童，专找特定对象嬉戏。我自以为运气比较好，自诩在非洲工作多年未"打过摆子",在信使队工作未遇到大的险情。人不可得意忘形,话不可说过头,物极必反,乐极生悲,天意难违啊!

让我刻骨铭心的一次险情发生在乌干达飞往肯尼亚内罗毕的航班上。当时飞机冒着大雨起飞。天阴得很重,机舱内能听到远处的雷声。几分钟之后,飞机开始上下颠簸起来,像坐过山车的感觉。10多分钟后,飞机依然还在云雨中。此刻,闪电射进的舱内,惊起舱内旅客的阵阵尖叫。闪电在机翼端一闪一闪的,发动机的声音已被雷声淹没。突然,"忽"的一下,飞机像做物体垂落试验一般急速下沉,刹那间,感觉心跳到了嗓子眼,紧接着,脑子一片空白,什么都不知道了。几秒之后,意识恢复。机舱内没有任何动静,只听见发动机沉重的轰鸣声。旅客似乎对刚才发生的一切还没有反应过来。我们两人互相看看,简单商议一下应急处理事宜。飞机像老牛拉破车般慢慢爬升。忽然又是一个急速下沉,舱内旅客一片惊叫。紧接着,"咣当"一声又把旅客惊呆了。我对同伴说:"飞机可能被雷电击中,说不定机肚子上有个大洞。"同伴说:"看好咱们的东西,一切听天由命吧!"飞机依旧上下颠簸,左右晃动。猛然一下,飞机跳出云层,暗蓝的夜空中月明星稀。这时,机长广播说:旅客们受惊了,刚才飞机遇到雷雨,我们没有别的办法,只有一条路,冲出雷雨层。现在飞机正常飞行。经询机组人员得知,飞机是自动驾驶,一般情况下,降到一定高度能自动调节。但如较长时间失速,后果就严重了。对"咣当"声音的解释是,可能是货仓内的东西因飞机急降被抬了起来,然后又猛烈掉下来。万幸的是货仓东西并不多。

现在飞机的性能即使大为提高,但一些意外也不时发生。尤其对于我们这些以乘机为职业的人来说,碰上意外就不足为奇了。

一次,我们从伊斯坦布尔前往安卡拉。所乘飞机是从欧洲某地飞来的。选择这种国际航班主要是国际航线上的飞机一般比较新,安检也比较严格,出事概率相对要低点,正点率也比国内线高许多。我们按时登上飞机,没有发现任何异常。伊市与安卡拉飞行不到一个小时,飞机很快就降落了。

到了使馆，有关同志告诉说接到国内有关部门通知，该次航班上可能有爆炸物。我们吃了一惊，但没当回事。回到国内后了解到，情报是国外传来的，因时差或者周转程序上原因，当总领馆得到消息时我们已经在空中了。谢天谢地，我们当时并不知情，要不一路上都会提心吊胆的。当时那个年代，恐怖活动猖獗，加之安检设备性能滞后或者地面安检人员的疏忽，法航、泛美、英航都发生过飞机被炸的事件。

因不知情，我们也谈不上虚惊。但我的一位姓刘的同事在空中遇到的没有爆炸物的爆炸就惊心动魄了。

刘搭乘US117航班从渥太华返回纽约。飞机冒雨起飞，升空后15分钟尚未冲出云雨层。突然，他的头顶上传来爆炸声，声响很大，并伴有闪光和烟雾。他的头上、肩上落满了许多白色粉末。同时，前舱后面几排座位上方也发生爆炸。座位上方行李架边缘的金属板被炸开，前舱空姐座位上方的灯管被炸碎，有机玻璃护板耷拉下来，信号灯护板被震落在地，靠窗的壁灯被炸开，吊在空中。飞机剧烈晃动和上下颠簸，舱内压力突变，耳膜、头胀痛难耐，乘客惊慌不已。刘心里难免紧张，但表现镇静，一直把文件袋紧紧握在手中，并从思想上和措施上做好了准备。飞机飞行40分钟后才逐渐平稳下来。飞机在纽约肯尼迪机场降落后，人们才从惊恐状态中松了一口气。事后，空姐告："今天飞机上发生的事故属静电爆炸，侥幸的是爆炸后没有起火，否则，后果不堪设想。"

三、以身许国复何求

险情毕竟难以预测，考验总是不期而至。但无论险情多么凶险，情况多么复杂，时间多么紧迫，我的信使战友们始终以国家利益为重，他们用自己的汗水甚至生命实践着"人在文件在""誓与文件共存亡"的职业操守和责任担当。

　　大李乘坐的埃航因飞机起落架放不下来不得不用飞机肚皮迫降。经三次反复，迫降成功。旅客们或呼喊或祈祷，惊恐地顺着备用滑梯逃生。因为飞机随时都有爆炸的危险。但信使遇到难题，因飞机变形放在座位下的文件袋怎么也拉不出来。空姐催促着最后两位旅客，声音都有点变了。"邮袋安全重于泰山，重于生命，绝不能丢下邮袋自己逃命。"大李心中十分焦急，咬紧牙一使劲竟然把椅子拉了下来，然后拿上邮袋急速离去。不要说空姐们不理解大李们当时的行为，就是局外人也觉得不可思议。但在信使同行们眼里，这种认死理难能可贵。

　　肖青，延安时期参加革命、任期最长的信使队队长，对伴随了自己20多年的外交邮袋有一种特殊的感情。他曾深情地说道："在国外执行任务，吃饭、睡觉、上厕所，每时每刻都不能离开邮袋，它们就像我们身体的部分。"他的话一定程度上诠释了为何遇险的信使总会在关键时刻采取同样的护袋动作，为何遇难的信使肖武等人牺牲时仍紧紧抱着外交邮袋。

　　不久前偶然翻阅了有关档案，一场特殊的动员会的材料看得我热血沸腾，难以自已。动员会缘起一起空难。信使周敬寸、隋玉珊乘坐苏联民航图104班机从北京赴莫斯科执行紧急加班任务。途中在伊尔库茨克机场降落时，飞机起落架发生故障撞地后又弹起，并冲向跑道边麦地爆炸起火。机上全体人员遇难，两位信使不幸以身殉职。

　　悲愤痛惜之情弥漫着动员会上下。继承先烈遗志，完成未竟事业的标语使得会场气氛更加凝重。"成千成万的先烈，为着人民的利益，在我们前头英勇地牺牲了，让我们高举起他们的旗帜，踏着他们的血迹前进吧！"毛主席的话激励着在场每一个人。无论是曾经出没于枪林弹雨的老兵信使，还是经历过白色恐怖考验的地下工作者，无论是久经风雨的老党员，还是年轻的共青团员，群情激愤，主动请缨，坚决要求加班送件。

　　现在，信使的工作环境发生了很大的变化。但这种传统的机密文件传递方式，外交邮袋免受任何形式的检查的唯一性仍旧被各国所承认所尊守。重读以往这些遇险记录，依然感到一股震撼力量和一种浩然之气。这股气至大至刚，充塞于天地之间。

"丈夫誓许国，愤惋复何有?"一代一代的信使人正是在千磨万击中不负重托，砥砺前行。

血泪洒外交

胡中乐

（前驻外使馆外交官）

站着死去的是英雄，

永垂不朽的是理想。

活下来是奢侈的偶然，

快把先烈的重担挑上。

——李肇星

金色的秋天，北京最美。秋风中，命运之神保佑我又一次大难不死。

我结束在香港的常驻回到北京，承蒙信任，身负重任，但毕竟已过"知天命"的年龄，难以承受每天仅三四个小时的睡眠，最终累倒住院。

由此，我经历了人生感悟的血泪、辛酸和心灵震撼……

一、热血洒高原

当我苏醒过来后，蒙胧中发现邻床的病人似曾相识。此人年已古稀，三次病重住院。数天后，我们都恢复记忆，不约而同地叫起来："啊，小胡！""刘参赞！"两人悲喜交加……

"老刘，你夫人当年牺牲在玻利维亚，详情我一直不太清楚，能介绍一下吗？"

　　刘万有，这位为祖国外交事业奋斗了一生的外交官，顿时陷入极度痛苦的回忆中……

　　拉美的玻利维亚地处海拔4000米的高原，被称为"外交官的坟墓"，缘由是某国的一名参赞履任时刚下飞机，就因缺氧肺部肿裂猝死在这里。许多外交官和夫人都有不同程度的不良反应。

　　1975年4月7日，在玻利维亚首都拉巴斯召开"钨、锑生产国国际会议"，共有11个国家的代表出席。当时中、玻两国尚未建交，我国应邀作为观察员参加。

　　外交部美大司主管玻利维亚工作的奚心华，以贸促会工作人员的身份参加代表团。此前，该团李团长还要参加在巴拿马开幕的中国经贸展览会，而奚心华作为译员同行。3月11日晚，他们乘飞机离开北京，经卡拉奇等地于12日下午抵达巴黎，换机后即飞往墨西哥，13日上午11时到达墨首都，办理去巴拿马的签证，真可谓马不停蹄。

　　由于时差关系，奚心华两天两夜基本没有睡觉，到了中国驻墨西哥使馆后，她仍睡不好，而且头昏脑涨，吃不下饭。

　　3月16日，代表团到达巴拿马，奚心华随即投入了紧张的筹备工作。4月4日展览会开幕前后，她每天都工作到深夜，陪同团长拜会、接待客人，写谈话记录，发请帖，等等，忙前跑后，分秒不停。5日凌晨5点奚心华又赶往机场赴秘鲁首都利马。当时她丈夫刘万有在中国驻秘鲁使馆工作，见到她满脸倦意、一身疲惫的样子，劝她提出换别人去玻利维亚，但奚心华说："我主管玻利维亚相关工作，外交部派我出来的目的，就是让我借此机会与玻有关人士接触，增加感性认识，掌握第一手材料，这是我的任务。不去怎么行？"然而谁也没想到，此语竟成为她对丈夫的临别遗言。

　　奚心华对玻利维亚的地理情况了如指掌，知道人们到那里会有十分严重的高山反应。她怕丈夫担心着急，所以强作镇静。但20多天的旅途劳顿、超负荷工作，她的身体已经很虚弱，这种情况下到氧气稀薄的高原地区危险性极大。当时领导劝奚心华留馆休息，但她说："不，我才不想留下来呢，即使是爬，我也要爬到玻利维亚去。"

4月6日一早，奚心华赶往机场，下午便抵达了玻利维亚首都拉巴斯。当日，代表团六名成员忙碌着第二天会议的准备工作，因为太累，大家都提前睡觉了。

晚9点左右，代表团成员刘九新被"扑通"一声惊醒，发现奚心华的床位空着，便急忙到卫生间，看见她晕倒在地。经过同志们的紧急抢救和医生的救治，奚心华的病情仍无好转，说话吃力，反应迟钝，四肢松软，并不停地用手抓着胸膛，显得异常痛苦。

4月7日凌晨，奚心华开始全身痉挛。当大家把她送到医院时，她已经不行了⋯⋯团长忍着自己身体的不适，苦苦哀求医生无论如何也要救活奚心华。但高山反应严重缺氧引起肺气肿，死神还是夺走了这位女外交官仅41岁的生命⋯⋯

飞机缓缓地在北京降落，空气似乎停滞。刘万有默默地捧着爱妻、战友奚心华的骨灰盒走下了飞机。

"妈妈！我要活着的妈妈！"17岁的女儿虹虹奋力扑了过来⋯⋯

"老刘，别再说了。"此时，我们两个虚弱的病榻之友已泪流满面。我要给美丽的奚大姐献上一首歌《青藏高原》——

是谁带来远古的呼唤，

是谁留下千年的期盼，

难道说还有无言的歌，

还是那久久不忘的眷恋⋯⋯

二、站着死去的英雄

在住院期间，部工会张连佑副主席等人看望了我。他深情地对我说："老胡，千万要注意身体呀，我的同学李建国参赞才48岁就英年早逝了。"

225

我的心灵又一次受到震撼！

2004年2月9日，乍暖还寒时节，北风依然凛冽。在中国驻几内亚使馆工作了近三年的李建国参赞，陪同大使看望馆员时突发心肌梗塞，经抢救无效，不幸病逝，年仅48岁。这时，离他完成任期回国的日子只剩下10天。去世前1天，妻子还与他通电话询问情况，嘱咐他快回国了，要注意休息。李参赞说："有些累，没什么，请放心。"谁知与家人团聚成了永远无法实现的梦想。

噩耗传来，外交部的同志们无不感到震惊和悲痛。为了国家利益和民族尊严，为了中华民族的伟大复兴，一代又一代外交官甘于清贫，肩负使命，远在异国，舍家离亲，在平凡的岗位上作出了不平凡的业绩。

法国是欧洲大国，对其调研一向是该地区的重点。李建国任西欧司（现为欧洲司）二处副处长时，正值人手紧张，调研骨干缺乏。为广泛收集资料，他每天都大量阅读报纸和网页，经常加班加点，带病工作。

在常驻法国期间，他被同事们亲切地称为"男一号"，每逢重要团组来访，他都担任一号首长的联络员。这不仅需要高度的责任感和细致的工作作风，还对外语水平、办事能力有严格的要求。他总是一丝不苟，不怕苦、不怕累，灵活处理现场问题，圆满地完成各项任务。

2001年3月，李建国抵驻几内亚使馆工作。他分管使馆研究室，同时兼任办公室主任，并负责处理领事和侨务等重要繁杂事务，一向兢兢业业。在几总统大选期间，他不但带领同志们通过多种办法了解政情，还自己开车在首都城内外观察选情，掌握第一手信息。他对每一份调研材料都严格把关、审核。在处理领事和侨务问题时，急人所急，想人所想，尽量提供帮助，多次出面为中资机构排忧解难。

几内亚地处西非，气候常年湿热，生活条件差。许多外交官领教过毒蚊叮咬后患恶性疟疾"打摆子"的厉害，有的年轻人难受得直喊"妈"。李建国平均每半年打一次摆子，生病时，身体忽冷忽热、抽搐难忍。最厉害的是2003年7月，他高烧40℃不退，打了15天吊针。即便如此，他只要稍一退烧，就又咬着牙投入工作。

李建国时刻关心他人，有时宁可自己多加班。在去世前一个月内，他作为使馆临时代办，一方面要为新大使到任做大量准备，同时又要跟新参赞进行工作交接，每天还要参加两三场活动；另一方面还要处理大量内部事务。在几内亚这样艰苦的环境中，长期过度劳累透支了他的健康。

他无声地走了，正如他静静地来。李建国并没有留下豪言壮语，也没有惊天动地的伟业。他是中国的高级外交官，同时也是普通人。他没有给家人留下什么遗产，却在亲情方面留下了太多的遗憾。

三、三十而"立"

我病愈上班后，组织对我很关照，只让我管管文件、帮人改改稿子、分分报纸以及担任工会主席等。

有一天，我在收发室里意外地遇上了"老王"，不，确切地讲是"小王"，他比我小14岁呢，才41岁。一米七八的大个儿，红红的脸膛，浓眉大眼，但显得有些苍老。一次不小心我碰到他的左腿，他"哎呀"一声，原来那是一条假肢！

又一桩令人震撼的往事浮现在脑海中……

王利明，在第二炮兵部队服役五年后，被挑选到外交部机要通信处当司机。1996年4月被派往驻越南使馆工作，6月10日因我国国家领导人出访需要，被派去广西采购物品。

6月14日清晨5点，他驾驶着满载货物的卡车与两名同志一起，驶上泥泞的山路，向越南首都进发。从广西到河内有数百公里的路程，使馆命他必须当日返回。

道路艰难，路途遥远，但当过兵的王利明，全然不怕。他一心想着无论如何克服困难也要按时返回使馆。几天忙碌着采购，吃不好、睡不好……这些他都放在了脑后。

广西和越南同属热带气候，6月的天气更是云雾缭绕。小王驾驶着卡车，在盘山道上行进。四面层峦叠嶂、山峦起伏、昆虫飞舞。祖国的山川太秀美了！然而小王无暇欣赏，聚精会神地细心驾驶着卡车。

在下山的路上，王利明发现拐弯处两辆相撞的汽车停在那里，他本能地想绕过去，但突然一辆正在上山的大东风卡车呼啸而来，显然踩刹车已来不及。在千钧一发之时，这个导弹部队锤炼出来的硬汉子，猛地打轮选择了牺牲自己。"嘭"的一声，他保护了另外两名同志，自己却身负重伤。

三天后，他从昏迷中醒来，发现自己躺在广西医院的病床上，妻子哭干了眼泪，看起来倍加憔悴……

原来车祸中方向盘顶压住了他的上身，脚踏板挤碎了左腿。他被送到医院时，几乎没有血压和脉搏了。因亲属不在，院长就毅然签字以便迅速手术。王利明的生命总算被保住了，但被截肢和摘除了脾脏。

"三十而立。"然而，年纪轻轻的王利明从30岁开始却只能靠假肢"立"起来了。

回到北京，王利明得到组织的关怀。为报答领导的关心，在收发室工作八年来，不管刮风下雨下雪，他都坚持上班，基本全勤，工作从不落后。2005年，他被评为先进工作者。

祸不单行！1999年，王利明的爱人下岗了；2003年，父亲患脑血栓，多次住院，瘫痪在床，光医药费就花了数万元，前不久不幸去世；儿子12岁，考上了初中，要交赞助款。

王利明说："我感到太累了，机关里工资不高，生活太紧了，恳请组织上让我出国，干什么都行，我要自食其力，不要组织补助。"

……

写到这里，我的手在颤抖，心在剧烈地跳动。以上只是身边偶遇之事，可谓泰山一角，外交部可歌可泣的事迹太多了，举不胜举。外交，绝不仅仅是西装革履、觥筹交错，更多的是鲜为人知的磨砺与艰辛。

捷克十一月事变目击记

黄英尚

（前驻斯洛伐克使馆参赞）

我在捷克、斯洛伐克两国工作近20年，所遇最重大的事件莫过于捷1989年的十一月事变。在建党百年华诞之际，我作为当时为数极少的来自国内的目击者之一，将所见所闻写出来责无旁贷。

1968年新年伊始，新当选的捷共中央第一书记亚历山大·杜布切克掀起轰轰烈烈的"布拉格之春"改革运动，其目标是建设"具有人道面貌的社会主义"。捷共中央通过的《行动纲领》在许多方面突破苏联模式，如提出要改革党政合一、以党代政的领导体制，拥护社会主义的各政党和社会团体互相协商和监督、组成联合政府、共同参与执政，实行有计划的市场经济和联邦制。这是继南、波、匈之后，东欧的最后一次很有意义的既大胆又较稳妥的改革尝试。可惜它刚开花，尚未结果，就被来自克里姆林宫的严寒摧毁了。

以勃列日涅夫为首的苏共领导集团担心失去对整个东欧的控制，在几经对捷施压无效之后，遂"图穷而匕首见"，纠集波、民主德国、保、匈四国，出动数十万大军，从四面八方对捷进行突然袭击，一夜之间占领捷全境，并将杜布切克等捷领导人绑架到莫斯科。捷共中央主席团、政府、议会和民族阵线都发表声明，严厉谴责苏军等的侵捷行动。紧急召开的捷共非常十四大，把杜派领导人选入新的中央领导机构。捷民众义愤填膺，同仇敌忾，自发奋起反抗，举行声势浩大的示威游行和总罢工，强烈抗议

229

苏军入侵，并宣布只承认捷合法的党政机构。在此情况下，苏方不得不转而与杜派举行谈判，签订"城下之盟"，让苏军在捷"暂时留驻"。

翌年4月另一位斯洛伐克人古·胡萨克取杜布切克而代之，开始捷全面"正常化"即大清洗的进程，占捷共党员总数三分之一的约50万党员因反对苏军占领而遭到清洗，数十万人逃往国外。尽管如此，酷爱独立自由的捷民众，仍不顾当局的镇压，不断掀起反占领斗争浪潮。1969年1月16日，布拉格查理大学哲学系学生扬·帕拉赫为抗议苏军占领，作为"人体火炬"在市中心瓦茨拉夫广场自焚，百万市民冒雨为其送葬，其墓地长年堆成花山烛海。这是全民无声的抗议，无声胜有声！占领者虽龟缩兵营，却如坐火山！

美苏两个超级大国之间的冷战由来已久，到20世纪80年代中后期，美国更利用戈尔巴乔夫的"新思维"，大挖苏欧集团的墙脚。1988年美设立民主基金，由国会审议批准，国家拨款，资助其他国家的非政府组织。1989年东欧各国反对派在波、匈、民主德国等国得手之后，就集中力量在捷发动"天鹅绒革命"。此时恰遇大学生游行遭到镇压，捷反对派立即抓住这个难得的机会，用以发动民众，向捷共的执政地位发起冲击。

1989年11月17日是国际学生日50周年，由捷反对派子弟发起，捷社会主义青年联盟和布拉格高校委员会出面申请，经当局事先批准，下午4时在远离市中心的阿耳贝尔托夫街，举办数百人的纪念会。会后大学生游行队伍约5000人，按原定路线向维舍堡进发，沿途高呼"要自由、民主""雅克什下台""杜布切克万岁"等口号，向诗人马哈墓献花。下山后天已漆黑，队伍大部解散，部分又坚持沿着伏尔塔瓦河右岸行进，要到市中心去游行。沿途有人加入，队伍扩大到数以万计（包括街道两旁的围观者），在民族大街东口为警察所阻，双方长时间互相对峙。警察称游行未经批准，一再呼吁大学生解散。大学生骂警察是"盖世太保"，并向他们摇钥匙串，意为"你们的丧钟敲响了！"最后，警察以武力驱散，逮捕100多人，打伤17人住院，引发民众的强烈不满。

11月19日，捷克"七七宪章"运动^①和"复兴俱乐部"等12个反对派组织，宣布成立公民论坛（签名者18人），与斯洛伐克的"公众反暴力"组织一起，成为当时两个地区举行集会游行活动的指挥部。瓦·哈维尔^②成为公民论坛的核心人物，要求总统胡萨克和总书记米·雅盖什等人下台、释放全部政治犯、同当局举行会谈，支持大学生提出的举行总罢工的建议。按其弟的说法，这一切都是其兄剧作家哈维尔导演的。

11月21日，公民论坛首次在市中心瓦茨拉夫广场举行民众集会，社会党的一家出版社为其提供临街楼上的阳台作讲坛，并帮助安装高音喇叭。哈维尔在会上发表讲话说，会前联邦政府总理拉·阿达麦茨接见了公民论坛的代表。（这是双方事先未商定的首次试探性会谈，哈坚持要亲自参加，后由他人代替。该组织对此很重视，这意味着官方对它的承认，由非法变为合法。）然后由一名演员介绍接见的情况，阿达麦茨以人格担保：政府不会镇压，也不会宣布戒严，而愿意同公民论坛代表会谈。一天主教神甫宣读红衣主教致捷全体人民的信，他随后一直担任类似大会的主持人。个把钟头后，天既黑又冷，大会遂以歌星领唱国歌作为结束。后来几天的大会与此相似，反对派在会上宣传其主张，以发动民众，并向当局施压，以压促变，规模越来越大。

在这风云变幻的关键时刻，11月24日，捷共中央从上午直到深夜举行非常会议，会上各方争论激烈。全会未提出任何切实有效的解决办法，面对反对派的步步紧逼，捷共领导步步退让。其结果是：以雅盖什为首的捷共中央主席团和中央书记处集体辞职，由原主席团委员卡·乌尔班内克出任总书记。新的总书记讲话时表示，要解决当前的紧张局势，只能通过政

---

① "七七宪章"组织成立于1977年，打着保卫人权的旗号反对苏军占领，最初签名者只有200多人，其中不少是以往的改革派人物，平时只有3个发言人。

② 瓦·哈维尔生于1936年，出身于大实业家之家，其家族曾开办建筑公司、电影制片厂、兴建住宅区，在位于布拉格市中心的卢采尔纳宫内设商店、快餐店、影剧院和社交中心。他本人是著名剧作家，此前是反对派组织非党俱乐部"七七宪章"组织的成员，曾3次入狱。任总统后，拥有一大批女保镖，曾不止一次邀请达赖访捷。

治解决办法来实现。捷共愿走一条新的道路，愿同所有愿意合作的人包括以前被清洗的人进行协商。他愿意在民族阵线的基础上，建立赞成社会主义的各政党和社会团体的广泛政治联合。次日，哈维尔在民众集会上发表声明，对捷共的人事变动表示不满，认为有些人还未下台。26日捷共中央再次举行全会，作出进一步的人事变动。

11月26日，阿达麦茨总理、民族阵线代表团和公民论坛、大学生、演员代表哈维尔等举行首次会谈，卡在罢工问题上，阿达麦茨希望只罢工几分钟，哈维尔表示随时要罢工，双方不欢而散。随后公民论坛又在列特纳广场举行号称有50万人参加的大会，动员民众参加次日的总罢工。阿达麦茨在会上讲话，呼吁尽快结束罢工和集会，把第二天的两小时罢工缩短为几分钟。他表示要满足大家的要求，实现全民谅解，赞成党和政府开始同公众对话。11月27日中午，布拉格等城市的工厂、机关和商店等单位举行两小时罢工，铁路、公交、卫生和服务行业未参加。出租车排成长蛇阵，喇叭长鸣。

11月28日，阿达麦茨总理、民族阵线代表团再次与公民论坛代表哈维尔等举行会谈，后者以发号施令、说一不二的口气，向对方提出如下最后通牒式要求：联邦议会必须于29日取消宪法中关于捷共领导作用、关于马列主义的第四、第六和第十六条款；联邦议会主席英德拉必须辞职；联邦议会立即谴责苏联1968年对捷进行的军事干涉和五国出兵破坏国际法准则；联邦议会必须取消1989年1月对刑事法进行的修改；联邦议会通过法律，撤销那些"不关心人民的意愿和利益，背弃誓言的议员"的资格，补选由民族阵线、公民论坛、"公众反暴力"组织提出的候选人为新议员。

公民论坛威胁说，如政府不能履行这些要求，它和"公众反暴力"组织将要求政府辞职，并自己推出总理，否则将重新宣布总罢工。在反对派的强大压力下，阿达麦茨等同对方就上述要求达成协议。

11月29日，联邦议会开会经过6个多小时的讨论，通过宪法法律，取消1960年社会主义宪法中关于共产党在社会中的领导作用和马列主义的条款。议会主席英德拉辞职。议会支持政府尽快向总统提出改组政府的建议。共产党议员虽占议员总数近五分之三，也不能扭转局面。

12月3日，阿达麦茨政府进行改组。公民论坛立即发表声明表示对非共产党员人数比例不满，要求政府进行彻底改组，还要求胡萨克在12月10日前释放全部政治犯和辞去总统职务，否则，将于12月11日再举行总罢工。它继续组织民众大游行，向政府施压。12月7日阿达麦茨被迫辞去总理职务，由原第一副总理马·恰尔发出任总理，组成民族谅解政府。新政府成员中共产党人有10位（后来8位退党），无党派人士7位（6位由公民论坛提名），4位是社会党和人民党代表。

12月10日，胡萨克被迫辞去总统职务，公民论坛推举哈维尔为总统候选人。青年联盟、斯洛伐克民族议会新领导、捷共6个县的代表会议则分别推荐复兴俱乐部的负责人之一齐萨日、杜布切克和阿达麦茨为候选人。齐萨日因对当时的做法不满，而不参加竞选，阿达麦茨也一样。呼声最高的杜布切克，屈居议长之职。民意测验得票仅百分之一的哈维尔，成为唯一候选人，在议会投票时竟以323票全票当选，从三陷图圄的"阶下囚"一跃而登上总统宝座。那么，奇迹究竟是怎么发生的呢？众多大学生软硬兼施，既示威向议会施压，又用鲜花、面包和盐请议员投票；改秘密无记名投票为公开举手表决，并由电视台向全国观众转播。

捷共前领导胡萨克和雅克什等人执行错误的政策，支持苏军对捷占领，不愿进行根本改革，使捷问题积重难返，造成严重的社会危机。捷少数反对派利用广大民众的强烈不满情绪，美国加紧对苏欧地区的争夺、渗透和波、匈、民主德国新当权派的大力支持，经过精心策划，在短短10天的时间内，不断举行大型集会和游行，包括一再以举行总罢工相威胁，最后推翻捷共领导，并取而代之。有70多年征程和40年执政历史、170多万党员的捷共，沦为在野党。

1989年12月4日，苏、波、民主德国、保、匈五国领导人在莫斯科宣布：其军队当年进入捷，是"对主权的捷克斯洛伐克国家内政的干涉，应当受到谴责"。苏同日发表声明，承认当年出兵的做法是"不慎重和不适当的"。1990年2月6日，捷苏签署苏从捷撤军协定：苏军在1991年7月1日前分3个阶段撤走73500名驻军。

不过，捷也有失：1992年6月举行大选，右翼和左翼党派分别在捷、斯两个地区获胜，国家因此而一分为二。

捷共下台后，尽管党员锐减，仍坚持纠正错误，把比拉克开除出党，停止胡萨克等32人的党籍，同时开展反对当局妄图取缔捷共、反共"清查法"和刑法的斗争。国家分裂后，捷共也分裂为捷克和摩拉维亚共产党、斯洛伐克共产党。它们重整队伍，总结教训，不改党名（东欧独一无二），继续前进。

后来捷、斯两国"回归欧洲"，加入欧盟和北约。在"一带一路"倡议和中国—中东欧国家合作的推动下，两国对华关系取得显著进展，进入蓬勃发展的新时期。

难忘天涯比邻情

——我的驻非岁月

黄桂芳

（前驻津巴布韦大使）

我从事外交工作近40年，有着浓郁的非洲情结。我驻外生活中三分之一时间在非洲东部和非洲南部，去过三分之一的非洲国家。1973年，我踏上了外交生涯的第一站——乌干达；1987年，陪同时任国务委员兼外长的吴学谦出访坦桑尼亚、加蓬、科特迪瓦、阿尔及利亚等8国，1990年陪吴学谦副总理出席纳米比亚独立庆典，并签署中纳建交公报，还顺访或经停非洲几国；2000年，我从驻津巴布韦大使任上退休，这是我外交生涯的最后一站。起于斯终于斯，善始善终的驻非生活，也许就是我钟爱非洲这片热土的渊源所在。退休后，我以中国礼仪大使身份参与2000年和2006年中非合作论坛会议的接待工作，深切感受到"相知无远近，万里尚为邻"的中非友好精美诗句的涵义。

一、对非洲的初步认识

1959年至1964年，我在外交学院就读时，第一次从校领导那里听到了敬爱的周恩来总理对外交人员的要求："站稳立场、掌握政策、熟悉业务、严守纪律。"在国际关系、世界史课上和在图书馆翻阅图书资料中多少了解距离我国8000公里之遥的非洲大陆。我痛恨法国、英国和葡萄牙殖民者对非洲的殖民统治，造成那块被诬称为"黑暗大陆"的贫穷落后、疾病肆虐；同情黑人兄弟的悲惨处境。学院领导还组织国际知识讲座。我有幸聆听了外交老前辈王雨田大使介绍出使驻苏丹、肯尼亚和刚果的亲身见闻。对他的言传身教，感触良多。我记得最深的是他老人家指出的：非洲是个有希望的大陆，非洲人勇敢、纯朴、真诚。还说中国使节要始终牢记周总理的教导："外交无小事，决策在中央。"

我在外交学院就读期间最大的收获之一是关注跟踪有关周总理1963年12月14日至1964年2月4日访问非洲十国的系列报道。这是中国领导人对非洲的第一次正式访问。周总理在阿联（现埃及）和阿尔及利亚提出了中国处理同阿拉伯国家、非洲各国关系的五项原则，在加纳提出了中国对外经济技术援助的八项原则。我看到周总理一行所到之处受到非洲人民载歌载舞的热忱欢迎，场面动人，深受感动！

二、奔赴外交第一线

1964年8月，我进外交部研究室工作。

1973年3月，我首次乘坐国际航班由两位馆员作陪，经卡拉奇、亚丁到亚的斯亚贝巴，接着转机到乌干达的恩德培国际机场。使馆办公室派车接我们沿着46公里的柏油路往北前往首都坎帕拉的使馆所在地。沿途可见道路两旁高耸的绿油油的香蕉林，20多小时的续航的劳顿全消逝，尤其是抵馆时，使馆同志们站在门前说："到家了！"我深感亲切。那时，我没有想到会常驻在乌干达这个被誉为"东非高原水乡"的国度一待近7年，但很愿意与同志们同甘共苦、朝夕相处，一起为我们的外交事业而努力！

我到馆不久，在参观闻名于世的赤道纪念碑后心情澎湃，不禁写下一首五言打油诗："脚踏两半球，豪情满胸怀，愿将热血洒，浇出友谊花！"抒发我立志成为新中国友好使者的决心。

要说使馆工作，驻乌使馆是个小馆，但俗话说：麻雀虽小，五脏俱全。人少也有好处，可得到全面锻炼，增长才干。每天忙忙碌碌，总觉得时间不充裕。好在那时，我还年轻，体力、精力也旺盛。我不满足于每天只听当地报喜不报忧的新闻报道，经批准或同意，跟随馆领导和访乌的经贸小组、文体团组等在首都或外地活动，有幸在任内走遍全部10个省份，直至边境地区，领略了迷人的湖光山色和多部族的风俗民情，更主要的是在活动中结交了当地朋友，借机宣传我国独立自主的和平外交政策，也实地了解到一些真实情况。

我在乌干达工作、生活几年里，感受到当地人对我国的友好情谊。有一天傍晚，我国驻卢旺达使馆同志开车来我国驻乌干达使馆办事途中迷路，当地一名四年级小学生自告奋勇陪同上车指路，一直送到我馆。我们没想到，请吃晚饭或给点车钱他都谢绝。我送他《西游记》等几本儿童书，他接到手很高兴，还问我："叔叔，书看完我再还回来，行吗？"他说："我爸爸不许我随便拿别人的东西。"随后，他就独自步行回家去。

乌干达1962年10月9日独立，同年10月18日中乌建交。两国于1970年9月签订了经济技术合作协定书，同年12月签订关于布索加奇奔巴农场水稻项目的协议。我方派遣浙江省援外专家32批，153名，常年雇佣当地职工。在1982年农场移交乌方前，将这片蚊虫肆虐的沼泽地建成了乌东部闻名的小镇。我多次前往看望农场专家组，见到他们居住在简陋的小平房，虽屋内架有蚊帐，但他们无一例外都患上疟疾，常年耕作在烈日下，每个人都晒成"黑人"，手中全长满老茧。就是这些可敬的"中国农业专家"，解决了乌干达十分之一的大米问题，还帮助当地1000多人就业。

我在乌干达常驻期间，该国在伊迪·阿明的独裁统治下正处于多事之秋。13次政变中，我就遇上8次，亲眼看到当地民不聊生，民众艰难度日。几年里，社会秩序混乱，兵匪一家，打砸抢事件时有发生。1974年3月24日傍晚，我陪同使馆临时代办出席南斯拉夫使馆招待会后驱车返馆途中，3名武装歹徒持枪妄图抢车，我们不断按喇叭警告并从车内扔出啤酒瓶，终于吓退暴徒脱险。1979年4月，阿明垮台前夕政府军与"解阵"部队剧烈交战中炮弹掉入我们使馆庭院草地上，幸无伤人。

1979年6月，我陪同使馆临时代办安国政约见乌全国解阵执委兼军委会副主席、国防国务部长穆塞韦尼。安代办代表中国政府正式承认乌解阵政府，穆塞韦尼表示衷心的感谢。他与我紧紧握手时对安代办说："我几年前在中国大使馆就见过这位同志！"我佩服穆塞韦尼的好记性。1974年6月的一个周末下午，我正在使馆值班，有位清瘦的高个子青年提着书包走进传达室。他自称是达累萨拉姆大学的乌干达留学生（实为大学毕业后留在坦桑组织反阿明的"国家拯救阵线"领导人），这次回坎帕拉和老家安科莱度假，"特地来看望中国同志们！"他还说，他课余时间最喜欢阅读《毛主席语录》《毛泽东选集》和《中国建设》，以逐步增进了对中国的了解。他对中国在坦桑尼亚、莫桑比克等国为非洲民族独立运动提供的大量物资援助、培训以及在乌干达援建"奇奔巴农场"等项目表示真诚的感谢，称赞说："毛泽东主席真英明伟大，中国共产党人是真正的爱国主义者、国际主义战士。中国革命和建设的宝贵经验是我们非洲人学习的榜样！"最后，他站起来说，今天来大使馆同中国同志说说心里话，顺便借一套《毛泽东选集》，以便在家中继续学习。我请他稍等片刻，然后到1号楼书架上取出英文版《毛选》，并当面赠送给他。他高兴地接过书，郑重地装入书包后说，这是他此行得到的最珍贵的礼物。辞别时，他用传达室桌上的便笺写下他的名字："约韦里·卡古塔·穆塞韦尼"，并紧握着我的手说："同志，这是给你的收据，我相信我们后会有期！"我将这次接待，向葛步海大使如实作了汇报。他说："对方求书，我们应索提供做得对。这个乌干达年轻人很有政治眼光，不可小视！"穆塞韦尼20世纪80年代以来多次访华。1996年，成为民选总统，4次蝉联，至今仍在任上。

三、驻外生活的最后一站

20世纪90年代，我的驻外足迹遍布亚洲到大洋洲再回到非洲。1998年4月，到了南非高原的内陆国津巴布韦出任大使。

1998年4月初，我由夫人张莲英陪伴抵达哈拉雷，出任中国驻津大使。我深知责无旁贷，决心当好国家主席和政府的代表、中国人民的友好使者。

当年4月16日，我向穆加贝总统递交国书。记得1987年我陪同吴学谦访津，穆加贝在"津巴布韦宫"接见时，他衷心感谢中国一如既往对津巴布韦民族独立运动和建国后政治、经济各领域的支持与援助，说"津中有着特殊的全天候兄弟关系"。他深情回忆起毛泽东主席关于武装斗争问题的精辟论述、周总理对非洲兄弟之情谊和邓小平改革开放的思想。我递交国书后在交谈中，他强调，"中国是非洲最好的朋友"（津官方报纸次日头条报道时的醒目标题），还说我日后有事可随时直接找他协助解决。他开玩笑地说：我的大门一天24小时对中国大使开放！

我庆幸出使津巴布韦这个对华信任友好的国度。早在津巴布韦争取民族独立的年代，中国和津巴布韦两国人民就相互支持，建立了友好关系。独立前，穆加贝曾以津巴布韦非洲民族联盟主席身份两次访华。1980年4月18日，津巴布韦独立当天，两国建立外交关系。建交后，两国积极发展友好合作关系。穆加贝6次对华进行国事访问，出席2006年中非合作论坛北京峰会。中津两国签有经济技术合作、贸易、文化、投资保护、航空等协定。中国援建的项目有哈拉雷国家体育场、服装厂、奇诺伊师范学院、医院和瓦利水坝等。两党、两国议会以及工、青、妇组织也密切来往。

中津两国在政治、经济、文教和军事各领域都有着友好合作关系，在国际舞台上互相紧密配合，在台湾问题上津方一直坚定地支持中国。我有幸常驻津巴布韦，两年多工作和生活过得很充实，每天总觉得有做不完的事儿。我不停地接待我国人大、科技、军事、妇联、青年、残联和中共代表团等等，巡视我国援津建设项目，看望我国援津医疗队、教师和华人协会。我和经商参赞促成我国援津最大钢铁厂4号高炉修复工程和大坝项目。我参加津独立节等大型活动。1999年2月27日，我和夫人应邀赴宾杜拉省参加别开生面的青年节（适逢穆加贝总统75岁生日），进会场即被授予并佩戴红领巾。穆加贝在长篇激情满怀的演讲中一开头就强调："我们要永远记住老自由战士为了民族独立而献身流出的鲜血！"据悉，穆加贝早先访华时看到戴红领巾的少先队员献花，手举过头顶行队礼，深受启发。他回国后，决定参照中国的做法，在津巴布韦青年节这一天，让民盟中央政治局委员以及年过18岁的青年党员参加活动时戴上红领巾。

四、中非友谊万古长青

2000年5月底，我离任回国。退休后，我两度荣任"中国礼仪大使"，参与2000年10月和2006年11月中非合作论坛会议接待工作，接触不少各国元首或部长。他们言谈举止都称赞我国改革开放的伟大成就，热情赞颂中国是非洲国家和人民的"最真诚的朋友"。

习近平主席2013年3月访非时指出：毛主席、周总理等新中国第一代领导人和非洲老一辈政治家共同开启了中非关系的新纪元。半个多世纪以来，中非友好合作关系不断巩固和发展，进入21世纪中非互利务实合作关系更是迅猛向前。2015年12月，中非合作论坛约翰内斯堡峰会上，中非领导人一致决定将中非关系提升为全面战略合作伙伴关系，2018年9月论坛北京峰会上，中非双方一致同意构建更加紧密的命运共同体，成为中非关系新的里程碑。我欣喜地回顾中非文明互鉴、合作共赢的历程和成果，期盼双方进一步促进多领域合作发展，树立南南合作的表率！

新冠肺炎疫情继续在全球蔓延后，中国与非洲齐心合力，共克时艰，生动诠释了"雪中送炭"、守望相助的兄弟情谊和人类命运共同体的理念。这次跨越国界的战"疫"再次证明,面对各种艰难挑战,中非风雨同舟、患难与共的友谊历久弥坚!

兄弟情深　守望相助

江勤政
（前驻斯里兰卡大使）

一、海啸袭斯，震惊中国

2004年12月26日中午时分，我和家人正在看电视。节目突然中断，跳出一则插播新闻：印度洋发生9.3级大地震及海啸灾难，印尼、斯里兰卡、印度、泰国损失惨重！看到这个视频，我和妻子惊呆了。斯里兰卡是我们的"第二故乡"啊，受这么大灾难，可怎么得了？

一连几天，报道不断更新。斯里兰卡受袭严重程度仅次于印尼，3万多人死亡，7万多座房屋被毁，上百万人无家可归。

怎么办？我们急得团团转。我联系到中国国际广播电台的朋友，参加他们正在进行的捐献活动。几天后，我与国际台原领导班子成员孔令保和僧伽罗语部主任王晓东前往斯里兰卡驻华使馆，向尼哈尔·罗德里格大使转交善款，并向斯里兰卡人民表示亲切慰问。

12月31日，斯里兰卡举行全国哀悼日活动。我发去一封慰问信，表达我国对死者的哀悼和对生者的慰问，相信斯里兰卡人民在前所未有的灾难面前一定会不分种族、不分党派、不分宗教，同心同德，携手前行，用爱的力量战胜灾害，重建家园。

2005年1月1日，几位朋友从科伦坡打来电话，向我祝贺新年，并告诉我，斯里兰卡报纸刊登了我的慰问信。

二、中国政府在行动

面对这次人类大灾难，中国是反应最迅速的国家之一。我国国家领导人相继向斯里兰卡领导人和其他相关国家领导人致电慰问，并宣布向有关国家提供紧急救援物资。

12月29日，即海啸发生后第三天，第一架满载救灾物资的飞机从北京出发飞往斯里兰卡。2005年1月25日5时许，中国国际货运航空有限公司CA1095航班抵达科伦坡机场，给斯里兰卡送去毛毯、食品、净水设备等灾区人民生活急需物资。

30日起，一支支中国国际救援队医疗小分队陆续奔赴包括斯里兰卡在内的受灾国家，战斗在最危险、最艰苦的救援第一线。在斯里兰卡14天的医疗救援中，中国救援队共接诊患者2060人次。

2005年4月8日，温家宝总理抵达斯里兰卡，进行为期两天的正式访问。他与钱德里卡·库马拉通加总统会面，就两国关系和彼此关心的问题交换意见。双方官员还签署了多项合作协议，内容包括加强双边经贸合作、农业、债务减免以及科技合作等。

这次访问，温家宝总理用他乘坐的专机给斯里兰卡海啸灾区人民带来16吨紧急救灾物资，他还走访了斯南部遭受印度洋海啸袭击的地区。他说：斯里兰卡不幸遭受严重海啸袭击，海啸给斯里兰卡人民带来巨大的灾难，全中国人民感同身受，都在关注你们的灾情，把你们的抗灾工作看作自己的事情，及时提供了力所能及的援助。中方真诚希望中国人民的援助能帮助灾区人民早日愈合灾害创伤，尽快重建家园。他说：我这次带来了870万美元的民间援助，中国政府将承担贵国受损的多个渔港的修复工作。

渔业是斯里兰卡支柱产业之一。海啸摧毁了大多数渔港，不仅严重打击了斯国民经济，也打乱了渔民的正常生活。

温家宝总理访斯期间，专门来到被海啸严重损毁的渔港帕纳杜拉，并出席了中国政府援助修复该港的开工仪式。中方此次与斯方签订了援建斯6个渔港的协定。

三、一方有难，八方支援

2005年1月4日，元旦假期后上班的第一天，就听到外交部的同事说，他们到单位后做的第一件事就是为印度洋海啸受灾国捐款。钱集中交到单位里一个专门负责这件事的同事手中，由他一一登记好，再集中送往红十字会。

李肇星外长讲了这么一个故事：12月31日下午，温家宝总理在中南海会见受海啸袭击国家驻华使节和有关国际组织驻华代表时，斯里兰卡驻华大使罗德里格对温总理说：今天中午，中关村中学两个初三学生，一个叫付晋，一个叫刘肖阳，来到斯里兰卡驻华使馆，每人捐出了200元钱和他们写给斯里兰卡总统库马拉通加夫人的一封英文信。罗德里格说："在我们看来，这400元钱与一笔百万美元的捐助同样情深义重！"

斯里兰卡遭受海啸袭击后，我妻子文丽一连几天睡不着觉。一直在想：我能为兰卡做点什么呢？突然，她想起了曾在中国红十字会工作过的朋友安子。她马上打电话，用近乎命令的口气对安子说："我要去红十字会当志愿者，你帮我联系一下！"安子二话没说，立即去红十字会给文丽报了名。从1月8日起，文丽在红会做志愿服务7天，协助做募捐登记。

说起她做志愿者的体会，文丽以"感人至深"加以回答。她说：活了60多年，从来没有见过捐款还排这么长的队伍！他们来自四面八方、各行各业，男的、女的、老的、少的，互相也不一定认识，为了向印度洋海啸灾区人民奉献爱心，就这样走到一起。

他们当中有很小很小的小宝贝，由爸妈带领，手举着100元、200元，稚声稚气地对负责接待的红十字会志愿者说:"阿姨,我要捐款。"小孩们的声音,常常吸引众多赞美的目光。

捐助者中有很多老人,有的100多岁了,步履蹒跚,来到捐款处,从怀里取出1000元、2000元交给了工作人员,直说"钱不多,表表我的心意"。

群众捐款争先恐后,企业募捐热情高涨。截至2005年11月,中国红十字会共接受社会各界捐款4.27亿元人民币,物资价值1560万元人民币。

除中国红十字会外,中华慈善总会和全国妇联以及政府机关、民间团体也及时组织了募捐活动。大家就一个信念:一方有难,八方支援。在灾难面前,我们血脉相连。

四、中国-斯里兰卡友谊村

2007年11月14日至21日,我国前驻斯里兰大使高锷、张成礼和我3人偕夫人,应斯政府邀请,对斯进行为期一周的友好访问。抵达后,一切安顿停当,突然,一件往事涌入我的脑海。那是2006年2月19日晚上,刚当选总统不久的拉贾帕克萨先生往我家里打来一通电话,问候我这个已退休3年的老大使的近况。想到这儿,我赶紧拿出电话本,与拉贾帕克萨总统接通了电话,告诉总统我和另外两位大使来到兰卡,特向总统表示问候。拉贾帕克萨总统听到这个消息,马上调整他的日程,邀请我们去他的办公室叙旧,并与我们合影留念。

拉贾帕克萨总统说:2006年是斯中建交50周年,3位大使来访具有特别的意义。他对中国政府多年来提供的无私援助表示衷心感谢。他说:最近我们两国政府就普特兰火力发电厂、汉班托塔港口和科伦坡表演艺术中心等3个项目的建设达成协议。中国最近向斯里兰卡提供近10亿美元的援助和商业贷款,数额之大前所未有。这些项目的顺利建成将会长期造福于斯里兰卡人民。他表示,斯政府将继续致力于发展同中国在政治、经济、文化和军事等各个领域的紧密合作。

拉贾帕克萨总统还说：斯里兰卡遭遇前所未有的海啸灾害后，中国政府和人民及时提供多批紧急援助物资，派出了医疗队前来救援，还帮助我们进行灾后重建。我们对此非常感谢。他推荐我们去参观中国兴建的灾民新村。

兴建灾民新村的构想始于海啸过后不久。2005年1月，中国红十字会、中国慈善总会等社会团体就派出救灾考察组到达斯里兰卡考察，了解灾情和灾民的需要。经与斯里兰卡有关方面协商，他们决定利用中国民间捐款为斯灾民兴建住房。起名"中斯红十字村"和"中国—斯里兰卡友谊村"。到2006年12月22日，新村项目全部完成。

我们一行访问了当年受灾最严重的南部城市高尔和本多达。参观了中国红十字会、中国慈善总会在那里建起的4个灾民新村中的一个。这个村占地面积约15万平方米。村中配套建了幼儿园、商店、诊所、体育场和庙宇等公共设施，将为462户因海啸失去家园的灾民提供永久性住房。每座房子的建筑面积在53—80平方米，周围还有200多平方米的空地，可以用来种植花草和蔬菜。据介绍，村前的大片空地上将建设多功能厅、托儿所、体育场等一应俱全的公共配套设施。考虑到当地居民宗教信仰的需要，友谊村的最高处还将建设一座佛教寺庙。村口的大门上，正面用中文、英文和僧伽罗文写着"中斯友谊村"，背面用中、英文写着"真诚互助，世代友好"。

居民们感谢中国为他们兴建舒适的住房。43岁的苏尼尔对大使们说，海啸让我们遭受灭顶之灾，中国为我们重建家园，当我从中国人手里接过崭新的两室一厅住房的钥匙时，我真不敢相信自己的眼睛。我要说：感谢中国，感谢中国红十字会！

中国施工人员忘我的工作精神使这里的居民深受感动。他们说，中国工程技术人员素质很高，但他们充分听取了斯里兰卡设计师的意见，使用的材料也相当好，远远超过了救灾房的标准。他们说，施工队刚来的时候，这座山上全是椰子树，还有大块的裸露岩石，推土机推不动，树林间还有毒性很大的眼镜蛇，施工条件不仅非常艰苦，而且非常危险。为了让灾民早日住进新房，中国建设者克服重重困难，坚持施工，雨季也不停工，终于建成了今天美丽的新村。

五、"中国是斯里兰卡可靠的朋友，我们是患难之交"

中国在斯里兰卡的救援工作得到斯里兰卡人民的高度评价。

斯里兰卡遭遇罕见的大海啸袭击后，中国政府第一批紧急援助物资3天后就发放到灾民手中。5天之后，第二批紧急援助物资又顺利运到斯里兰卡。2005年1月4日，中国驻斯里兰卡大使孙国祥向斯总统库马拉通加夫人正式移交第二批援助物资时，库马拉通加夫人满怀深情地说，"中国是斯里兰卡可靠的朋友，我们是患难之交"。同年8月30日，库马拉通加夫人在会见中国财政部长金人庆时表示：2004年12月斯里兰卡遭受海啸灾难后，中国是世界上第一个向斯里兰卡提供救灾援助并帮助灾后重建的国家。中国为西方国家树立了榜样。

斯里兰卡渔业和水产部长钱德拉塞纳·维杰辛哈充满感情地说，除了我们的祖国，中国是我们最尊敬的国家。中国总理和人民所带来的帮助，对我们灾后重建来说是无比的安慰和巨大的喜悦。我们将怀着对中国人民的崇高敬意，争取尽快完成重建工作。

斯里兰卡总统高级顾问毛拉纳说：这次海啸袭击犹如"灭顶之灾"。斯里兰卡国难当头，中国人民感同身受。许多天来，每当从电视里看到中国的机关、企业、学校甚至大街小巷到处都有人自发地为我们灾区捐款，我总是要激动得流下热泪。"在斯里兰卡最困难的时候，中国人民给予了大量的援助。但我要说，这种援助根本无法用金钱来衡量，因为中国对斯里兰卡的支援是从内心涌流出来的！"

在过去几十年中，毛拉纳先后3次访问中国，有幸见到过毛泽东、周恩来等中国老一辈领导人，对中斯两国人民的友好交往感触颇深。

"这种交往是经受过历史考验的患难之交！"他回忆说，1952年中国与尚未正式建交的斯里兰卡签署了著名的《关于大米和橡胶的贸易协定》，向当时严重缺米的斯里兰卡提供大米，同时从斯里兰卡换取自己所需的橡胶。20世纪60年代初，斯里兰卡曾经遭遇外汇危机，中国人民在自己同样经济困难的情况下，义无反顾地向斯里兰卡提供了大量的美元援助。

"在斯里兰卡，中斯友好的丰碑随处可见，两国友谊的佳话到处传扬！"毛拉纳自豪地说。在中国帮助斯里兰卡建设纪念班达拉奈克国际会议大厦的时候，时任总理西丽玛沃·班达拉奈克亲临施工现场，参加义务劳动。

"中国是一个有着悠久历史、灿烂文明和广阔幅员的大国，而斯里兰卡只是一个很小的国家，但在同中国相处时，斯里兰卡从来没有感觉到不平等。这一点更加难能可贵。"毛拉纳说，中国在国际交往中不仅首先提出了和平共处五项原则，而且还真正按照潘查希拉的精神来处理与世界各国的关系，这一点在各个大国中可以说是独一无二的，也为整个国际社会作出了榜样。

六、回报

2008年5月12日14时28分，中国发生了震惊世界的四川汶川特大地震，造成6.9万同胞遇难、1.7万同胞失踪，房屋大量倒塌、损坏，基础设施大面积损毁，需要紧急转移安置受灾群众1510万人，工农业生产和人民生命财产遭受重大损失。

大地震发生后，斯里兰卡举国上下高度关注，各界人士纷纷慷慨解囊，为我国灾区捐款。5月25日，斯里兰卡政府向四川灾区捐赠的首批277顶帐篷和医疗设备、药品、茶叶、服装及日用品等从科伦坡启运，当天上午到达成都。中国外交部发出"急需帐篷"的呼吁后，6月13日，斯里兰卡政府向中国地震灾区捐赠了第二批1000顶帐篷。

　　活生生的事实再次证明，中斯两国是患难与共、守望相助的好朋友。

常驻非洲的往事

关宗山

（前驻外使馆外交官）

2021年，是我们伟大的中国共产党诞生一百周年，也是习近平总书记多次提到的第一个一百年，全党全国都在热烈庆祝和隆重纪念这个令人鼓舞、令人骄傲的年份。对我本人来说，这一年也有特殊意义，因为这一年我正好满90岁，我入党整整65年。不少老同志都知道，我这大半辈子可简单概括为六个字：信使、摄影和非洲。信使与摄影，此前说过不少，现在我要简述一下我在非洲常驻经历的往事。

我真的很爱非洲。非洲共有54个国家，我到过49个，有的还去过多次。1967年，我做外交信使不久，就出差埃及，正好碰上了震惊世界的"六五战争"。11年后，即1978年6月，出差西非，又在毛里塔尼亚遭遇一场"未闻枪声的政变"。完成16年多的信使任务后，组织上派到3个驻外使馆常驻，也都在非洲，这可能说明我和非洲有缘。有人常说非洲穷，非洲苦，可我是穷苦出身，而且是名中共党员，去非洲，常驻非洲，我不仅一点没怕，还很高兴。

一、头一个常驻国家是塞舌尔，在非洲

1979年，我离开信使岗位，部里派我出国常驻，头一个国家是非洲的塞舌尔。这里非常好，是一个名副其实的"天堂之国"。由115个大小海

岛组成。从高空俯瞰，真像"上帝撒向印度洋西部的一把珍珠"。塞舌尔1976年6月29日宣告独立，第二天就同我国建立了大使级外交关系。一年后，即1977年，我国驻塞舌尔使馆就开馆了，首任大使由我国驻坦桑尼亚大使刘春兼任，驻塞使馆的第一任临时代办是李方平。1979年4月，我和我爱人一同来到这里，我是使馆二等秘书、办公室主任，我爱人是会计。当时，使馆里连外交官带工勤共有15人，这可不算少了，因为那时，塞舌尔全国只有6.4万人。该国的外交部，连部长在内，总共才8个人。由于使馆人少，我们每个人都不能"单打一"，必须炼成"多面手"，身兼数职。使馆里没有商务处，对外贸易由我兼管。我记得，每年由我经手的中塞进出口合同一般为200多万美元。塞舌尔地处热带，全国老百姓每年要穿几十万双拖鞋，也大多通过我从中国进口。当然，我这个党员，也从中学到了一些"经商"知识。塞舌尔政府和首都维多利亚市都设在全国最大的岛屿马埃岛上。维多利亚市只有一条街，一个人步行很快就走遍。那里做生意的主要是华侨和印度人，政府部门和银行的工作人员当然是塞舌尔人。我几乎天天上街办事，许多人都很熟了。几年来，给我留下印象最深是我国援建的一所高级中学。这所学校对塞舌尔很重要，建成后可容纳600名师生。1981年8月18日，这个学校项目开工。那时，使馆的代办正好回国休假，部里决定，由我担任临时代办。当日出席开工典礼的有塞舌尔计划和发展部长费拉里及教育新闻部长米歇尔，他们二位与我共同主持了工程剪彩仪式。第二天这个消息登上了该国的唯一报纸《民族报》。我在塞舌尔工作到1983年，我爱人工作到1984年。很多事情，我至今仍记忆犹新。

二、第二个常驻国是莱索托，又在非洲

1983年7月末，我在驻塞使馆里接到国内指示，要我立即出发，迅速赶往刚刚同我国建交的莱索托，参与新建使馆工作。我在非洲已4年多，本打算早些回国与女儿等家人团聚，可祖国的需要就是使命，作为一个党

员，只有两个字："服从"。我经了解得知，就在两个月前，莱索托王国首相莱布阿·乔纳森秘密访华，在北京宣布与台湾"断交"，并同中华人民共和国建立外交关系，而且希望我国迅速派员去莱建馆。8月1日，我按照部里指示，从塞舌尔乘飞机、途经津巴布韦，当日抵达莫桑比克首都马普托。8月2日，我国驻莱索托使馆临时代办李肇星同志等一行3人，也从国内飞抵马普托。我和肇星同志早就认识，当日一见，分外亲切。8月4日，我们一同飞赴莱索托。可我当日了解到一个新情况：我们所乘飞机要经过斯威士兰王国的曼齐尼机场停留半小时加油和上下旅客。这可不是小事，斯威士兰是一个同台湾地区有"外交关系"的国家（注：直到现在，它仍是54个非洲国家中唯一一个没有同我国建交的国家）。经过那里，我有些忐忑，怕出事，当然也考虑了些应变准备。不过，莱索托政府安排得很周到。我们乘坐的飞机一着陆，就见一位身材高大的非洲人走上前来迎接。李肇星代办介绍说，这位先生是莱索托驻斯威士兰大使。正是他同我国驻莫桑比克大使王浩同志签署的中莱建交协议，这一下我就放心了。这位大使帮我们办理了各种手续，使我们顺利地踏上了莱索托国土。莱索托首都是马塞卢，到达后，莱政府把我们安排在当地最豪华的希尔顿大饭店居住和办公。饭店在一座小山上，共六层，我们在三层。莱索托是世界上最大的"国中之国"，它的全部国土都被南非共和国所包围。它的领土面积为30344平方公里，远大于另外两个"国中之国"圣马力诺和梵蒂冈。我认为，这样一个国家决定同我国建交，真不容易，面临着重重压力。乔纳森首相访华时，就曾在北京人民大会堂这样对世界宣布，"我们虽然无法选择邻居，但选择朋友却是我们不容置疑的权利"。我们在饭店很快见到了我国援莱的农业专家组。他们早来一些天，是因为在莱宣布同台湾"断交"后，台湾的农业专家立即撤走。为不误农时，我国专家组必须尽快赶到。我记得，8月5日一大早，我们同农业专家们一同在饭店楼下，升起了第一面五星红旗。仰望着国旗在最大的"国中之国"迎风飘扬，我无比激动。接下来，我又陪着李肇星代办去拜会了莱索托外交大臣。这位外交大臣见面后的第一句话就说，"我热烈欢迎你们来到莱索托。从现在起，这里就是你们的家。如果有什么事要帮忙，请毫不犹豫地来敲我的门"。我们的非洲兄弟，就是这样真挚和友好。住在豪华的饭店里，生活还可以，但工作起来不太方便。为此，李代办率领我们，一面抓紧同莱外交部交涉，尽快收回台湾人员撤走后留下的馆舍，一面积极寻找临时馆舍。还不错，经过一个多月的努力，我们找到了一处比较适合的民间小院，就搬了过去。我还记得，当天中午，我们5个来建馆的"光棍汉"，亮出了各自的看家本领，做出和享用了一顿丰盛的午餐。后来，经过大半年的交涉，莱索托政府终于把台湾留下的馆舍钥匙交到我们手中。解决了这个大问题，使我们几个人如释重负。此后，又经过两个月的清理和装修，中国驻莱索托的大使馆终于正式落成。1984年2月16日，我国驻莱索托特命全权大使牟屏向莱索托国王莫舒舒二世递交国书，我也陪同参加了这个仪式。此后不久，我就回国了。莱索托王国是同新中国建交第122个国家，我永远不会忘记这段经历。

三、几年后，再次常驻的国家是利比亚，也在非洲

我从莱索托回国，本来是叫我休假的，谁知到京后，外交部档案馆馆长连续三次到我家找我，说经部里批准，你别回去了。让你留下来，是因为急需加工一批特别重要的外交档案。任务紧急，我是党员，一切听从组织分配。经过3年多奋斗，档案加工任务顺利完成。1987年，部里又派我出国，这一回是利比亚，还是个非洲国家。我在驻利比亚使馆是一秘，还是办公室主任，一直工作到1991年。在那里，我正赶上卡扎菲时代，一切都很特殊。首先，它当时的国名特别长，叫作"大阿拉伯利比亚人民社会主义民众国"，不容易记全。另外，国家体制也与众不同，全国上下既没有政府，也没有议会，只有各级"人民委员会"，说这是"人民当家做主"。而对卡扎菲，人们不能称他为主席、总统，只能称他为"9·1革命领导

人"。中利两国于1978年建交。我国驻利使馆是个中等使馆，含商务处、经参处、武官处等。在这里，有一件事令我难忘，那就是1987年12月，我国全国人大常委会副委员长王任重率团访问利比亚，我从头至尾都参与了陪同和接待。按照确定的访问安排，卡扎菲要在第二天在外地会见代表团，利方还要我们到的黎波里机场等候具体通知。可结果，会见一推再推，最后等了两个多钟头，宣布会见取消，改由利比亚的领导成员贾卢德会见。又没想到，同贾卢德会见开始不久，双方就展开了大辩论。贾卢德大讲"卡扎菲理论"，说什么当今世界，资本主义不好，人剥削人；共产主义也不好，容易走向独裁，只有利比亚施行的伊斯兰社会主义好。王任重同志一听就火了，说马克思主义是放之四海而皆准的真理，共产主义是全人类的发展方向。双方一直争论不休，最后，还是由一位利比亚年轻人"打了圆场"。他说，伟大的中国有着丰富的革命经验，利比亚也有自己的革命理论，双方应该互相学习。此话一说完，会见立马结束。最后再说一件事，是1989年9月1日，利比亚举行盛大的革命20周年国庆典礼，卡扎菲在首都的阿齐齐亚兵营举办大型招待会。由于杨虎山大使身体不适，使馆就安排我前往。老卡那年47岁，正值大好年华。我见他高高的个子，身着米黄色的阿拉伯大袍，显得还挺精神。招待会进行到重要时刻，老卡要按顺序同每一位驻利使节或代表握手。我俩见面时，我祝愿利比亚繁荣昌盛，祝中利友好关系不断发展。他说，中国和利比亚是兄弟，祝中国人民幸福。对我来说，这简单一见，也成了历史。

中非友好的关系源远流长。50年前，周恩来总理就展开了历时50多天的非洲10国行，掀起新中国对非外交的重要开端。2013年3月25日，习近平主席在坦桑尼亚演讲时说："中非关系不是一天就发展起来的，更不是什么人赐予的，而是我们双方风雨同舟、患难与共，一步一个脚印走出来的。"此话说得既重要又中肯。最后，我再说一句：我珍惜我的在非经历，我愿永远为党和国家的需要而奋斗。

难忘的苏丹岁月

刘宝莱

（前驻阿联酋、约旦大使）

2021年是中国共产党成立一百周年，正值百年未有之大变局重要时刻。至此，我感到无比骄傲和自豪的是，我们伟大祖国发生了翻天覆地的变化，已经改变昔日积弱积贫的落后面貌。中国人民实现了由站起来、富起来，到强起来的重大历史转变。我国的外交事业蓬勃发展，红红火火，朋友遍天下。在中国历史上，从未像现在这样，中国外交更走近世界舞台的中央；也从未像现在这样，更接近实现中华民族伟大复兴的梦想。历史已经证明，并将继续证明，中国共产党是伟大、光荣、英明、正确的党。是党领导全国各族人民打败了日本侵略者；是党领导全国各族人民推翻了压在中国人民头上的三座大山，砸烂旧世界，建立新中国；是党领导全国各族人民打开国门，实施改革开放，融入世界，实现了经济腾飞；是党领导全国各族人民经过艰苦卓绝的努力控制了史无前例的新冠肺炎疫情在境内蔓延，确保了广大人民的生命安全和迅速恢复经济建设；是党领导全国各族人民决胜全面建成小康社会。

我生在旧社会，长在红旗下。在党的关怀和培育下，我由一个不懂事的农村孩子，成长为一名外交战士。我于1965年到外交部工作。在广州军区解放军农场接受再教育后，1970年被派往中国驻苏丹使馆，开始了外交一线工作。至今记忆犹新，难以忘怀。

说起苏丹，人们往往将它同火炉、沙漠连在一起。的确，苏丹位于非洲东北部，红海西岸，赤道附近，年平均气温21℃。最热季节气温高达50℃以上。可以说，一年有10个月的夏季，只有两个月的冬季。要说冬季，也仅如我国的深秋，身体健康的年轻人穿一件长袖外套，长者套件棉毛衫即可。去苏丹前，外交部干部司领导找我谈话，很幽默地说，苏丹好，四季如春，冬天不冷，你可以不穿毛衣，将节省不少钱；夏天比北京稍热一点，但夜晚凉爽。我去后，才体会到领导话的真正含义。苏丹生态环境恶劣，常年干旱少雨，年平均降雨量不足100毫米。每到5月，刮起沙暴，黄沙漫天，天昏地暗，致使汽车难以行走。人们可以看到仿佛面粉状的细沙纷纷落下，地面很快形成厚厚一层，黄黄的一片。当地人称之为"哈布布"。如果你走在路上，则闻到刺鼻的土腥味，顿时，从头到脚成一个黄泥人。苏丹地处生态过渡带，极易遭受旱灾、水灾和沙漠化。昔日万顷良田大都被细沙吞噬。当地人也同自然进行抗争，但因缺少资金，真是有点望沙兴叹，无可奈何，只好听任大自然的摆布。1970年4月至1978年6月，我曾在我国驻苏丹大使馆工作，受到了磨炼，经受了考验，增强了素质，懂得了人生价值。

一、做人

1970年4月，杨守正大使赴苏丹履新，我陪同前往。这是我从广州军区解放军农场锻炼（1968年10月至1970年2月）回外交部后的第一次出国，心情又激动，又担心。激动的是外交部领导为自己提供了一个加强锻炼、发挥作用的舞台，充分体现了组织对自己的关怀和期望；担心的是怕完不成任务，胜任不了工作，辜负了领导对自己的殷切期望，特别是去驻苏丹使馆工作更具挑战性、艰巨性和复杂性。在此背景下，我到馆工作，压力很大。我认为要做事，要先做人。只有做好人，才能做好事；要有远大理想和抱负；要为人正直、坦诚、清白、勤奋、公正，否则，将一事无成。我曾把我的这些想法报告了杨大使。大使鼓励我按自己的想法去做。他说，对人、对事都要多问几个为什么，千万不要人云亦云，匆忙行事。他说，我还年轻，革命的路子还很长，应珍惜时光，提高阿拉伯语水平，尽快适应工作，真正学好为人民服务的本领。听后，我深受鼓舞。

二、做事

当时，驻苏丹使馆仅有两名阿拉伯语翻译，一位是潘祥康（后来曾任驻巴林大使），另一位是我。我们二人分别在办公室和研究室工作。随着中苏（丹）友好关系的发展，使馆工作量加大，我们随即忙碌起来。由于使馆的主要外交官基本不懂外语，特别是阿语，因此，我在这方面的工作十分繁重。每天主要有：

关注媒体。听广播，看电视新闻。每日晨6时，必须收听苏丹国家电台的首次新闻广播，主要了解苏丹政局。我在那里工作8年期间，曾发生未遂政变达30次之多。比如，某星期五（当地为星期日）6时，我睡着了。睡梦中听到有人敲门，睁眼开门，王韦平代办进来说，你未听广播，苏丹发生政变了。我忙打开收音机，一听，在放军乐，知道大事不好，忙作自我批评。王代办走后，我迅即安好录音机，并报告主任。好在两小时后，政变被粉碎了。年终总结时，使馆其他单位的许多同志对我们提出严肃批评。大家的批评没错，我真是有点抬不起头来。说实话，要做到天天晨6时听广播，很不容易。主要因为苏丹天气酷热，凌晨3时才降温，且经常断电，加之使馆人少事多，我们往往工作至凌晨1点才能休息。回到房间，洗澡冲凉，两点以后方才上床休息。晨6时，正是酣睡之时。年轻人贪睡，总觉得睡不够。而许多老同志总是睡不着，起得早，但又不懂外文，真是协调不起来。另外，我们看电视新闻，也是如此。一年到头，只要没有外事活动，就要坚持看电视新闻，即使周末放电影的时候。8年期间，我从未看过一场完整的电影，怨谁呢？谁也不怨，这是工作需要。

摘译每日要闻。每日9时前，译出各报刊登的重要新闻，如有政要的讲话，可先译出摘要。全文于当日下午或晚上译出。这主要因为使馆领导9时之后多有外事活动，需要了解当地重大新闻。当时，使馆的主要领导都不懂阿文，巴不得我多译些新闻，并全文译出有关社论和苏丹领导人的重要讲话，就这样日复一日，月复一月，年复一年……对此，现在的年轻同志恐怕难以想象和接受。

每日给领导口译阿文报纸半小时。领导要求，消息要简明扼要，语言要清楚，综合要全面，说理要明确。开始，总有些丢三落四，结结巴巴，经常挨批评，有些问题，经领导一问，就问住了。后来，才逐渐运用自如了。

为大使等使馆领导作口译。使馆外事活动多，我常为大使作翻译后，即为其他领导去做翻译。平时，只要有时间，我也常常为二秘、三秘外交官作翻译。个人认为，这是自己应该做的，并没有什么等级之分。当然参加外事活动后，要整理记录颇费时间。有一次，因整理一份记录，整夜未眠，第二天，送领导参阅时，因字迹潦草，受到严厉批评。一时想不通，总感到自己太委屈，费力不讨好！但等冷静下来，感到领导批评没有错，有利于完善自己。这样一想，便想通了，怨气也消了，变压力为动力。

参与调研，注意收集资料，起草调研报告。使馆这项工作的第一稿和领导同志的讲话稿基本出自我之手。由于苏丹未遂政变较多，此项工作非常艰巨。

从事苏丹中国友协工作。应该说，友协为促进两国友好合作关系的发展和民间友好交往做了大量工作，其中苏丹会员也较多。有些城市曾提出建立友协分会。但他们需要资金和设备，经常来使馆谈此类问题。给我的印象是，在这方面，杂事多，烦事多，难事也多。但能锻炼人的应变能力和处事能力。8年期间，我从未同苏丹朋友因意见不一而吵架。我的做法是一听，二看，三微笑，四耐心。有事商量着办，不要操之过急。就这样，我交了不少苏丹朋友。

参加义务劳动。我常常帮招待会端菜，刷盘子。那时，对劳动的定义是只有体力劳动，才算劳动；脑力劳动，不算劳动。当然，我从中也学到了不少东西，增长了不少知识。

或许因为我的勤奋进取，孜孜不倦，1973年3月，我被"破格"晋升为随员，时年31岁。

三、做调研

对研究工作产生浓厚兴趣，对我来说，是压出来的。开始，我的工作都是被动的，机械的，基本上满足于完成任务。后来，我渐渐地发现许多不相干的事务和信息，往往有着一定的内在联系。许多文章有着深厚的政治背景，犹如一条条小溪。如将其沟通，便形成一条河流。为便于工作，我对资料进行了分类、加工，分清主次，争取抓住主要矛盾，并试着写点东西。领导大为鼓励，认为我喜欢开动机器，想些问题，这使我增加了信心，并主动要求写些题目。久而久之，我找到了一些门路，由被动变为主动，经常与同事们讨论议题，提出自己的看法。随着对调研兴趣的提高，阅读中外文的书籍、文章的范围扩大了，效果也见长了。

调研无处不在。小至衣、食、住、行，油盐柴米酱醋茶，大到国际形势，国家大事，民族兴衰，都缺不了调研。大千世界，古今中外，比比皆是，俗话说，眉头一皱，计上心来。这就是调研。当然，从事政治、外交调研更为复杂、曲折、多变和伤神。需花大力气，孜孜不倦，勤奋努力，一丝不苟，方才有所收获。实际上，调研两字分开来讲，是有区别的，调为调查，何谓调查，众所周知，对某一事物或课题，有针对性地收集材料、依据和事实；研为研究，何谓研究，就是在调查的基础上，通过自己的大脑和智慧进行加工，得出某种结论。两者常常难以截然分开，形成"你中有我，我中有你"。因为，在收集资料时，人们进行了粗加工；而在研究时，也因材料不足，需继续找材料和依据。

做调研，首先应坐下来，静下来，沉下来。能做到这一点很困难。年轻人爱动，往往坐不住，自然也静不下来。可以说，心收不回来，即便坐在办公室，脑子里还在想别的事。年轻人如能坐下来，则难能可贵。这就为你做调研工作打下了一个基础。既然能静下来，就要沉下来，一不怕苦，二不怕难，三不怕错，四不怕寂寞。

其次，要不唯上，不唯书，要唯实。在苏丹工作期间，有不少教训。个人认为应坚持尊上，而不唯上，读书，而不唯书，求是要唯实。有知识的人不实践，等于一只蜜蜂不酿蜜。关起门来搞调研，等于盲人骑瞎马。无论一个正确论断的产生、一项明智举措的出台还是预言的实现，都离不开实践，因此，要树立实践第一，材料第一的观点。只有这样，才能做到解放思想，实事求是。比如列宁根据20世纪初生产力和经济发展的整体水平，提出了"只要帝国主义存在，世界大战就不可避免"的论断，对战争与和平的问题作了明确回答。而第二次世界大战证实了列宁科学论断是正确的。但二战之后，国际形势发生了重大变化，美英等西方资本主义国家进行了改革。尽管资产阶级的本性未变，但在具体做法上、形式上则发生了变化，因此，资本主义国家有了发展，人民的生活也有了改善，出现了帝国主义垂而不死，腐而不朽的现象。还有值得人们深思的是20世纪80年代末90年代初，苏东剧变，社会主义思潮进入了低谷。人们不禁要问，国际上的红旗到底能打多久。类似这种重大调研课题的答案，从马列经典书籍中是找不到的，只能从实践中找到答案。

另外，要志存高远，具有战略眼光。三国演义上写诸葛亮出山前，就预言将出现三国鼎立的局面。出山后，他积极以求之，扶佐刘备建立了蜀国；毛泽东同志在井冈山时期，就预言"星星之火，可以燎原"。后来，全国山河一片红，建立了新中国。80年代初，邓小平根据国际形势的发展变化作出了新的世界大战可以避免，当今世界两大问题是东西南北问题，即和平与发展问题的正确论断。这均为既用显微镜又用望远镜观察大千世界的结果。也就是说，既要看到树木，又要看到森林。从一滴水中看太阳，从一片落叶中看到秋天的到来。唐代著名诗人白居易的脍炙人口的诗句"野火烧不尽，春风吹又生"就抓住了事物的本质。

最后，不断提高文字表达水平。做调研，对文字水平要求更高，最起码要做到以下四点：第一，确切，用词明确，不能模棱两可；第二，精炼，一字千金，言简意赅；第三，清晰，逻辑性强，一目了然；第四，通畅，语言通顺，如行云流水。钱昌昭有一首诗称"文章写给别人看，晦涩冗长读亦难，简明通顺四字诀，先求平易后波澜"。如果我们写调研报告和有关文章，能达到钱先生诗中的要求，那一定是精品。

苏丹八年，我为使馆领导起草了许多调研报告和讲话稿及答记者问书面材料，受益匪浅，为后来在外交部亚非司和其他驻外使馆工作打下了良好的基础。

我的外交信使生涯

刘治琳

（前驻外使馆外交官）

从1987年至1999年，我一直在外交部信使队任中华人民共和国外交信使。其间，我共到国外出差74次，合计2217天，行程200多万公里，相当于围绕地球赤道（40075公里）飞行50多圈，飞机起降932次；到过112个国家，其中亚洲27国，欧洲27国，美洲16国，大洋洲4国，非洲38国。

从1988年至1998年既是世界高科技高歌猛进的年代，也是世界政治风云急变的年代，更是我国搞改革开放，各方面飞速发展的时期。我在此期间"游历"了世界，堪称人生难得的经历。当年马可·波罗从威尼斯来到中国用了3年多时间。而现在由北京乘坐波音747客机经德黑兰至威尼斯还不到10个小时。今天的1小时等于马可·波罗时代的100天。

马可·波罗曾经访问过10多个国家，郑和七次下"西洋"仅访问过30多个国家和地区。即使是在今天，能有机会到一百多个国家旅行的人也为数不多。由于工作需要，凭借现代化交通工具，我有幸在10年之内多次到112国出差，成为亿万人之中的幸运儿。

但是，许多人对外交信使很不了解。我到信使队之后，出差前，回家探望老母。她私下问："儿子，告诉妈妈，你是不是犯了错误？"我说没有啊！老母说："怎么好好的外交官不干了，去当邮差呢？"

在此，我向大家简单介绍一下什么是外交信使及其工作特点。

262

一、何谓外交信使？

顾名思义，所谓外交信使就是送信的使者。自从有了国家，也就有了为国家传递机密文件的人。他们把中央政府的指示迅速下达或把地方当局的政情上报中央政府。《圣经·旧约全书》中的《以斯帖记》提道，2400年前，信使们骑着王室特选的御马以最快的速度把波斯王亚哈睢鲁的命令传达到全国各地的犹太人以及总督、行政官和各省官员手中。近年来，我国有些历史题材的连续剧中就经常提到，把800里加急或十万火急密报，通过快马送到京城皇帝手中，又把皇帝的圣旨快马加鞭地传达到地方。可见，我国很早就出现了传递国家机要文件的人。他们中途落脚的地方称为驿站。在国内传递国家机密文书的人称为机要交通员或称信使。

而外交信使（diplomatic courier）则是专指在本国政府与其驻外使领馆之间，以及在驻外使领馆彼此之间传递外交邮袋的特别使者。维也纳外交公约正式称其为外交信使。简而言之，外交信使就是具有公开合法身份，受到国际法保护的国际机要交通员。他们与邮局送信的邮差不同。外交信使传递的主要是机密文件，不是普通的信件。中华人民共和国外交部信使队是负责递送我国外交邮件的专门机构。我国的专业信使对外称中华人民共和国外交信使。

二、外交信使必须具备的条件

因为外交信使是传递国家机密的人，因此，任何国家都十分注重其外交信使的政治素质。我国的外交信使必须是热爱祖国，忠于人民，为了国家的最高利益不惜牺牲个人一切的人。何谓爱国主义？爱国主就是对祖国无限忠诚和热爱，对祖国怀有最深厚的感情，希望祖国繁荣富强，乐于为祖国服务和为祖国献身。马克·吐温说得好：爱国主义永远是可敬的，它有权利昂起头来，傲视世界各国。

外交信使还必须遵纪守法，包括外事纪律以及各国海关的规定等。外交信使的责任重大，工作辛苦，也有一定的危险性，必须做到"一不怕苦，二不怕死"。我本人认为，要干外交信使这一行，必须把生与死看得淡一些。我每次出差之前都向我爱人做必要的交代，对于走出家门、国门后是否还能回来，在思想上有准备。所以，外交部信使队有一个突出特点，人们彼此之间感情比较深，因为两个人一道出差，一路同甘苦、共患难，是一种难得的缘分。外交部信使队是一个坚强的集体，多年来，经受住了各种政治风浪的冲击和考验。

外交信使还必须具有良好的身体素质，适应能力要强，能够吃苦耐劳。有的人换一个地方，换一张床，换一个枕头，就睡不着觉。而信使们几乎每天到处奔波，四海为家，两三天换一个国家；一会儿冷，一会儿热。如不适应，用不了多久，身体就可能垮掉。

除了上述条件外，作为一位外交信使，还要具备必要的国际知识、外语以及办事和交涉能力。

三、外交信使工作的艰苦性

外交信使的主要任务就是手提外交邮袋旅行，号称"职业旅行家"，经常乘飞机、汽车、火车，有时还乘轮船，出事故的概率比一般人高得多。信使队曾经有6位同志为祖国的信使事业贡献出了宝贵的生命；也有一批同志遇险，如飞机被劫持，飞机降落时轮胎起火，飞机起飞时冲出跑道，飞机喷桶起火，飞机驾驶舱玻璃破碎，机舱内压力突然失去平衡等。我本人曾经经历过飞机在台风中降落，机翼险些触地，在非洲穿越大雷雨区，飞机多次突然大幅度下降，还经历了一次机舱内发生静电爆炸，险些丢了小命。

除了危险性之外，外交信使还要经受温差和时差的折磨。例如1月从北京乘飞机离开时，气温一般在0℃左右，5小时后降落泰国首都曼谷机场时，气温往往在30℃以上。从北京到北美和南美洲出差，一路要准备四季服装。7月在北京和北美洲是盛夏，南美洲则是冬天。尤其是在数小时之内，由隆冬进入盛夏，这样巨大的温差对身体的损伤是可想而知的。我在非洲赤道附近国家发现，许多民房的屋顶上覆盖了一层洋铁皮，以防漏雨。铁皮受到烈日暴晒，雷雨突至，滚热的铁皮被冷雨一激，会发出嘎嘎的收缩声。铁皮在30℃—40℃的温差之内有如此强烈的反应，人体也是一样，只是我们听不到肌肉收缩发出的声音就是了。而时差对人体的伤害就更大了，往往会使人体内的生物钟失常，出现生理节奏失调，导致失眠、疲劳、无食欲或突然感到饥饿等。总之，令人感到全身疲惫、无精打采、记忆力明显减退等。外交信使经常在国外出差，无法顾及家庭和父母妻儿。老母去世我也未能回家看上一眼。我的老母思想境界也很高，曾经多次对我说："儿子，你们的工作规矩大，我死了就死了啦，不再给你添麻烦！"在信使队，不仅我个人是这样，其他同志也是一样，不仅不能为父母举丧，就连爱人或孩子生病住院也没有时间照顾，更不用说平常照看孩子的学习了。

外交信使最怕的还不是温差和时差，而是飞机晚点。1998年6月15日，由印度首都新德里飞卡拉奇，因为德里出现了沙尘暴，由卡拉奇飞来的班机无法降落，只好返回卡拉奇。我们在机场等候一夜。原来1小时的路程，我们前后用了14个小时。普通旅客在候机厅里倒头大睡，而我们由于身上有外交邮袋，根本不能睡。另一次是1988年由巴黎回北京，由于戴高乐机场出现大雾，从早晨7点一直等到晚上10点才起飞，待到了北京，我已经头昏脑涨，站立不稳了。

四、外交信使工作的乐趣

外交信使工作虽是一种具有危险性和艰苦性的职业。但是，世界上任何事物都具有两面性，往往是有苦也有甜。信使工作的最大乐趣是可以利用在国外出差之余游历世界，开阔视野，增长见识。

外交信使也是一种十分高尚的职业，持有能够通行各国的外交护照，受到国际法的保护。绝大多数国家（包括美国在内）的移民局和海关对中国外交信使都很敬重。许多国家的机场都对我们很优待，可以出入外交官专用通道，可以进头等舱或公务舱休息室，有的国家还可以进贵宾室休息。在个别国家，我国驻当地使领馆可以把汽车开到飞机舷梯旁等候，我们下了飞机就进汽车。飞机上的乘客不知我们是何方神仙，都投以惊奇的目光。其实，我们本身并不重要，重要的是我们所代表的是国家，携带的是国家机密。所以，作为一名外交信使，我深切地感到，我们所依托的不是个人而是祖国和人民。只有祖国强大了，我们外交信使的腰板才能挺起来。

钱其琛副总理曾经指示，外交信使们要"行万里路，读万卷书"，充分利用出差世界各地的宝贵时机，多学习一些知识。信使们的学习条件也是极其优越的，一般在中长途客机头等舱和公务舱里都免费提供世界著名报刊和杂志。此外，各国航空公司发行的月报上也经常刊登许多具有知识性的文章。到了使领馆还可以阅读当地的报纸，观看当地的电视节目。按规定，还可以在使领馆阅读有关文件。信使有大量可以由自己支配的时间。所以，中国的外交信使，同外国信使一样，大多有各种爱好。有的人喜欢摄影，有的人编译文章，有的人收藏邮票、硬币、纸币、火柴盒、啤酒桶等。多年来，外交部信使队也涌现出一批优秀外交官，有的当了副部长、大使、总领事和参赞等，为国家，为信使队争了光。

1998年底国家机关工委到信使队调研时得知，多年来没有一位信使在国外出差期间出走，让信使队好好总结一下。我的答案很简单：信使们爱国，忠于职守。

也有人问过我，你去了那么多国家，为何不留在国外，还回来干什么？我说："是党、国家和人民培养了我这个穷小子。我要把自己的毕生回馈社会。出走就意味着背叛！"

考 验

刘明辉

（前驻清迈、宋卡总领馆首席领事）

    我1983年12月在外交部领事司光荣入党，实现了我多年的美好愿望。从1973年5月申请入党，到1983年12月，经历了长达十年的国内外考验。考验时间是漫长的，但我要求入党的决心从不动摇，从不彷徨。同时十年时间也全面地提高了我对党组织的认识，锻炼了我对党的忠诚。很多事情，现在回忆起来，还是历历在目，仿佛就发生在眼前。

    我1973年5月被派驻老挝使馆工作。当时老挝正处于战争交据期间，以苏发努冯亲王为首的老挝爱国统一战线，以富马首相为首的老挝王国政府，以美国支持的老挝右派军队和老挝各省土匪部队为首的老挝军事势力之间经常发生战争，抢国际机场，抢国家电台，搞军事政变是经常发生的事。每当老挝发生战争，发生军事政变，使馆就处于高度戒备状态。我作为普通一兵，经常被派往一线守住使馆大门口或在传达室守电话。记得有一次，老挝左、右两派发生激烈战斗，互相之间争抢国家电台。国家电台就在使馆马路对面不足200米，机枪子弹不断地扫射过来，打在使馆墙壁上。几个小时后战斗才停息下来。

    我到使馆不久，就向党组织递交了入党申请，表示要在国外复杂的环境中锻炼自己，努力创造条件，争取早日加入党组织，请党组织时刻考验自己。在使馆我服从组织分配，党叫干啥就干啥，先后在使馆办公室、文化处、领事部工作过。苦活、累活、脏活，我都抢着干。在老挝七年因当时使馆会计不懂当地语言，我协助他外出采购物资和使馆生活用品，不管刮风下雨日晒雨淋，甚至在老挝发生军事政变的日子里，只要工作需要，无论起得多早回来多晚，都做到随叫随到，任劳任怨，从不推辞。

当时老挝使馆条件很差，自然环境很恶劣，天气潮湿，蚊子、臭虫、苍蝇、蚂蟥很多，一不小心就会被咬得脸肿手痛，到处出血防不胜防，尤其是夏天，我们住的铁皮房子，没有空调，开始也没有电风扇。有时室内温度超过40℃，又闷又热，经常是汗流浃背，睡不好觉。万象靠近湄公河边，对面就是泰国的廊开府，万象几乎所有蔬菜水果肉类全靠泰方运过来，每逢军事政变，老挝发生战争，封锁了湄公河，我们的日常生活都发生问题。几天吃不上新鲜蔬菜，靠国内运来的罐头咸菜就饭是常有的事。但我也和同志们一样，吃苦在前，享受在后，经受了生活和恶劣环境的考验。

我的几年努力得到了同志们的认可，也得到了组织的肯定。1975年老挝解放，但老挝当时政治上被越南控制，1979年开始反华，大量压缩我驻老挝使馆编制。仅留几名人员坚守外，其余全部撤回。使馆党委根据入党积极分子的表现，决定在撤离前分三批发展党员，我也有幸成为其中一个，放在第三批发展。当我填写了入党申请书并经党小组讨论通过后，只待支部大会确认时，我的心无比激动，感到无上荣光。心想经过几年努力，马上就要入党了，激动的心情无法用语言表达：党啊党啊，您的儿子向您报到来了。

第二批新党员发展了，第二天下午就发展第三批新党员了，当时除了我还有武官处的罗世武同志。我觉得那天阳光特别灿烂，照到心里暖洋洋的。但是那天上午支部负责同志告诉我，第三批党员不发展了，转回国内处理。我听后如晴天霹雳，怔得半晌说不出话来。发生了什么事，为什么不发展，为什么不一视同仁，我们在老挝工作了七年，怎么轻轻一句话就否定了。心里是很想不通的，当天大哭了一场，也未吃饭。我们领事部领导和同志们都来劝我，安慰我，我的心情才慢慢平静下来。当时罗与我商量要找领导谈谈。我和他讲，这是党委的决定，我们只能服从。入不了党证明我们表现还不过硬，还不符合党的要求。但我们都是苦出身，都是劳动人民的儿子，只要继续努力，我们总有一天能迈进党组织的大门。这样我怀着依依不舍的心情，告别了老挝，告别了战斗七年之久的战友，回到国内。

我清楚明白，昨天就是历史。回到国内，无论是工作，还是入党，都要从头来。让组织和同志们认识自己，考验自己需要一段时间，一切从零开始。于是我到领事司工作不久，又郑重地向党组织重新递交了申请书，请求党组织在国内和平环境中考验自己，争取早日加入党组织。

我被分配在领事司四处认证组工作。当时申办认证条件很差。没有专用的接待室，就在大楼的走廊里摆一张乒乓球台接待用，每到冬天寒风刺骨，我们穿着棉大衣在走廊里接待还觉得透心凉。当时我负责跑外勤工作，几年来跑遍了近百个外国驻华使馆，传递了几万件认证文书，传递了几百万人民币的认证费用，有时外国驻华使馆认证要求，认证费用经常变动，送一份认证件要来回跑好几次，有时返部时，开饭时间早过了，自己从没怨言。无论春夏秋冬，无论天寒地冻，还是刮风下雨，自己从未误过班，从未错送过一件文件，也从未差过一分钱。我的努力得到党组织的肯定和同志们的认可。1983年12月我终于在外交部领事司入党。同时与我入党的还有魏瑞兴同志。小魏后来任外交部领事司副司长和外交部扶贫办主任。奋斗十年，入党愿望终于实现了。从今天起我也是一名光荣的共产党员了，脸上流满了热泪。

入党后，我一直以共产党员的标准严格要求自己，无论工作局势发生什么变化，都争取做一个合格的共产党员。我曾在一首诗中写道："把青春和力量献给祖国的外交事业，我无怨无悔，把鲜血和生命铸成共和国的繁荣和富强，我感到无比高兴，无尚荣光。"不仅如此，我还严格要求我的家人和孩子，忠于职守，忠诚于党的事业。如今我们全家都是共产党员，对此，我感到欣慰。

高原古国的"破冰荣誉"和
"异国受勋"的殊荣

汤铭新

（前驻玻利维亚、乌拉圭大使）

值此我们伟大的中国共产党建党100周年之际，抚今思昔，我可谓百感交集。因为，我出生在20世纪30年代。那是一个内忧外患，战乱纷飞，民不聊生的苦难时代。幸好有我们的党披荆斩棘，战胜风浪，领导中国人民取得了解放。并且在党的几代领导人高瞻远瞩的英明决策下，从新中国成立到改革开放，进而走向中华民族伟大复兴的国富民强和构建人类命运共同体的光明远景。而我本人，则在党的抚育培养下，有幸逐渐成为一名外交战士，为我国的外交事业贡献一份力量。

今天，特献上本文作为对党的生日的纪念和感恩。虽然，我已届耄耋之年，但是，习近平总书记的教导是我最好的指路明灯，我会不忘初心，牢记使命，砥砺前行，生命不息，奋进不止，为党的公共外交事业继续发挥正能量，作出一份应有的微薄贡献。

1993年2月，我被派往玻利维亚担任大使。在长达三年半的任期时间里，我深深地领略了这个高原古国多姿多彩的迷人风情和民风淳朴善良的玻利维亚人民对中国人民的真挚友谊，在我内心深处结下了一段"高原情缘"，让我至今不能忘怀。作为大使，在结束任期时接受驻在国授勋，这无疑是外交生涯中的殊荣。想到自己曾为推动两国友好合作关系的发展和为加强两国人民的友谊所做的努力得到驻在国政府高度评价和赞扬，心里确实十分欣慰。我在担任驻玻利维亚大使期间，经历了两次玻方特殊的授勋。每当回想起来，真是令我激动不已！

一、"破冰荣誉"的外交效应

在我1993年去玻利维亚赴任以前，从阅读的材料和听到的介绍中就知道这个国家的特殊国情：军人在玻的历史上和政治舞台上有着举足轻重的作用。自1825年玻利维亚取得独立以后的150多年中，大大小小的军事政变达90多次。军人曾长期占据统治舞台。即使在20世纪50年代以后逐渐向文官执政时期过渡和走上民主化进程，军人在玻政治生活中仍然具有重要的影响。而这一点反映在台湾问题上又时常波及中玻关系。因为，台湾方面依靠做玻军方的工作，不断干扰中玻关系。因此，虽然我还没有亲临第一线，却对如何"外交出手"做好玻军方工作，以确保中玻关系顺利发展，在思想上有了准备。

于是，我以上任拜会为契机，与玻国防部长，武装力量总司令，总参谋长和三军司令，以及警察司令等分别接触，还请他们到使馆做客，相机介绍我国改革开放后的形势和军队建设情况，说明我国在解决台湾问题方面的方针政策，以及对外政策和玻方关心的国际问题的原则立场等，逐渐消除了他们对中国的陌生感和增进了对两国关系的了解。接着我又把工作向纵深方向发展。在外地拜会地方长官时，都无一例外地拜访地方军区司令，着眼于做军方未来一代领导人的工作，为以后的工作未雨绸缪。后来，我们对军方又开展了不同主题的图片展览和电影周等文化活动。此外，我还主动与军事院校接触，应邀去作介绍中国情况的报告。随着对军方工作的开展，双方高层领导互访的时机渐趋成熟。自1994年以后，我们先后推动玻武装力量总司令，总参谋长和国防部副部长等访华。我国总参谋部李景副总长也于1995年7月访玻。在此期间，为加强对玻军方工作的力度，我们设立了武官处，并在八一建军节之际，与玻军方开展双边联谊活动。此外，我们还与玻军方签订合作培训协议，每年派遣三名校官来我国武警院校接受培训。特别令玻方感动的是，国内根据使馆的建议，有针对性地向玻军方提供无偿援助。规模最大的一次是赠送200辆军用卡车，这极大地缓解了玻部队后勤运输力量不足的燃眉之急。那次桑切斯总统亲自出席了赠车交接仪式。在与我亲切交谈时，他称赞我为中玻军事友好合作作出了宝贵努力和重要贡献。他说："这也就如同大使阁下所说的'患难之时见真情'。中国才是我们玻利维亚真正的朋友。"还有一点令玻军方深为感动。那就是我根据玻国内经济解决民生需要尚有严重短缺的状况，提出了"军民技术合作交流，利国利民发展经济"的思路，建议军方探索在农牧业生产加工和服装等生活用品制造等方面与企业合作的可能性，为增进玻军民友好合作和民众生活扶持开辟渠道。总之，通过几年来的工作，玻军方对我国的认识和态度有了根本的改变，关系也密切起来，打破了台湾当局企图通过各种手段拉拢玻军方，破坏中玻关系的图谋，保障了两国关系的稳定发展。

1996年8月，玻军方得知我即将离任后，经过最高当局的讨论，决定为我举行一次隆重的授勋仪式。国防部长的代表，武装部队总司令和三军司令及各军种、兵种的负责人出席。武装力量总参谋长在仪式上发表讲话，表彰我为玻中两军之间增进了解，推动交流，建立合作机制，发展友好关系所作出的巨大贡献和取得的丰硕成果，还称赞我热心倡导把军事合作与发展国家经济相结合的好主意，称我为各国外交使节中的先行者，玻军方将永远铭记我的杰出贡献。讲话后，由武装力量总司令亲自授予我"特殊贡献荣誉勋章"和证书。

仪式结束后进入招待会大厅，玻各界人士纷纷举杯前来向我祝贺。时任玻中议会友好小组主席的一位国会议员对我说，"大使阁下，我衷心地祝贺您的成功。现在，台湾方面想通过拉拢玻利维亚军方领导人破坏我们友好关系的阴谋活动再也不可能得逞了，因为，玻利维亚军方对中国的态度发生了重大变化。今天您已经是他们热情欢迎的上宾了。您解决了维护玻中友好关系顺利发展的一大难点。所以，我们要恭喜您，因为您所接受的是一份特殊的'破冰荣誉'，可谓来之不易啊!"说完后和我热情拥抱。就我而言，可谓进修了"外交效应"一堂大课而深受感动。

二、为国争光的"异国受勋"

1996年8月接到国内的紧急调令后，我开始了一系列离任活动安排。在拜会玻外交部常务副国务秘书时，他诚恳地说，根据大使几年来的工作贡献，玻政府考虑要给我授勋。但授勋的决定要外长签署经国会通过之后，上呈总统批准。而此时外长在国外访问，国会也值休假。不知有无可能请大使在10月离任，以便于玻政府从容安排授勋。我说非常感谢玻政府考虑给我授勋，这对我来说是一大荣誉。但因为国内指示9月调回，后面还有新的重要工作安排，所以时间相当紧迫。最后，玻外交部礼宾司长在机场为我送行时表示，玻政府非常重视这次授勋，因此有一个方案可供选择，就是请我在10月以后再返回玻利维亚接受授勋。

待我在乌拉圭的到任活动告一段落后，我向国内请示可否接受玻方的授勋新建议。当然，我个人认为，此时回玻并不适宜。但是，可否请玻方考虑其他方案。国内答复同意我不再回玻。但是，玻方何时何地以何种方式授勋，可由玻方决定。

1997年3月，玻驻乌拉圭大使塞斯贝德斯说有要事相商前来拜会。这位大使原来是玻国防部长，我的老朋友。想不到刚一落座，他开口就说："今天我给您带来了一个好消息。玻利维亚政府为表彰阁下为发展玻中友好关系所做的贡献，尽管您已经离任，但还是决定要给您授勋。玻副外长将于5月访乌，玻方计划到时为您举行授勋仪式，请大使早做准备。"我一边听他说，一边心里涌起了万分激动之情。我当即向他，并请他向桑切斯总统和阿拉尼瓦尔外长转达我由衷的感谢。我说，"这特殊的异国授勋表明，玻政府高度评价两国友好关系，它并不仅仅是给予我个人的荣誉，也是对所有为缔造中玻友好宏伟事业作出过贡献的人们的赞誉!"后来，因为那年适逢玻国大选和政府换届，副外长未能来乌拉圭访问，遂决定不再推迟，而决定由玻驻乌大使代为授勋。

1997年6月25日，在我从玻利维亚离任9个月以后，由玻驻乌大使主持举行了特殊的异国授勋仪式。乌拉圭副总统兼国会主席巴达亚、副外长德卡斯蒂略等应邀出席。外交使团中几位代表，乌中商会会长等也应邀出席。玻大使在讲话中，首先代表桑切斯总统和政府对我在玻的工作给予了高度评价，说由于我坚韧不拔的努力，热情忘我的工作，使玻中两国在各个领域的关系有了长足的发展。几年来中国对玻的无私援助，技术合作和文化交流，使玻受益匪浅。不久前桑切斯总统对中国成功的访问正是在上述基础上，把两国的关系提高到了一个新水平。鉴于我在任期内为推动和加强两国关系所作出的杰出贡献，桑切斯总统和玻政府决定授予我最高荣誉——"安第斯雄鹰大十字勋章"。接着，他宣读了由桑切斯总统签署的授勋令，并给我佩戴了授勋绶带和勋章。

我在致答词时说，中国古代伟大的战略家孙子指出，天时、地利、人和乃成功之三大要素。应该说，我是三者兼而得之的一个幸运者。首先，由于两国领导人对发展双边关系高瞻远瞩的决策，创造了良好的"天时"。而玻利维亚又是一片耕耘中玻友谊的沃土。几年来，双方各个领域的交流与合作发展迅速，可谓"地利"。最后，尽管在拉巴斯工作不时受高原反应的困扰。但是，玻利维亚人民和中国人民之间兄弟般的情谊营造了和谐的人际关系氛围，使得我与上自总统、国会和最高法院三个权力机构，下至政党、社团和经贸、文化、教育、科技等各界人士建立了密切的关系。此种"人和"氛围使得我的工作得以顺利开展，从而推动了两国、两军、两国人民之间的友好关系得到了稳步的发展。我为自己能在中玻友好事业中贡献绵薄之力而感到荣幸，也为今天受到的特殊荣誉而激动。但是，我要说的是，这份荣誉还应归功于在玻利维亚高原与我一起辛勤耕耘的同事们，归功于所有为中玻友好大厦添砖加瓦的人们! 说完，大家热烈鼓掌向我祝贺。

　　如今，想到当年那两次特殊的授勋，的确难以抑制内心的激动。而更令我更高兴的是，我看到今天中玻关系正持续而健康地发展，犹如长江后浪推前浪地滚滚向前奔腾不息……

我亲历的海地撤侨

王书平

（前驻海地贸易发展代表处代表）

有一首歌曲中这样唱道："打天下，坐江山，一心为了老百姓的苦乐酸甜；谋幸福，送温暖，日夜不忘老百姓康宁团圆。老百姓是地，老百姓是天，老百姓是共产党永远的挂念。老百姓是山，老百姓是海，老百姓是共产党生命的源泉。"朴实的语言，深刻地诠释了中国共产党自1921年成立至今一百年间发展壮大的根本原因，也揭示出中国共产党的建党宗旨，即始终代表最广大人民群众的根本利益，全心全意为人民服务。

近年来，中国公民出国人数逐年递增，中资企业海外扩展步伐加快，随之而来的是我驻外使领馆忠实践行"外交为民"的理念，不断加大领保工作力度。前外交部部长李肇星曾在"两会"的记者会上指出：为人民服务是中国外交的宗旨，其内涵之一就是为维护中国在海外同胞和法人的合法权益，提供以人为本的领事服务。每年我国驻外使领馆出面处理的各种领保案件近千起，而其中最为引人注目的当属海外撤侨。自2006年至今，中国政府共计在海外进行了十余次成规模的撤侨行动。在我三十余年的外交生涯中，如果说有什么经历让自己产生了刻骨铭心的印象，就是我先后参与了上述海外撤侨行动中的两次，其中一次即2010年海地大地震后的撤侨。

2010年1月12日，加勒比岛国海地发生7.2级强烈地震，造成重大人员伤亡和财产损失。地震发生后，我国政府高度重视在海地同胞的安全状况，胡锦涛总书记、温家宝总理均就此作出重要批示。外交部高度重视，立即作出决策和部署，指示全力向震区同胞提供协助，通过各种途径核实震区待援人数。领事保护，一场跨越国界的救援行动通过电波在异国他乡上演。

我是地震发生前三个月出任中国驻海地贸易发展代表处代表的。根据震前掌握的情况，在海中国公民仅有30余人，但这一数字绝对是保守的，因为有些同胞抵海后从不与我处联系。经我处多方联系，地震28小时后，除当时自国内赴海地执行任务的8位同志暂时失联、数名台湾同胞受到波及外，其余中国公民安全无虞。

海地撤侨工作是分两批进行的。第一批撤离的是中兴公司人员。地震发生后，该公司通过不同途径向外交部和我国驻外机构提出请求，希协助其租用包机将11名员工撤至邻国。此时太子港通信已完全中断，即使海事卫星电话信号也极不稳定，外交部动用各种手段，终于与我处取得联系。说明情况后，要求我处务必保证尽快将中兴员工撤至安全地带。此前该公司员工曾与我处短暂联系报平安，之后即失联，处于无助困境。如何确保人员安全，并顺利送达机场是当时面临的一道难题。公司办事处位于山顶，地震后当地治安形势骤然恶化，加之山路崎岖，途中还随时面临山体崩塌的危险。但不管困难多大，形势多危险，时不我待，救人是当务之急。15日一早，由我处张哲引导，在我驻海地维和防暴队3名队员护卫下，救援人员迅速前往施救。公司驻地距防暴队营地50多公里，路上不时有山石滑落，车速十分缓慢，平时1小时的车程，这天却走了5个小时。到达公司驻地时，员工们既惊讶又高兴，有几位小伙子甚至喜极而泣。一苏姓员工动情地说："在如此艰苦的条件下，你们还能想到我们，政府太伟大了，特别特别感谢。"另一员工同样激动地说："我们总算可以离开了。这里每天都感受到四五次余震，时间虽不长，但总感觉很不安宁。这下总算可以睡个安稳觉了。"下午1点左右我们将11名员工安全接至防暴队营地，短暂休整后即启程前往机场。为确保万无一失，当天我亲赴机场指挥、协调。原以为万事俱备，只欠登机，岂料又枝节横生。当我与机场调度接洽时被告知：邻国航空公司要海地机场发出飞行指令他们才允许包机起飞。此时机场已完全由美军掌控，协调难度相当大。我分别找到机场和民航部门负责人做工作，随后又找到控制塔台的美军指挥官，终于说服他们发出指令，包机基本按时起飞。当时两名日本记者也急欲离开，中兴遂同意他们搭机。15日20时，包机安全降落邻国多米尼加，11位员工于次日辗转回国。至此，第一批撤离工作顺利完成。事后中兴公司领导和撤离人员一再对外交部及有关驻外机构表示感谢，称如果不是政府有关部门的全力投入，雪中送炭，他们不可能在如此复杂和困难的环境下及时撤出。"当我们乘包机离开时，才由衷地感到身后有一个多么强大的祖国。"中兴一名女员工如是说。

第二批撤离的同胞情况比较复杂。为保证每个同胞均能得到有效保护，当务之急是尽快找到他们的下落。15日一早，我即派人前往震区寻找中国人，先后去往他们可能落脚的地方查询。这时太子港街头残垣断壁，人群熙攘，部分路段设置了路障，交通十分不便，无助的百姓随时可能发生骚乱。功夫不负有心人，在严重损坏的一酒店内终于找到浙江一民企5名员工，在另一处又找到清华同方的张先生和福建的一位鞋商。我处遂要求他们随时待命准备撤离。与此同时，随着灾区治安形势的不断恶化和人道危机的加剧，我处又陆续接到散居于各地同胞的求助电话，其中一台胞也希我能帮其撤离海地。我当即表示：只要是中国人，当形势危及他们的安全时，不管是来自大陆，还是港澳台，也不管是通过什么途径来的，我们都会尽最大努力帮助他们脱离险境。此后无论是我处联系到的还是自己找上门的，我们均详细做了登记。最终经国内外反复查找、了解、核实，在海零散中国公民共计53名。

这里要特别说到台胞吴怡庆（吴太）慷慨帮助中国同胞的感人故事。吴太在太子港经营中餐馆已逾4年，平时生意经常爆棚。一场突如其来的地震，其生意一下跌至低谷。既然无生意可做，吴太准备收拾行囊暂时撤离海地。这时我们的一个电话，35个人的命运，改变了吴太的行程，她在海地留了下来。鉴于散居各处的同胞到太子港后食宿无着，必须为他们找个暂栖之地，这时我想到了吴太。我说：依我对吴太的了解，如我们提出要求，相信她不会拒绝的。果不其然，当我试探性地向她说出这一想法时，她二话没说就爽快地答应了，没有提任何条件，只是说："大家都是中国人。"就这样陆续有几位同胞被我们安排在该饭店。"大家都是中国人"，这是吴太以后几天一遍遍重复的一句话，事后表明她正是秉持这一情怀无私地帮助了30多位在她那里落脚的同胞。

1月17日，震后第五天，已是晚上11点多，因无生意早已休息的吴太隐约听见轻微的敲门声，初以为是当地人来骚扰，未敢开门，但敲门声却越来越急，这时吴太意识到可能是有人来求助，于是毫不犹豫地打开了门。门外，20多名惊魂未定的年轻人，怔怔地看着吴太，这是从外地步行几十里赶来的中国人，他们中最小的仅18岁，年长的也不过30出头。这20多人还只是"先头部队"，另有10多人正在赶来的路上。吴太事后对我说：第一次见到这几十个"孩子"时，他们惊慌失措的眼神，狼狈的窘态，一辈子都忘不了。最终来此避难的达到35人。为了接待他们，除了食物，吴太还悄悄地联系了送水公司加送一车水，此时一车水的价格已经从45美元涨到150美元，翻了近两番。吴太的举动让这些同胞感动不已。晚饭后，热腾腾的洗澡水已准备好，让他们洗去一天的疲惫；细心的吴太不知如何知道了他们的省籍，随后几天他们竟吃上了家乡口味的饭菜。"这可是在震后的海地啊！"他们感慨地说。

1月22日，震后第10天。这天，在物资极度匮乏的情况下，吴太发动员工四处搜集食材，震后一度十分冷清的餐馆突然热闹起来，大伙一起动手包了顿饺子。当时很多人边吃边流泪，碗中热气升腾的饺子让他们不免有些恍惚，在这个满目疮痍的国家，"好像不是真的"。这样的生活，在这家不算大的餐馆里，已经度过将近一周。我处的问候电话每天会准时响起，他们的回答也让人越来越放心："情绪稳定下来了"，"状态越来越好"……

24日上午，我率几位同志带着水、方便面和罐头等食品来到餐馆看望这些"特别的客人"，这时我注意到上次我们送的水仍有部分未开启，一位谢姓同胞说：他们商量好了，先喝烧开的当地饮用水，中国政府送的水要留待最关键的时候用。这位同胞向我们讲起了他的历险记：他来自广东江门，在太子港独自租房居住，震前在一超市做工，平静的生活刚开始，一场地震震塌了他的希望。和他情况类似，福建的30余名中国人先后来到海地，或打工或待业，立足未稳，一场地震不期而至。断水断电，他只好开始减食，晚睡晚起，一日只吃两餐。以前吃米饭，现在煮稀饭，省了粮食却又担心浪费水。一开始，他们是"缩水"，以前一天喝三瓶，现在三天喝一瓶，"根本不叫喝，只是用水打湿嘴唇"。"每天都特别漫长"，他说，这时才真正知道什么叫度日如年。弹尽粮绝，每个人都在苦苦撑着，但无人知晓何时是尽头。当地通信中断，和国内亲人基本失联。"救命电话突从天降"，震后第四天，一位郑姓同胞接到我处电话，随后他们被安置于吴太饭馆。此时他们知道的，是即将告别"非人的日子"，鲜为人知的是惊喜背后几十个越洋电话的沟通和众多人参与的协调。随后又有一些同胞陆续找到我们希望回国，因餐馆已满员，且缺乏安全保障，我们随即将他们安排在防暴队营区的帐篷里，而防暴队员们白天参加救援和巡逻，晚上回来就露天席地而卧。

1月20日接国内通知：25日中国政府的第四架专机将来海地接侨。经逐一征求意见，53名同胞中有48名（含一名台胞）表示愿意回国，于是我们立即着手核实他们的身份。25日，地震后滞留海地的48名同胞搭乘东方航空公司包机从太子港顺利起飞，其中包括吴怡庆女士。

这里还有一段小插曲。震后第3天，我突然接到一匿名电话求助，说台湾当局驻海地"使馆"的负责人被压埋在办公室，询问我能否派人救援。时间就是生命，我一方面将此情况报告国内，另一方面紧急与国内工作小组和防暴队领导商议，决定立即派出防暴队员，由代表助理陪同赶往现场施救。当我救援人员抵达后，被告知对方被困人员已脱险。经认真搜查现场确认没有险情后，我人员遂返回驻地。

北京时间18日晚，时任外交部长杨洁篪亲自给我打电话，对坚守在海地地震救援前线的我办事处以及国内前来参与救援的各方人员、维和防暴队和维和民事警队表示慰问。杨部长说，此次海地发生强烈地震，造成严重人员伤亡，8名中国警官罹难。胡锦涛主席、温家宝总理等中央领导同志十分关心中方人员的安危，多次指示设法营救我被埋人员。前方人员坚决贯彻党中央和国务院指示，在极端恶劣的条件下，克服各种难以想象的困难和挑战，冒着余震和高温，不畏艰险，很好地树立和维护了中国良好的国际形象。希望全体人员再接再厉，全力以赴做好各项救援工作。 对杨部长的慰问，我们在场的全体同志无不感到激动和鼓舞，表示一定不辜负中央领导和部领导的期望，全力以赴做好下一阶段的工作。

2月7日下午2点，总统办公室主任通知我：普雷瓦尔总统当天下午将来官邸见我，但未细说其来何事。5时许，总统准时来到官邸。双方坐定后，他首先对中国政府在地震后给予海地的无私援助表示感谢，并对在震中遇难的8位中方人员表示哀悼。我向总统表达了对海地遭遇此次地震的同情，向地震中的死难者表示哀悼，并详细介绍了中国政府在震后第一时间向海方提供紧急人道和物资援助的情况，表示希望中方的援助能有助于缓解海方的人道危机。离开前，总统请我转达对中国政府和人民的问候，我对此表示感谢。

1月15日，时任联合国秘书长潘基文专程从纽约飞抵太子港，向在地震中遇难的联合国秘书长海地问题特别代表阿纳比等人的遗体致哀。随后他走向中国救援队员，主动伸出手与他们相握。潘基文说，他代表联合国和国际社会感谢中国国际救援队在震后第一时间赶到海地实施救援，并找到特别代表和其他高官的遗体，他非常感谢中国国际救援队艰苦而出色的工作。随后，潘基文用中文连说三声："谢谢，谢谢，谢谢！"

北京时间27日晨6时55分，接侨包机平安抵达首都机场，48名同胞终于回到阔别多日、日思夜想的祖国。外交部领事司负责人曾就海地撤侨行动总结说：至此海地撤侨行动宣告百分之百成功，做到了万无一失。可以说这次撤侨是最有特点、最艰苦、最复杂的一次行动，党中央国务院做了非常明确的指示，就是要把滞留在海地的中国公民尽快全部撤回。撤侨工作的顺利完成是中央和部领导坚定支持的结果。在这异常艰难的十多天里，48名同胞亲眼看到了中国外交官是如何不顾个人安危，排除各种困难，为保护他们的安全，帮助他们尽快脱离险境，日夜奋战在护侨第一线。通过这些实例，这些曾浪迹海外的游子深切感受到了祖国的关怀，对"执政为民""外交为民"的理念有了更深切的体会。后来有记者采访时问到对此次护侨撤侨的感受，我只简单回答说：我们只是帮助了这里每一个需要帮助的中国人。

当好中非友谊的使者

王四法

（前驻中非、喀麦隆大使）

在我们党成立100周年之际，回顾我的外交生涯，心情激动，难以忘怀。一个工农子弟，在党和国家的一手培养下，成为国家大使，为中非合作增砖添瓦，为中非友谊增光添彩，在外交战线服务了一辈子。对此，我无怨无悔，深感荣幸和自豪。

一、出使中非

（一）"当诸国大使纷纷离馆避难时，中国大使却走马上任"

2001年4月，正当我紧锣密鼓地做赴任准备时，中非于5月28日发生了未遂政变。6月，中非局势尚不明朗，国际机场关闭。部领导指示，鉴于中非政局动荡，前方急需大使坐镇。等航线一通，立即赴任。我深深感到，此刻受命，如履薄冰，但国家利益高于一切。我义无反顾地立下了"守住阵地，不辱使命"的军令状。7月6日我奉命飞离北京，并赶乘首班飞机抵达中非首都班吉。

帕塔塞总统在接受我递呈国书时大加赞赏说，当诸国大使纷纷离馆避难时，中国大使却临危不惧，走马上任。这是贵国政府对我国政府最大的支持，令人感动，请向贵国政府及江泽民主席转达本人最诚挚的感谢。

（二）因祸得福，抓住先机与新总统接触

我到任后不久，帕塔塞总统以涉嫌"5·28"政变的罪名将武装部队参谋长博齐泽解除军职。2001年11月、2002年10月，博齐泽发动了两次政变，均被政府军击退。2003年3月15日下午，其部队第三次攻入首都班吉，控制了重要战略位置，包括总统府和机场。帕塔塞总统被迫经喀麦隆转多哥流亡。

是日上午，我通过友人获悉政变军队进攻首都消息，随即召开党委会部署对策，并将有关情况报告国内。午后，我和商务参赞王忠余驾车赴市郊13公里处的一专家工地做安抚工作，并为其带走贵重物品。后因拼装行李箱耽搁了返馆的宝贵时间，被阻在工地，眼睁睁地看着政变军队入城。

当晚，外交部迅示，不惜一切代价把大使接回使馆接受任务。我们通过联合国驻中非支助处与政变军队取得联系，要求护送大使回馆，并最终通过博齐泽的卫队司令会见了新总统。我按国内指示做总统工作，促其确认一个中国原则，并承诺在此基础上安排部领导访问。博同意来访，交口赞赏我无私援助，欢迎我继续合作。但矢口不提一中问题，只说尊重其总理、外长意见。与此同时，我不失时机地拜会了新总理、新外长。他们称"老友重逢"，承诺一中立场。4月5日，杨文昌副外长抵达中非，会见了总统、总理及外长，并签署相关协议，基本稳定了双边关系。

（三）守住阵地，博齐泽总统首次亲口承诺一个中国立场

4月底，博齐泽总统首次集体召见各国驻中非使节，宣布由于中国提供紧急援助，政府可发其执政后的第一个月工资。对此，他表示深切的感谢。会后，大使、部长们纷纷向我表示祝贺，认为此话表明博齐泽已转向一中立场，并将自己的后路堵死。为进一步促其稳定一中立场，我多次约他一同视察我合作项目。9月30日，他应邀出席我国庆招待会。此举本身足以进一步表明其对华态度。且在招待会上，他改变了以往为安全防范自

带饮食出席外国招待会的做法，品尝了我们准备的饮食。祝酒时，他见证了外长再次宣布坚持一个中国立场的讲话。会后，各国大使纷纷与我握手，祝贺我工作取得的积极成果。

此后，我于10月24日陪同总统视察我援建的100套经济住房工地；12月15日陪同总统主持2万人体育场开工仪式；同月23日，我又代表中国政府向其正式移交了100套经济住房。仪式上，他发表了热情洋溢的讲话，感谢我政府和人民对其在财政、物资等多方面的援助以及承诺提供新项目的资金。

2003年12月28日，我奉召回国。临行前，博齐泽总统亲自为我授勋并饯行。宴会上，我发表了动人的告别演说。总统在答词中则首次亲口承诺坚持一个中国立场。在授勋仪式和宴会上，总统两次主动与我拥抱，表示感谢与惜别，并赠送了珍贵的礼品。博齐泽总统终于完成了对华"三部曲"。

我离任后，中非又发生多次政变，但政府坚持一中立场没有出现反复。对此，我深感欣慰。

二、出使喀麦隆

2004年1月26日，我奉胡锦涛主席之命出使喀麦隆。我在任上，有幸在短短三个月内参与了两次高访，可谓史无前例。2006年11月，比亚总统不顾年事已高，亲临中非合作论坛北京峰会。2007年1月，胡锦涛主席访问喀麦隆。同年7月16日，我奉召回国。

（一）"既是中国大使，也是喀麦隆大使"

在2006年中非合作论坛北京峰会召开前几天，我接到外交部通知，要我回国参加喀麦隆总统与会的接待工作。10月27日，比亚总统在我返京前亲切会见了我，商谈了总统出席北京峰会与加强中喀双边经贸合作等问题。

比亚总统抵京前夕，我从下午开始与喀总统府赴华先遣组的人员在国际俱乐部酒店一口气工作到第二天凌晨4点左右。我们逐项商议、落实总统这次访华工作的接待细节，连晚饭也顾不上吃。喀总统府官员感慨地说："你既是中国大使，也是喀麦隆大使。衷心感谢你为两国友谊作出的贡献。"

比亚总统抵京时，我陪同部长到机场接机。比亚总统下榻旅馆后，首先在会客厅接见了我，请我介绍情况并致谢忱。

与会期间，我还按比亚总统的要求，安排其会见了中国进出口银行行长李若谷、中地海外公司的董事长边俊江和华为通讯公司的副董事长刘新生。

中非合作论坛峰会召开期间，胡锦涛主席专门安排与出席峰会的非洲各国元首举行双边会谈。在人民大会堂我向胡主席汇报情况时谈到比亚总统为克服倒时差困难，临时取消了数个出访计划，养精蓄锐，集中全力出席峰会，并说喀总统还取消了绕道香港的计划，直飞北京以示对峰会的重视。

但那天美中不足的是喀总统的车队在赴人民大会堂的途中却因道路交通拥堵整整迟到了15分钟。我当时真是焦急万分，打电话给我方陪同总统的联络员询问情况，他告诉我说交通管制出了问题，预留的车道被社会车辆占满了，总统车队被阻在车群中只能慢慢前行，警察正在疏通道路。幸亏安排在喀总统前的马达加斯加总统与胡主席会谈时间比预定超了15分钟，这恰被迟到的比亚总统接上，未造成太大的影响。

离京时，总统在登机后又专门让喀典礼局长请我登上其包机，与我拥抱道别，并表示由衷的感谢。

峰会结束的当天下午，胡锦涛等中央领导在人民大会堂接见了我们参加接待工作的有关人员，表示感谢并合影留念。想不到的是，我们这些出席峰会的大使们都被安排和首长们坐在第一排。这令我们感到非常荣幸，体会到了中央领导的亲切关怀和亲和力,感到了在非洲工作的荣光,感到了肩上担子的压力。我当时暗下决心,返馆后一定认真落实峰会精神,全力以赴做好对非工作。

比亚总统返回喀麦隆时,我又去接机。在机场贵宾室,他在接见了议长、总理后,又单独接见我,与我进行了友好谈话。他再次盛赞中国是喀麦隆的"伟大朋友",感谢中方热情周到的接待,祝贺中非合作论坛峰会取得圆满成功。喀总统府典礼局局长告诉我,比亚总统十分不适应倒时差,在北京的这几天日程紧张,加上时差困扰,虽然身体十分疲倦,但心情十分高兴。他对中方的接待安排十分满意。

(二)比亚总统授我尚方宝剑

为进一步巩固中非传统友谊,落实中非合作论坛北京峰会成果,扩大务实合作,促进共同发展,中国国家主席胡锦涛于2007年1月30日开始对非洲8国进行国事访问。胡主席将喀麦隆列为此次出访国首站。

起初,我及中方访喀先遣组与喀总统府典礼局的会谈进行得很艰苦。喀方官员称,按喀的有关规定,专机晚8点后抵达的,将取消总统在机场主持的欢迎仪式,第二天也不再补办。1月系旱季,除正式会谈外,总统将不参加其他任何活动。

于是,我紧急约见喀外长等多位部长,加大工作力度,并约见总统本人。我向比亚总统阐明,胡主席访喀是两国建交36年来中国国家元首的首次访问,喀又是他此行非洲8国的首站,其意义重大。总统听后显得十分友好,由衷感谢中方对喀的重视,对喀占了两个第一深感满意,表示喀将满足中方一切要求。有了这把尚方宝剑,随后我与喀方商议关于接待胡主席访问的工作上可谓一路绿灯。

胡主席夫妇抵喀的当晚,喀总理夫妇到机场迎接;第二天上午,比亚总统夫妇在总统府广场举行隆重的欢迎仪式,比亚总统陪同胡主席乘敞篷车入总统府大道,受数百当地儿童夹道欢迎;两国元首夫妇合影留念;双边会谈及签署协议后，举行为胡主席授勋仪式，两国代表团在总统府大门台阶上拍全家福留念；议长拜会胡主席；两国元首夫妇出席中喀友好联欢会，胡主席参观中喀合作项目妇幼医院和在建的多功能体育馆；比亚总统夫妇为胡主席夫妇一行举行欢迎国宴；在胡主席夫妇离喀时，比亚总统夫妇陪车赴机场并主持欢送仪式。

烈日炎炎，热浪扑面。胡主席夫妇不远万里，不辞辛劳，一天内在喀出席了13场活动。其间，胡主席还不顾旅途劳顿，抽空在其下榻饭店顶层的空中酒吧外大平台上接见使馆全体工作人员、援喀专家、华侨华人代表，并与大家合影留念。胡主席的接见给我们送来了精神力量、工作动力，他还用专机给我们带来了慰问品。这充分体现了党中央执政为民，以人为本的执政理念。这令我们这些在外的华夏儿女都深受感动，终生难忘。

（三）喀麦隆媒体称我是喀人民的永恒朋友

7月16日，我奉命离任回国。此前，外交国务部长代表总统为我授勋，并举行告别宴会。他在讲话中称赞我是喀麦隆的"伟大朋友"，是中喀伙伴关系的催化剂。喀媒体则在报道我辞行活动时称我为喀永恒的朋友。对此，我深表感谢，并称这不仅是我个人的荣誉，更是我的祖国的荣誉。

是日上午，我到总统府辞行。总统与我进行了友好的交谈，高度评价了我对推动中喀友好合作方面所做的大量工作。临别时，总统向我赠送了礼品，并合影留念。这张照片有幸入选《追忆难忘的外交岁月——新中国老外交官影像集》纪念画册，弥足珍贵，成为我难忘的收藏。

现今，我党龄已有51年，退休也有14年之久。我愿继续充当中非友好的永恒使者。

奉命在东京采访联合国大会

王泰平

（前驻大阪大使衔总领事、外交部前大使）

1969年5月，笔者受外交部和新华社联合派遣，以记者名义赴东京常驻，一身二任，在特殊时期承担新闻采写和内部调研双重使命。当时，驻日记者只有两个人。我们主动给新华社发稿，还经常接到新华社布置的专题采访任务。

1971年10月25日，第26届联合国大会就恢复中华人民共和国在联合国的代表权问题进行表决。在这一个星期之前，新华社从北京来电，指示我们"在表决的当天要迅速、详细发回有关消息"。

当时，新华社在联合国和美国都无常驻记者，同美欧等西方的通讯社也无合作关系，我们这个新华社在东京的据点自然成了了解国际动态的重要渠道。

接到上述指示后，我们深感责任重大，立即连夜商议，一致认为完成这个紧迫而艰巨的政治任务的最好办法，就是请日本最大的通讯社——共同通讯社予以协助。

日本还有一家大通讯社即时事通讯社，相比之下，中国常驻东京的记者与共同社的关系更为密切。因为该通讯社从社长到一批编辑、记者都对中国很友好，与我们交往甚多。

于是，我去找共同社的政治部长远藤胜已求助。同行关系，我们很熟，在中日两国尚未恢复邦交的情况下，是很难得的朋友。此友正值不惑之年，身材魁梧，嗓音洪亮，性格豪爽，举止洒脱，待人又很热情，与一般日本人煞是不同，堪称一位"稀世豪杰"。他得知我的来意后，痛快地表示愿意尽力相助，经请示后很快就做了肯定的答复，并告我，他已在共同社内为我发稿做好了安排。

联大开会那天，我携一名华侨助手到共同社。他们为我准备一间宽大的办公室，还指派了一个专门为我送电讯稿的人。这个人不断地把共同社驻纽约记者发回的电条送到我的桌子上，我就据此埋头编译稿子，并不断地将其电传到新华社。为了让国内及时了解会议情况，当时只是全神贯注地编发稿件，顾不上喝茶就餐，一直紧张地工作了十余个小时。

这届联大是在美国总统国家安全事务助理基辛格访华和尼克松总统发表访华声明之后召开的。会前，国内对这次会议的表决结果有一种乐观的预测，但仍不放心。因为不知道美国究竟是否会改弦更张，不再纠集他国阻挠恢复中国的席位。因此，中央对这届联大格外关注。

自1961年第16届联大以来，关于联合国的中国代表权问题即恢复中华人民共和国的合法席位问题，在美国操纵下，一直作为"重要事项决议案"处理，即需三分之二以上赞成票才能通过。到了1970年，由于阿尔巴尼亚等23国提案首次获得过半数支持，同年秋季以后，加拿大、意大利相继与中国建交，承认中国的国家增加，形势发生了巨大变化。

美国为保住台湾当局在联合国的席位，便串通日本在1971年的联大上抛出了两个新提案，一个谓之"逆重要事项决议案"即阴谋把台湾当局驱逐出联合国一事，按联合国宪章第十八条规定的"重要事项"处理，如无出席大会的三分之二以上国家的赞成就不能驱逐；另一个是"双重代表权案"，就是接纳中华人民共和国的代表入联合国，但保留"中华民国"的代表权。

第26届联大的表决结果挫败了美国的阴谋。25日那天，首先就保住台湾席位的"逆重要事项决议案"表决。结果以55票赞成、59票反对、15票弃权、2票不参加表决而遭否决。之后，台湾当局眼看大势已去，竟在主张恢复中华人民共和国合法席位的阿尔巴尼亚等国的提案临近表决时，宣布脱离联合国，其代表随即悻悻退出联合国大会会场。一直奉行所谓"汉贼不两立"政策的蒋介石，采取此项重大举措虽是不得已而为之，却是合乎逻辑的。此前，北京还真有人担心：让我们进去了，但台湾不退出怎么办？台湾这么一退，中国就可以顺顺当当地进去了。

我从共同社的电讯稿上看到蒋介石代表退场的消息后，接着看到了阿尔巴尼亚等国的提案以76票赞成、35票反对、l7票弃权、3票不参加投票而获得通过时，情不自禁地欢呼起来。当时向北京转发这条消息时的激动心情至今难以忘怀，而远藤等共同社的朋友们当时向我祝贺的情景，仍历历在目。

恢复我国在联合国的合法席位，是我国外交史上的重大事件。"在东京采访联合国大会"成为新华社苦心孤诣的开拓创新之举，笔者也因此受到表扬。笔者身在东京，见证这一时刻，三生有幸。

此一时彼一时，今日之新华社已是世界性现代大通讯社，是许多国际新闻组织成员，目前在境外设有140多个分支机构，建立了比较健全、覆盖全球的新闻信息采集网络，形成了多语种、多媒体、多渠道、多层次、多功能的新闻发布体系，每天24小时不间断用中文、英文、法文、俄文、西班牙文、阿拉伯文、葡萄牙文和日文8种文字，向世界各类用户提供文字、图片、图表、音频、视频、网络、手机短信等各类新闻和经济信息产品，并同世界100多个国家和地区的通讯社或新闻机构签署了新闻交换、人员交流和技术合作等方面的合作协议。有如此庞然大物存在，还需要远隔重洋，从东京采访联合国的消息吗？想到此，不禁为祖国几十年来发生的翻天覆地的变化而欣喜若狂，并感到莫大的鼓舞。

抹不去的记忆

——记驻赞比亚使馆"邮件爆炸"事件

王稳定

（前驻外使馆外交官）

　　外交工作并不是一般人想象的觥筹交错、风光鲜亮，而是充满了酸甜苦辣，有时甚至是生死考验。在驻赞比亚使馆"邮件爆炸"事件之前，1971年因为车祸，驻赞武官和一位翻译不幸牺牲；中国在帮助坦桑尼亚、赞比亚修建坦赞铁路的过程中，有66名工程技术人员献出宝贵的生命，长眠在非洲大地上；1999年5月7日，美国B-2轰炸机发射3枚精确制导炸弹击中了中华人民共和国驻南斯拉夫联盟大使馆，当场炸死3名中国记者，20余人受伤，大使馆建筑遭到严重损毁……

　　我于2000年退休后，经常回忆起过去的事，从事外交工作40余年，有苦有乐，脑海中闪过的更多是遇到的危险和考验，还有那些永远离开我们的同事。1973年发生在驻赞比亚使馆的"邮件爆炸"事件就是其中一件。

　　赞比亚是南部非洲第一个与中国建交的国家，两国的建交时间是1964年10月29日。第二年，我国即在赞比亚设立大使馆。1968年1月，外交部办公厅派我到驻赞比亚使馆工作。

　　在大多数人的认知中，非洲就是贫穷、落后和疾病的代名词，去非洲工作都有些忐忑不安，我也一样。但到赞比亚后，发现此地比我想象的要好。赞比亚是非洲中南部的一个内陆国家，大部分属于高原地区，海拔

1000—1500米。面积75万余平方公里，是中国国土面积的1/13，当时人口才900余万，不到1000万。大多属班图语系黑人，有70多个部族。农村居民多信奉原始宗教，也有信奉基督教新教、天主教、印度教和伊斯兰教的。非洲著名的赞比西河流经赞比亚西部和南部，赞比西河上的维多利亚大瀑布是世界上三大瀑布之一，甚为壮观。赞比亚属热带性气候，但与其他炎热的非洲国家相比气温较为凉爽。气候分干冷季（5—8月）、干热季（9—11月）和湿热季（12—4月，即雨季）。赞比亚地处南半球，气候与北半球相反，北半球的冬天正是南半球的夏天，南半球天冷时正是北半球夏季，朝阳就是朝北，每天太阳从东北方向地平线升起，绕过北方上空，从西北地平线落山。冬天最冷时，高山地区也只到0℃左右，干热季时有几天最高也就是30℃左右，全年花草不断，无污染，自然生态环境很不错。

当时的驻赞比亚使馆位于首都卢萨卡东郊院内有一自建水塔，水源来自地下水，给排水自成体系。院子分前后两部分，树木遍布，保留着原始状态，各种灌木花草种类繁多，这些树木花草一边落枯叶，一边长新叶，常年披绿，到了雨季，更是郁郁葱葱。各种漂亮的鸟儿欢叫着穿梭于树木花草之间，时不时见到变色龙在灌木间前后摇摇晃晃地悠闲爬行，野鹿、猴子也经常光顾使馆。由于非洲地广人稀，树木植被丰富，有的小动物个头都比较大，如有的大耗子和兔子差不多，有专吃这种耗子的蛇，短粗，长仅50厘米左右，身粗直径可达10厘米；在院子里还经常看到一尺来长的小蛇爬来爬去；赞比亚的蝎子个头也不小，一般也有15厘米左右，前边的夹子和螃蟹的夹子差不多，样子很吓人。这些虫子一般都在晚上出来活动觅食，所以天一黑，如果没什么事一般不到院子散步，怕被蛇、蝎、黑蚊叮咬。院里还有几十棵果树，有芒果、柠檬等，援坦赞铁路、公路及其他专家组的工人师傅们到使馆来时总要过一把水果瘾。

1973年8月的一次"邮件爆炸"事件打破了使馆"世外桃源"的宁静。

当时寄给使馆的邮件包裹信件是由使馆自己派人每周一、三、五到机场的邮箱去取，然后由专人负责分发。记得1973年8月的一个星期五上午快11点时，我按惯例到使馆院子里转一圈，如果碰巧赶上分发邮件就帮忙拆分。那天我正准备下楼，会计宁宝武跑来问下年度办公用纸够不够，要不要从国内买点，于是我们就一起去三层阁楼查看。从阁楼出来后，我们一同下楼，走到二楼与一楼中间时，突然听到一声沉闷的巨大爆炸声，从楼梯上感到了震动，接着就看见有烟雾飘过来。宁会计立即说："出事了，你赶快回办公室，关好门窗，看好文件，不要出来。"

我立即返回办公室，锁好文件柜，关好门窗，做好了最坏的准备，然后贴着窗户缝隙仔细听着外边的动静。没过几分钟，听到有人喊"快来人""赶快送医院""慢点抬"……我立即意识到有人受伤了。又过了十多分钟，外面渐趋平静，这说明并无暴徒冲进使馆，我心里平静了许多，又过了几分钟，我就离开办公室，锁好门走到楼外。其他馆员告诉我，是邮件爆炸了，代办夫人不行了，公务员华金良受了重伤，已送往医院抢救。

爆炸现场在一楼出口处的一个小阳台，这个小阳台是大家经常临时休息、饭后茶余聊天之处。我到小阳台时，看到现场被炸得面目全非，桌子被炸得粉碎，地上血迹斑斑，门窗玻璃被震碎，木制天花板炸了个大洞，破碎的天花板散落一地……

晚饭时分，去医院的同志才陆续返回使馆。晚上，主管办公室的谭兴举同志才向我叙述了事件经过：

"我听到爆炸声，而且楼板有强烈震动，愣了一下，想了想，不对，可能出事了，就一边左右观察，一边下楼，到了一楼，闻到有焦煳味，伴有烟雾，一出门，可把我吓坏了：天花板炸塌了，散落一地，低头一瞧，看见一块天花板下边露出两只脚，我赶紧掀开天花板，一看是代办夫人，脸已看不清模样，身上到处是血。往旁边一看还有个人躺在地上，仔细一瞧是工勤人员华金良同志，脸上浑身上下也都是血，已经不省人事，但还有呼吸。我大喊'快来人，快来人'，很快来了七八个人，代办林松、党委成员宋国清等刚开完会也到了。大家说：'赶快送医院'。司机班长刘东政很快备好了两辆小车，大家把两人抬上车。宋国清负责看家，我同代办林松、司机刘东政等四个人火速驱车将两人送往卢萨卡伊丽莎白医院抢救。

"到医院后,代办夫人的心脏已停止跳动,经抢救无效,不幸牺牲。华金良刚到医院时,还在昏迷之中,大家一直守在他的身旁,过了十多分钟,华金良终于苏醒了,令所有在场人惊讶感动的是华金良醒后的第一句话是问代办夫人怎么样了。大家一听忍不住眼眶都湿润了。馆领导告诉他:'还在抢救,你好好休息治疗吧!'之后,华金良不时询问代办夫人的病情,我才不得不按馆领导的意思如实告诉他未能抢救过来,不幸去世了。华金良的眼泪马上夺眶而出……"

谭兴举说:"华金良告诉我爆炸的那个邮包像三四本《毛选》那样厚,是从达累斯萨拉姆寄来的,比较重,拆包之前两人还开玩笑地说,'什么东西这么重?别是炸弹',没想到还真是炸弹!"

代办夫人的遗体由国内派出的援赞公路组负责火化。华金良恢复得不错,几天后出院,当能适应长途旅行时,使馆即派专人护送回国,住进同仁医院治疗眼睛。在医院住了10天左右后出院,回地方原单位。

鉴于华金良同志的杰出表现,使馆党委会议决定正式批准华金良同志为中共正式党员,即日生效。

"邮件爆炸"事件发生后,使馆及时向北京报告了有关情况。外交部对此十分重视,数次向使馆发来电报,对逝者表示哀悼,对华金良表示慰问,对使馆的安保工作多次作了指示。使馆党委根据外交部的指示,认真总结经验教训,加强了对邮件的安全检查,布置馆内安保工作。

同时,使馆也向赞比亚外交部作了通报,要求赞方尽快侦破此案,严惩凶手。赞方对此也高度重视,总统卡翁达发表声明,除对逝者表示哀悼外,严厉谴责凶手的暴力行为,表示一定要严惩凶手;一周后赞比亚外交部给使馆打来电话,大意是说没有查到线索,恐难破案……

那段时间,大家脸上没有了笑容,互相见面话也少了,眼神里却多了凝重和思考,又都显得冷静沉稳了许多。大家都坚守工作岗位,一切工作都有条不紊地进行着，没有出现混乱、惊惶失措现象。

从此次事件中可以看出，我们的外交队伍还是过硬的。到了危难时刻，大家首先想到的是国家、集体、他人，而不是自己。

阿根廷称誉我为"使团一号"

徐贻聪

（前驻厄瓜多尔、古巴、阿根廷大使）

1997年9月至2000年11月，我曾在阿根廷担任大使，得以被阿根廷外交部礼宾司称誉为常驻布宜诺斯艾利斯外国使领馆及国际机构代表处的"使团一号"，还被阿根廷政府授予"大十字鹰级勋章"，为我的外交生涯画上了圆满的句号，让我感到高兴和荣耀。

阿根廷给予我这样的荣誉，主要是因为我积极参加各种活动，几乎外交部组织的活动我每场必到，同时利用各种可能的机会，广泛介绍中国，"使得阿根廷在短短三年的时间里认识了另外一个中国"（阿根廷代外长在给我授勋仪式上的讲话），给阿根廷的有关方面留下了深刻的印象。

我于1963年初从北京外国语学院（即今北京外国语大学）被直接分配入外交部，开始成为一名"文装解放军战士"。数十年间，我在这个行列里"摸爬滚打"，从部属单位到部内单位，从部内到部外，经历了多种岗位，还被安排搞过新闻和出版，后期则连续代表国家常驻国外，被外交部的上上下下普遍视为一个比较合格的"战士"。

我去往阿根廷赴任，是从世界知识出版社社长的位置上的一次直接"转岗"，等于是重新回到外交工作的第一线。此前，1995年底我在结束古巴的任职后，外交部党委决定让我去世界知识出版社。尽管我对出版业一窍不通，但以"军人服从命令为天职"的精神，没有提出任何条件和要求，立即前往该社就任并着手熟悉业务，以期能够胜任新职。1997年7月，外交部领导又通知我，人大常委会决定任命我为新任驻阿根廷大使，让我尽快做好赴任的准备。

经过短暂的学习并参加了在国内的"使节旅行"后，我于同年8月下旬离开北京，经过近30个小时的飞行，来到离北京最远的外国首都城市布宜诺斯艾利斯，开始履行我的新的职务。

在抵达阿根廷不久的一次走访中，有人直截了当地问我："中国人是不是还戴瓜皮帽，留有小辫子？"其后未几，我又在几个不同场合被问及同样性质的问题，让我颇为不解，还有点尴尬，同时想到，中国和阿根廷已经建交20多年，怎么还会有这样的问题，这个国家对中国也太不了解了吧！经过反复思考，我决定将介绍自己的国家当成对外日常工作中的头等大事，利用一切可用的机会，采用各种可能的手段，全方位宣传中国，让中国的现实和形象能够尽可能广泛地被阿根廷方方面面的人士了解、熟悉。

我的介绍方式多样，但都不复杂，就是根据各种不同场合和情况，有针对性地将自己祖国的各个方面，包括历史、地理、民族、发展变化及相关政策，让各类听取的对象有兴趣听、听得进去。在大型场合，则多采取互动的方式，实事求是地现场回答问题，有理有据，使得对方了解、理解、信服。这样的方式，我在阿根廷全国24个省市都曾经用过，反映普遍良好，产生的效果也都很明显、积极。此外，我还见缝插针，力争做阿根廷各个政府部门及工商企业、学校和媒体负责人的工作，向他们宣讲，经常性地给他们寄送介绍材料，还接受或主动寻求视（电视）、听（广播）、纸面媒体的采访，争取使得关于中国的情况和政策能够以多种方式传到千家万户。经过不懈努力，知道中国现实的人越来越多，阿根廷媒体上关于中国的客观报道也明显增加，反响越来越积极正面。

我在离开阿根廷的时候，曾经对我的工作情况和参加的各种对外活动做过一个不是非常完整的总结，结果是每天平均工作12个小时，参加在馆内和馆外的对外活动4起，应该说有比较高的频率和强度。在参与的对外活动中，相当一部分是阿根廷外交部或者其他国家驻阿根廷的代表机构组织和安排的，一般都会有阿根廷外交部的人员在场，彼此有很多机会相遇，因为我一般都会在这样的场合露面，大家相见的机会必然就更多。我如此经常出现在他们的眼皮底下，常使阿根廷外交部礼宾司的人感到惊讶，认为我比任何其他使节都要活跃。几任礼宾司长都说，"你真的是使团一号"，还把我的参与情况向其他使节介绍，致使一些使节见到我时就会开玩笑地说，"我们的一号来了！"

阿根廷幅员辽阔，各个城市之间相距都比较遥远，陆上交通虽有，但费时很长，旅途都很劳顿，故而在阿根廷的各省之旅我多是乘坐飞机往返。粗略估计，我在阿根廷的3年时间里，在阿根廷境内的空中旅行超过10万公里。由于经常乘坐飞机，阿根廷最大的航空公司对我相当熟悉，往往还都会给我以"特别常旅客"的特殊照顾。

阿根廷被广泛称誉为"粮仓、肉库、酒窖"，国内人均年产粮食约3吨，人均大牲畜（牛、猪、羊）3头，人均喝掉的葡萄酒40升，畜牧业是阿根廷政府特别关注的经济重点项目，牛肉则是阿根廷国民普遍喜爱的食物（年人均消耗的牛肉曾达124千克），包括总统在内的政府要员经常直接过问牛肉的生产和出口情况。梅内姆总统一次在远离首都的地方介绍阿根廷防治口蹄疫的进展和成就，应邀的使节不多，但我去了现场。礼宾司的人员很受感动，还把我特别引荐给了梅内姆总统，我因而受到了梅内姆的赞赏。无疑，那次的奔波也为我的"使团一号"之誉增添了颇重的砝码。

我在阿根廷参加的对外活动频繁，还有一个重要的原因是我国往访的团组特别多，有的时候真的达到应接不暇的程度。中国和阿根廷关系良好，相互可以借鉴的方面很多，互相进行访问的团组也就多。据统计，我在阿根廷期间接待的我国去访的副部级以上的代表团就超过280个，最多的一天曾有部长、省委书记、省长分别率领的3个代表团同时在布市访问，那天的早餐我就吃了3次。类似的接待频率也给我创造了许多同阿根廷人见面和接触的机会，是我成为"活跃分子"的部分原因。

阿根廷是南美洲的"足球王国"，发展足球运动的历史绵长，足球运动的水平在世界上也列于较高名次，首都常有重大国际足球比赛。在各类体育赛事中，我个人对足球可称"情有独钟"，经常在空闲时收看电视转播的足球比赛。在布市，曾经去现场观看过几次重大的国际比赛，遇到过阿根廷外交部礼宾司的在场人员，自然也给他们留下"使团一号"的印象。

我还认为，在谈及"使团一号"荣誉的源头之时，另一个重要原因不应该被忘记，而且应该予以突出提及，那就是我在使馆曾经分别宴请过阿根廷的梅内姆和德拉鲁阿两任总统，让阿根廷外交部礼宾司惊讶不止。宴请德拉鲁阿的那一次还被阿方打破惯例地进行了公开报道，引起了驻阿外交使团的惊奇和嫉妒。一般来说，阿根廷总统不接受外国使节的宴请，但我却成为例外。阿外交部礼宾司得知他们的总统已经接受我的邀请并定好日期后，一边感到意外，一边向我打听联系的方式和途径。不过，他们倒也非常配合，还为我的邀请活动主动做了许多必要的辅助性安排，使得我的活动都得到了圆满的成功。在第二次邀请的前夕，他们还就是否允许记者进入使馆采访和予以公开报道征询过我的意见。为了在阿根廷达到扩大影响的目的，我当然喜出望外，当即表示了同意。

完成在阿根廷的任职后，我就回国办理了退休手续，从而正式结束了我的外交生涯。近20年来，这个"使团一号"之誉始终没有被忘记，一直在鼓励着我"不忘初心，牢记使命"，并驱使我在退休后继续为国家的外交事业做些力所能及的事情。怀着"存史、资政、育人"的目的，把这样的历史故事如实地写出来，就是其中的一部分。

七十年的不解之缘

杨冠群

（前驻外使馆参赞）

1949年4月，我参加上海新民主主义联合会（青年团），1950年2月入党。从此，风风雨雨，同党结下了不解之缘。

1949年5月，我以上海人民保安队的一员，扭着秧歌，唱着"解放区的天是明朗的天"迎接了上海的解放。对广大市民来说，解放的到来意味国民党统治的结束和新生活的开始。对我来说，却有另一层意义——挣脱折腾了我10年的精神枷锁。

一、解放

我出身于一个基督教家庭，婴儿时受洗入教。儿时，家庭的宗教教育不断。1941年，父亲听说，住家附近有座教会学校，要求严格，便把我送去。谁知那是一个美国基督教极端教派"宣道会"开办的学校。那时，学校还有两名美国女传教士。在学校，每晨早自习前都要做礼拜，课程中还有一门"圣经"。我在这个学校里5年，亲友都以为，我要去当牧师了！

高中时，我最早受益的是一本唯物主义书籍——艾寒松写的《人的思想是从哪里来的？》。这本启蒙书使我豁然开朗：一切信仰、哲学、思想、理论都是物质世界的反映。我的信仰开始动摇，但彻底的解脱还是在华北革大实现的。

中华人民共和国成立后，外交部到上海招收预备干部，但没有明言。地下党给出两个选择，或是"北上"学习，或是随军"南下"。我决定弃学"北上"。不曾想，这一看似平淡的决定，竟开启了我生命中的另一番天地。

到北京后，外交部将我们先送华北革大学习。在革大学习马克思列宁主义，从理论上把旧有的意识形态梳理了一遍。无产阶级的思想与宗教必然冲突，系统地学习了唯物主义，旧世界观彻底被颠覆。我好像是换了个人，没有了"上帝"带来的沉重思想负担，心情无比愉快。大环境变了，我努力融入革命队伍的生活，同过去决裂，旧日的观念和习惯便渐行渐远。我庆幸做了一生中最重大，也是最正确的选择。离开华北革大时，学员一致发出心声：跟着共产党，一辈子为人民服务，决不回头。

1950年夏我还在西苑外校上课，突然接到调令。到了外交部，却在出国人员招待所住了40天。过后，干部科科长许寒冰告诉我：李克农副部长指示，我有宗教背景，先在国内锻炼一段。我是一个小小的干部，工作还承部长关怀，使我深受感动。

二、培养

我在部里的第一个工作岗位是办公厅交际处（礼宾司）。交际处二科直面非社会主义"敌性国家"使馆，更具挑战性。次夏，作为实习科员，我又被派到北戴河主持外交部临时联络组的工作，接待歇夏的驻京使馆人员。初创时工作条件艰苦，又远离北京，独当一面，初出茅庐，被破格使用，得到锻炼。

1950年朝鲜半岛内战爆发。美国干预后，中国出兵援朝。经过战场上较量，开始停战谈判。外交部一批干部被派往开城参加谈判。我在停战谈判代表团前后三年，主要协助冀朝铸做谈判桌上的英文记录。马拉松式艰巨的板门店谈判是极好的学习和磨炼。同样重要的是：经历了美军的狂轰滥炸、调查了美韩的特务袭击、见证了敌人对我被俘人员的暴虐,更加体会了和平的可贵和战争的残酷,对帝国主义的本质也有进一步的认识。我立了一次三等功,获朝鲜人民军军功章两枚。

1954年召开日内瓦会议,李克农同志为了培养和锻炼干部,扩大了代表团的组成。我有幸随团工作,任3人英文速记组组长,见证了许多国际重大场合。这也是我首次踏上西方国家。

日内瓦会议后,我回到礼宾司任机要秘书,常传达司领导的指示。有些处长反映我口气大,指手画脚。这已对我敲起了警钟。

1955年,我被派往阿富汗参与建馆,任大使翻译。我是使馆主要英文干部,参与各种活动,也常单独外出办事,就有点飘飘然。我是个小小的随员竟也列席党委会做记录,政治觉悟不高,看不起工农干部。1957年春,大使回国开使节会议,我在底下酝酿对领导提意见。4月内部工作检查时我被批"搞非组织活动",过后工作照常。1957年夏,国内反右斗争轰轰烈烈,馆内风平浪静。1958年初整风补课,旧事重提,"反"字同我挂了钩,我被调回国内。

三、教育

1958年4月,我被下放到京郊。一年的同吃、同住、同劳动,近距离观察农民们劳动,接触他们的生活,体验他们的思想感情,收获颇大。

1961年,在我最困难的日子,外交学院为我提供了栖身之所。在那个高等学府里,我从事英语扫盲,度过了我最年富力强的壮年时期。在外交学院,猛然发觉自己成了"边缘人"。想起自己的党籍,心里就像有一道伤口,隐隐作痛。然而,我不泄气,继续以党员要求自己,立志做一个"党外布尔什维克"。

1961年7月24日,陈毅院长到外交学院做报告。他说,每一个党员干部都像飞在空中的风筝,有一条线把他连着党组织。没有这根线,风筝就飞不起来，而断了线，就不知会飘落何处。对这一比喻我印象特别深刻，可以说，刻骨铭心。这和我的经历十分相似。风和日丽时，我曾凌空飘荡、春风得意，而不知自爱，如今一落到底，能否保持这根线——同党在政治、思想、感情上一致，而不意志消沉，甚至疏远，就是最大的考验。

干部学生们很尊重我，给了我极大的心理安慰。对英语培训，我勤勤恳恳，略有创新。特别是高干学员的认可，令人欣慰。我还是院工会福利委员，物资困难时期结识了多个从旧社会过来的老知识分子，有的成了挚交。多个熟人发现我和妻子不是党员都感到惊讶。

1969年，我写了报告，对过去的党纪和行政处分提出保留意见。我有自信，故于1978年8月提出正式申诉。12月，外交部政治部作出撤销我两个处分的决定，肯定我对党和社会主义没有不满和仇恨。

这21年，我没有过多的埋怨，倒有许多自责：年轻无知、骄傲自满、说话随便……我自觉接受处分，将之看成是父母对子女的教育。我也不责怪送我这样那样"桂冠"的同志。我借机悉心研读马列、毛泽东著作中与资产阶级相关的论述，对资本主义在理论上有了较为全面的认识，对于后来到美国工作，保持清醒的头脑帮助很大。

四、归队

1980年底，我重返阔别21年的外交部，在美大司任副处长。一年后，被派往纽约总领馆。恰好美国经济陷入16个月的"滞胀"，我借机学习市场和股市知识，对于离休后继续追踪美国经济，撰写有关文章和小说奠定了基础。

1984年，我被调到驻华盛顿使馆，有幸多次陪大使出访或应邀赴美院校讲演，在美国这个最大的资本主义染缸里，经受"出淤泥而不染"的考验。我被评为"先进党员"，调研作品也曾获奖。

1987年，我奉调曼谷，主持常驻联合国亚太经社会代表处，负责亚太地区的多边外交。曼谷的四年半，除本职外，还得照顾来泰参会或访问的大量国内代表团，兼管在国际机构任职的中国国际职员和在泰国国际学院学习的中国留学生。我的工作略有突破，使馆的评语是："政治强，业务强"。

1994年，我正式离休。离开外交第一线这么久，我决心把逝去的年华补回来。我也不愿做一个领着相对丰厚的退休金，在我健康许可，能力还够之时，当一个对社会不再有贡献的纯消费者。近10年来，两次重病也没能阻挡我的脚步。

联合国协会为我提供了参与民间多边外交的平台。作为协会常务理事，我参加很多实际工作，出访和随访许多国家。对全球化、跨国公司、非政府组织的关注，为我后来的写作做了理论准备。

除英文外，我没有别的专长。幸好过去工作中积累了一点写作能力。离休以来，我写了8本书，涉及工作回忆、时局理论和外交业务。在党的教育和社会启发下，我在创新上勇敢地做了尝试。我提出"外交文学"概念，写了长篇小说《教主的诅咒》，揭露和剖析资本主义世界的政经危机；提出"社会科学幻想"概念，写了《外空闪客地球纪行》，借外星人故事，弘扬人类远大理想和鞭挞现实世界。近年，又写了政论著作《不能不说的话》，以大量西方材料，全面驳斥社会上否定抗美援朝的言论；写了60篇网络短文，分析国际时局、讨论政经理论。如今，我能在多领域写些文章应当归功党给予我众多学习和锻炼的机会。近日，又斗胆写了《浴火重生——补课和整党》。这是我耄耋之年的封笔之作，权作我对党百年华诞的献礼，以谢70年来党对我无以言表的解放、培养、教育、归队之恩。

决不回头，也没有回头！

我在朱巴建馆

张清洋

（前驻朱巴和伊斯坦布尔总领事、马拉维大使）

2011年7月9日，根据苏丹北南《全面和平协议》（CPA）和苏丹南方地区公投结果，苏丹南方正式宣告与北苏丹分离，成立南苏丹共和国。7月14日，第65届联合国大会一致通过决议，接纳南苏丹共和国为联合国第193个会员国。

南苏丹建国当天，中国与南苏丹签署了建交公报，原先的中国驻朱巴总领事馆转型为中国驻南苏丹大使馆。随后，中南双方在此前合作的基础上，进一步开展了政治、经济、文教科卫等各个领域的合作，有效地促进南苏丹的发展。

一、建馆背景

苏丹自1956年成立共和国以来，南北方爆发了两次内战，历经40余年，直至2005年，在国际社会的推动下，南北双方签署了《全面和平协议》，双方才开始了和平进程。

基于苏丹北南"一国两制"的政治现状和苏丹南方2011年统独公投迫近的情势，党中央、国务院作出在朱巴设立总领事馆的重要战略决定，旨在巩固中苏传统友谊的同时，通过建立、深化与苏丹南方互信关系，维护中国利益。戴秉国国务委员（时任）在谈及我国整体外交布局时，就说到了在朱巴设领的意义，指出这一决定是下外交"先手棋"。

历史上，我国与苏丹南方有过时断时续的联系，有的因年代久远无据可考，有的可能因长年的战争而中断。但有个有趣现象，这里的许多土著黑人部落中，竟有许多与中文发音相同的姓氏，如邓、丁、郑、张等。听说这和中国医疗队20世纪70年代在非洲工作，接生过许多婴儿有关，是部落和家长为纪念中国医生而沿用的。在朱巴的两年时间里，我拜会的当地官员或与老百姓的接触中，总能听到他们津津乐道中国医生救死扶伤的感人事迹，有些部长还说是中国医生救治了他们。时任苏丹第一副总统、苏丹南方自治政府主席基尔也多次提到中国医疗队来南方工作的情形，称中国医生救死扶伤的国际主义精神给他留下了深刻印象。从中看出，当地老百姓对中国友好是有历史渊源的，而高层人士更是了解中国历史，崇敬中国革命，敬仰毛泽东主席，了解中国当今的地位和作用，钦佩和羡慕我改革开放的巨大成就，愿借鉴我国发展经济的成功经验，希我国在政治和经济上给予有力支持。我国在朱巴建馆可谓有基础、得人心、受欢迎。

二、建馆历程

时光回到2008年8月，我被任命为驻朱巴总领事，前往朱巴，肩负筹建总领馆的光荣使命，随行还有建馆小组3名人员。为有效开展工作，我提出"建馆暨开馆"。在短时间内筹建了两座100平方米的活动板房，作为临时馆舍。9月1日，中国政府特使、部长助理（时任）翟隽访问苏丹南方，在简陋的馆舍前，与苏丹南方自治政府副主席马夏尔共同为中国驻朱巴总领事馆开馆揭牌。国歌声中，鲜艳的五星红旗首次在朱巴上空冉冉升起。随之，总领馆开始展开工作。

尽管有着充分的思想准备，在抵达朱巴时，还是被眼前的景象触动了。满目战争疮痍，原始落后的生产、生活方式，给人一种时空变换、时光倒流的感觉。朱巴，意为"河畔之城"，没有市政基础设施，一簇簇凌乱简陋的土坯茅草屋，偶有木板房和低层砖房点缀其间，沿东侧而过的白尼罗河、矗立在城西和城北的孤独荒山、东西和北南两条共约8公里的汇成一条通向机场的柏油路，构成了朱巴全貌。"白天苍蝇上班，晚上蚊子守夜；雨季道路崎岖，旱季烟尘滚滚"是朱巴日夜和两季的写照。此外，疟疾、霍乱等疾病无时无刻不在威胁着人们的生命安全。建馆前，国内鲜有人知，很少有中国人涉足此地。

既来之，则安之。在稍事安顿后，就进入了工作状态。根据当时的情况，决定馆舍建设和对外工作齐头并进。争取一块永久地皮，建设设施齐全的馆舍，是我努力的最终目标。

苏丹南方土地产权复杂，自治政府土地规划不明，对我迅速获取合适的建馆用地造成很大困难。根据当地的实际——没有市政供水、供电系统，没有像样的房子租售，安全形势复杂，我提出馆舍建设"三步走"方案：第一步，租用中资饭店（北京朱巴饭店）所在地的活动板房作为临时馆舍，初步解决办公和馆员落脚之地；第二步，在饭店院内建设一个满足办公和住宿需要的一体化独立馆舍，以解决几年内的工作需求；第三步，向自治区政府申请永久地皮建馆。

经过几个月的日夜施工，我馆于2009年2月顺利搬进了新馆舍，实现了方案的第二步。因当地物资奇缺，在动工的同时，我们就计划从内地和香港采购配套的办公、家用设备和物品。迁入新馆时，所需物资也先后到位。新馆舍有独立的院落，占地面积3000平方米，建筑面积1500平方米。馆舍主体是钢结构的两层楼活动板房，虽然很简陋，但尚美观实用，基本实现了对外有形象、对内有保障的设想。启用以来多次举行大型对外活动，来宾们赞叹不已，直称"中国速度"了不起。

紧接着，国内为我馆安装了卫星电话，我馆开通了领事签证系统。我馆在开馆不到一年的时间内完成了一系列的基本建设，具备了一个总领馆的各项功能。

从抵达之日起，我就开始了争取地皮的"马拉松"。我馆的第一份照会便是要求当地政府协助解决地皮问题。随后，我多次在与时任苏丹第一副总统、苏南方自治政府主席基尔会见，以及与各有关部委官员的见面中明确提出需要一块2万至3万平方米的完整地皮。南方政府高层虽一再表示将优先考虑，但由于当地土地产权关系复杂，多头管理，土地整体规划滞后，在具体落实上始终没有大的突破。为尽快推进，我馆制定了2套方案，一是通过苏南方自治政府指定的涉外土地主管部门、朱巴市所在地——中赤道州政府寻求解决；二是关注各类地皮信息，多头并进，特别是积极探求当前馆舍所在地地皮转让的可能性。中赤道州在新城区规划图上曾为我馆规划了一块5000平方米的地皮，但位于荒郊野外，市政规划遥遥无期，且面积太小，不敷使用，我决定放弃这块地皮，把重点工作放在争取现有的馆舍租用地和周边上。

经过一年多的工作，我在南方建立了广泛的人脉关系，总领馆影响力也扩大了。给中方提供合适地皮成了当地官员的共识。抓住这一时机，我于2010年8月拜会基尔主席时，再次希望南方从发展双边关系大局出发，尽快落实我馆用地，并明确提出将北京朱巴饭店租赁经营的土地（约3.5万平方米）在合同期满后以适当形式转让给中国总领馆。基尔积极回应，指令地块所有人——新闻部部长本杰明与中方商讨此事。本杰明部长对华友好，热心发展双边关系。他主动向我通报了基尔就我馆用地问题专门向他做指示的情况，并讨论了丈量、合同签署等细节。考虑到当地局势多变，多头管理的实际情况，为避免夜长梦多，横生枝节，我趁热打铁，短时间内与对方划定了其中最好区块的3万平方米地皮，签署了谅解备忘录，并及时与我国外交部有关部门协调沟通，敲定细节，准备合同文本，第一时间与苏南方自治政府签署了合同，以法律形式固定下来。至此，我圆满完成了馆建用地三步走的目标，有种如释重负的感觉！这块地皮位置在朱巴相当于北京天安门广场的周边地段，地势开阔，交通便利，处于朱巴不可多得的好地段。如今，我们已经在那里建设了使馆楼群，整体布局美观大方，尽显中国风格和气派。

无论是临时馆舍的筹建还是永久地皮的取得，建馆人员齐心协力，发扬团队精神，付出了自己的努力，可圈可点。副总领事丁小红每天和施工队打成一片，不顾高温酷暑，坚持在现场督导，使工程如期优质完成。在取得永久地皮后，丈量是件大事。商务领事张军自制皮尺，借来测量仪器，催促对方工作人员从早忙到晚干活。中午时分太阳当空照，温度达到40℃，对方人员多次提出休息，但考虑到一停下来，原先丈量的工作就会白费，张军给他们送去饮料，说服他们坚持干下去，自己也连轴转，一起工作，一周不到就划定了地皮范围，为后来的合同顺利签订打下了基础。他却因体力透支病倒了。

三、岁月与成果

当时双边关系尚处于起步阶段，彼此了解欠缺，加上西方舆论对南方的鼓噪，使当地部分人士认为我"重北轻南"。做好做通自治政府高层官员的工作，建立良好关系就显得尤为重要。我多次拜会自治政府主席基尔和副主席马夏尔及其他主要高层领导人，相机做高级幕僚工作。经过一系列的拜会活动，我同自治政府领导人和相关部门建立了较顺畅的工作联系和良好的个人关系，做到关键时找得到人、说得上话、办得成事。他们也进一步了解了我国对苏丹整体外交政策，对我国立场、政策的理解和认同不断加强，对我国的期望趋于现实。

调研是项全身心投入、不畏艰辛的工作。由于数十年的阻隔和参考资料的缺乏，我对当地有关情况知之甚少。了解和调研当地基本情况成了件迫切的任务。我和其他三名馆员都投入了调研第一线，分别详细梳理了苏丹南方政治流转、党派、对外交往等方面基本情况，跟踪北南关系和南方局势，搜集整理南方经济、资源等情况；思考我国与其经贸合作和对其援助的方向与突破口；广泛了解南方人口、宗教、文化等人文情况，力争对南方有较为全面具体的认识。鉴于当地信息闭塞、几无文献资料的实际，除利用网络、报纸、广播和信息通报等常用调研资源，我们大胆走出去，通过拜会当地政府各层级政界人士、带着问题做有针对性的交流、深入南方社区和村落、考察当地发展情况、了解南方普通民众所思所想等途径，获取了第一手活情况、活材料，进而撰写了数十篇调研文章。一分耕耘，一分收获。2009年，我馆荣获外交部"中小馆调研奖"。

值得一提的是，80后业务干部表现尤为突出，我为他们感到骄傲。他们首次出任就到条件艰苦的地区，刚抵达时三个人住在建筑面积100平方米的活动板房里，进门大厅则作为办公用房。夏季里外一样热，雨季里外雨声一样响，蚊蝇造访不断，蜥蜴蚂蚁也常光顾。然而，他们安心踏实、忘我工作，白天他们外出办事，晚上挑灯调研；有人得了疟疾，被病魔折磨得有气无力，还保持着革命乐观主义精神。他们在这里得到了全方位锻炼，顺利结束任期，奔赴到了国内外更重要的岗位。

时光荏苒，转眼间离在朱巴建馆岁月10余年了，但每每想起，当时情景历历在目，难以忘怀。值此建党百年之际，看到南苏丹和其他非洲国家一样，在中非合作论坛的框架下，双边合作领域日益拓展加深，我深深体会到党中央、国务院当时作出在朱巴设立总领馆战略决定的重要意义；我作为一名外交战士，对能受组织重托，完成好建馆任务感到自豪，觉得所有艰辛付出都是值得的。